道路工程材料

涂强 主编

李磊 陈龙 副主编

DAOLU
GONGCHENG
CAILIAO

化学工业出版社

·北京·

内容简介

《道路工程材料》依据高等职业院校交通大类专业培养目标与教学计划编写，全书由教材及活页式试验手册两部分组成。

教材包括六个项目：检测混凝土用集料的技术性能，检测水泥的技术性能，检测水泥混凝土的技术性能及编制水泥混凝土配合比计算书，检测无机结合料的技术性能，检测钢材的技术性能，检测沥青、沥青混合料技术性能及编制沥青混凝土配合比计算书。每个项目下设2～3个任务，任务包括任务情境、知识导入和任务实施，引导学生按步骤完成工作任务并提交相关成果。

试验手册为学习者提供了所需的试验规程和试验表格，方便随时查阅及完成任务。

本教材适合高职类院校交通类专业学生学习，同时可作为公路水运工程助理试验检测师参考用书。

图书在版编目（CIP）数据

道路工程材料/涂强主编；李磊，陈龙副主编. —北京：

化学工业出版社，2023.6

ISBN 978-7-122-43157-8

Ⅰ.①道…　Ⅱ.①涂…　②李…　③陈…　Ⅲ.①道路工程-

建筑材料-高等职业教育-教材　Ⅳ.①U414

中国国家版本馆CIP数据核字（2023）第048060号

责任编辑：李彦玲　　　　　　　　　　　　　　文字编辑：罗　锦　师明远
责任校对：李雨函　　　　　　　　　　　　　　装帧设计：王晓宇

出版发行：化学工业出版社（北京市东城区青年湖南街13号　邮政编码100011）
印　　装：三河市延风印装有限公司
787mm×1092mm　1/16　印张16¾　字数462千字　2023年7月北京第1版第1次印刷

购书咨询：010-64518888　　　　售后服务：010-64518899
网　　址：http://www.cip.com.cn
凡购买本书，如有缺损质量问题，本社销售中心负责调换。

定　　价：59.80元

前言

材料是进行路、桥、隧等工程结构物施工的物质基础，其性能优劣直接影响到结构物的使用性能及耐久性。据统计道路工程材料的费用在道路工程总造价中占50% ~ 60%，在实际工程中，材料的选择、使用及管理对工程造价的影响非常大。因此如何根据工程结构物的特点和地域条件，合理地选择及科学地使用道路工程材料，充分发挥道路工程材料的优势，对提高道路工程结构物质量，延长其使用寿命，降低工程造价起着至关重要的作用。

"道路工程材料"是交通类专业学生重要的基础课，既是引导学生进入专业领域的入门课程，也是培养学生自主学习和动手能力的综合训练课程，在整个教学体系中起着承上启下的作用。

本教材依据高等职业院校交通大类专业培养目标与教学计划编写，以企业典型工作任务为教学内容，实施以真实工作场景为载体的教学方法，将理论知识与实践知识相结合，以原材料检测报告的出具为成果进行教材建设，加强工作内容与课程之间的相关性，整合理论与实践，提高学生职业能力，是体现教育与实践相结合、课堂与实训一体化的新型化教材。

全书由教材及活页式试验手册两部分组成。其中，教材包括六个项目，每个项目下设2 ~ 3个任务。由于课程为交通类专业的专业基础课，学生需要进行基础知识的学习，本书又将每个任务分成任务情境、知识导入和任务实施。提出任务情境后由知识导入进行基础知识的讲解；任务实施将任务情境进行分解，以引导学生按步骤完成任务。试验手册对所有任务实施所需的试验规程和试验表格进行了整合，方便学生随时查阅及完成任务。

本书编写人员都是具有丰富经验的教学或工程人员，书中内容基本反映了当代最新的技术和材料，紧密联系工程实际，适合高职类院校交通类专业学生学习，同时可以作为公路水运工程助理试验检测师的参考用书。

本书前言、绪论、项目一由江苏建筑职业技术学院涂强编写；项目二由江苏建筑职业技术学院高文艺编写；项目三由江苏建筑职业技术学院杨增强编写；项目四由徐州地铁集团有限公司李磊编写；项目五由中国二十二冶集团有限公司华东分公司陈龙编写；项目六由江苏建筑职业技术学院蒋梦雅编写。试验手册及数字资源由涂强、李磊及陈龙共同完成。

由于编者的学识及水平有限，书中难免有疏漏之处，恳请读者批评指正。

编者
2022年11月

目录
CONTENTS

绪论

材料是人类用于制造物品、器件、构件、机器或其他产品的物质。

工程材料种类繁多，大致分为：

① 无机材料，包括金属材料（包括黑色金属材料和有色金属材料）和非金属材料（如天然石材、烧土制品、水泥、混凝土及硅酸盐制品等）。

② 有机材料，包括植物质材料、合成高分子材料（包括塑料、涂料、胶黏剂）和沥青材料。

③ 复合材料，包括沥青混凝土、聚合物混凝土等，一般由无机非金属材料与有机材料复合而成。

"道路工程材料"是交通类专业的一门专业基础课，是研究材料组成、性能和应用的一门课程。本书是以交通专业群工程材料课程为主要编制内容，在完成交通专业群主要学习内容后，可以增加相关土建专业所需学习内容。

1. 教学目标

（1）素质目标

① 严格贯彻执行施工规范、标准和试验规程；

② 仪器使用前后必须检查完好情况，并认真做好记录；

③ 试验检测工作要及时，不得借故拖延；

④ 原始数据记录要真实，不得弄虚作假，并严格落实签名制；

⑤ 保持试验室的安全卫生。

（2）能力目标

① 能根据已知条件，确定材料种类；

② 能根据设计要求或规范要求，运用所学工程材料的基本性能，合理选用工程材料种类、规格、等级，并能够识读工程材料检测报告；

③ 能根据试验规程，运用所学的试验操作方法对进场原材料进行质量检验；

④ 能根据设计图纸或规范要求，运用所学的配合比设计理论，进行混合料的配合比设计；

⑤ 能根据施工规范要求，运用所学的质量检测方法对施工中的混合料质量进行抽检；

⑥ 能运用所学的质量检测方法对成品进行质量检验，并能根据所学的数据处理方法进行质量评定；

⑦ 能根据工程竣工文件要求或试验规程，填写试验原始数据，并运用所学的数理统计知识进行数据分析处理；

⑧ 能根据试验规程要求或工程竣工文件要求，编写试验报告，出具试验结果；

⑨ 能根据施工要求，对材料进行储存和使用管理；

⑩ 能根据工程特点、施工规范，全面权衡多种因素，合理确定试验方案。

（3）知识目标

① 掌握砂、石、水泥、石灰、沥青、建筑钢材的基本性能指标；

② 掌握水泥混凝土的基本性能指标；

③ 掌握水泥混凝土和沥青混凝土配合比设计的基本原理、方法与步骤；

④ 掌握无机结合料稳定材料的组成及设计；

⑤ 了解工程高分子聚合物材料的基本性能和使用范围；

⑥ 掌握试验数据处理的基本方法；

⑦ 熟悉产品标准、施工规范、试验规程；

⑧ 熟悉常用仪器设备的工作原理，技术指标，操作规程及维护、保养知识。

本课程前导课程为"工程制图"，课程需要有基本的读图能力。由于材料用在不同部位需要不同的工程性能，因此识读工程图纸为材料的选择及材料性能检测和混合料配制提供依据。工程材料后续课程中的职业岗位课程：如"路基工程施工""路面工程施工""桥梁工程施工"都需要使用原材料及配制混合料。通过本课程的学习，为原材料合理使用及根据工程特点配制混合料以及对成品进行质量检测工作提供理论基础；而"公路工程检测技术"也需要了解原材料及混合料的基本性能，才能进行相关检测；"公路工程项目管理"中也涉及材料的管理，需要了解材料的性能才能进行良好的管理；"公路工程施工组织设计"中需要根据工程进度计划，进行原材料的采购计划、运输计划、储存计划及原材料场地堆放管理等，也需要了解材料的基本性能；"公路工程经济"中涉及材料费的经济比选；"公路工程计量与计价"中涉及混合料的计量及混合料的单价分析等。因此学习"道路工程材料"这门课程也为后续课程进行了一定的理论铺垫。

2. 内容重点

（1）混凝土用集料

混凝土用集料包括人工开采的岩石或轧制的碎石、天然砂砾石及各种性能稳定的工业冶金矿渣（如煤渣、高炉渣和钢渣等），这类材料是路桥工程结构中使用量最大的，其中尺寸较大的块状石料经加工后，可以直接用于砌筑道路、桥梁工程结构及附属构造物；性能稳定的岩石集料可制成沥青混合料或水泥混凝土，用于铺筑沥青路面或水泥路面，也可直接用于铺筑道路基层、垫层或低级道路面层；一些具有活性的矿质材料或工业废渣，如粒化高炉矿渣、粉煤灰等经加工后可作为水泥原料，也可以作为水泥混凝土和沥青混合料中的掺和料使用。

（2）水泥、水泥混凝土

水泥混凝土是由水泥与矿质集料组成的复合材料，它具有较高的强度和刚度，能承受较重的车辆荷载作用，主要用于桥梁结构和高等级道路面层结构。

（3）钢材

钢材是钢桥、钢结构、钢筋混凝土及预应力混凝土结构的重要组成材料。此外，隧道衬砌、岩石高边坡加固等工程中也要使用钢材。

（4）无机结合料及其制品

在道路与桥梁建筑中最常用的无机胶凝材料是石灰、水泥和粉煤灰。

无机结合料稳定类混合料是以石灰（粉煤灰）、少量水泥（石灰）或土壤固化剂作为稳定材料，将松散的土、碎砾石集料稳定、固化形成的复合材料，具有一定的强度和扩散应力的能力，但耐磨性和耐久性略差，通常用于高等级道路路面基层结构或低等级道路面层结构。随着半刚性路面的发展，石灰、粉煤灰、水泥与土拌制而成的稳定土广泛应用于路面基层，成为半刚性基层的重要组成材料。

（5）沥青及沥青混合料

沥青混合料是由矿质集料和沥青材料组成的复合材料，具有较高的强度、柔韧性和耐久性，用其所铺筑的沥青路面连续、平整，具有弹性和柔韧性，适合于车辆高速行驶，是高等级道路，特别是高速公路和城市快速路面层结构及桥梁桥面铺装层的重要材料。

3. 编写思路

在一般的教学中，学生很难真正了解现场的工作环境。因此本书在编写思路上首先构建一个应用场景，学生可以根据场景编制检测计划，用学校采购的材料和设备进行检测并得出试验结论。由于材料和设备的不同，学生需对检测的结果进行判断并完成相应的检测报告。

4. 试验数据处理与分析

试验过程当中经常会遇到需要保留有效数字的情况，试验数据的处理和普通的数据处理在数据保留上有所不同。

（1）数据保留位数

为了使试验检测数据记录、计算规范化，保证数据的精确性，数据处理应遵循一定规则。

在测量和数值计算中，确定取几位数字来代表测量或计算的结果时涉及有效数字问题。有效数字的位数越多，相对（绝对）误差就越小。在记录测量结果时，只允许末位为估读得来的不确定数字，其余数字均为准确数字，称这些所记的数字为有效数字。在量测或计算中应按照有效数字有关判定准则合理确定有效数字的位数。

当试验结果由于计算或其他原因位数较多时，需采用数字修约的规则进行凑整。为了保证试验检测数据计算结果的精度，还应遵循计算法则的规定。

（2）数据的表达方法

如何对通过试验检测获得的一系列数据进行深入的分析，以便得到各参数之间的关系，甚至用数学解析的方法，导出各参数之间的函数关系，这是数据处理的任务之一。测量数据的表达方法通常有表格法、图示法和经验公式法三种。

① 表格法的特点是对试验中的一系列测量数据都首先列成表格，然后再进行其他的处理。表格法可表示出测量结果，也便于以后的计算，同时也是图示法和经验公式法的基础。

表格一般分为两种：一种是试验检测数据记录表，另一种是试验检测结果表。

试验检测数据记录表是该项试验检测的原始记录表，它包括的内容应有试验检测目的、内容摘要、试验日期、环境条件、检测仪器设备、原始数据、测量数据、结果分析以及参加人员和负责人等。

试验检测结果表只反映试验检测结果的最后结论，一般只有几个变量之间的对应关系。试验检测结果表应力求简明扼要，能说明问题。

② 图示法。图示法的最大优点是一目了然，即从图形中可以非常直观地看出测量值的变化规律，如递增性或递减性，最大值或最小值，是否具有周期性变化规律等。

图示法的基本要点如下：

a. 在直角坐标系中绘制测量数据的图形时，应以横坐标为自变量，纵坐标为对应的测量值。例如，分析平整度检测结果随路面纵向的变化情况，可设横坐标为桩号，纵坐标为国际平整度指数（IRI）。

b. 坐标纸的大小与分度的选择应与测量数据的精度相适应。坐标分度值不一定自零起，可用低于试验数据的某一数值作起点和高于试验数据的某一数值作终点，曲线以基本占满全幅坐标纸为宜。

c. 坐标轴应注明分度值的有效数字和名称、单位，必要时还应标明试验条件，坐标的文字书写方向应与该坐标轴平行，在同一图上表示不同数据时应该用不同的符号加以区别。

d. 将每个试验数据在坐标系中标出成为一个点，然后用直线或平滑的曲线将这些点相连接，即可大致看出一组试验数据的变化特点。

③ 经验公式法的基本原理是最小二乘法，通常可利用统计分析软件，对一组试验数据进行曲线拟合或回归分析得到经验公式，使测量数据不仅可用一条直线或曲线表示，而且可用与图形对应的一个经验公式来表示。应通过检验其相关性，明确所建立经验公式的准确性，精度达到一定要求的经验公式才能用于工程中。

（3）数据的统计计算与分析

在公路路基路面工程质量检验中，通常通过检测一定数量的点位或断面的质量指标，来评价大面积的工程总体质量是否符合要求，即通过抽取总体中的一小部分样本加以检测，以了解和分析总体质量状况，也就是抽样检验。

样本容量的大小，直接关系到判断结果的可靠性。一般来说，样本容量越大，可靠性越好，但检测所需的工作量亦越大，成本也就越高。因此，在路基路面工程施工控制和质量检验中，都规定了试验检测的频率。

按照我国路基路面工程有关施工技术规范和质量检验评定标准规定，需要对每个检测或评定路段内的测定值计算平均值、标准差、变异系数等统计量；按照数理统计原理计算检测或评定路段内测定值的代表值，用代表值评价总体质量。

① 数据的统计计量计算。一个检测或评定路段内某项检测指标的测定值有 N 个，分别为 X_1，X_2，X_3，…，X_N，其中任一个测定值表示为 X_i，可按下列方法计算其统计量。

a. 算术平均值是表示一组数据集中位置最有用的统计特征量，经常用样本的算术平均值来代表总体的平均水平。算术平均值可按式（0-1）计算：

$$\bar{X} = \frac{\sum X_i}{N} \tag{0-1}$$

b. 标准差是衡量样本数据离散程度的指标。标准差可按式（0-2）计算：

$$S = \sqrt{\frac{\sum(X_i - \bar{X})^2}{N-1}} \tag{0-2}$$

c. 变异系数反映样本数据的波动大小。变异系数是标准差 S 与算数平均值 $\bar{X}$ 的比值，即：

$$C_v(\%) = \frac{S}{\bar{X}} \times 100 \tag{0-3}$$

d. 中位数 $\tilde{x}$。将 X_1，X_2，X_3，…，X_N，按其大小次序排序，以排在正中间的一个数表示总体的平均水平，称为中位数，或称中值。N 为奇数时，正中间的数只有一个；N 为偶数时，正中间的数有两个，取这两个数的平均值作为中位数。

e. 极差 R 表示数据波动范围的大小，是 X_1，X_2，X_3，…，X_N 数据中的最大值 X_{max} 与最小值 X_{min} 之差。

② 数据的剔除。在一组条件完全相同的重复试验中，个别的测量值可能会出现异常，如测量值过大或过小，这些过大或过小的测量数据是不正常的，或称为可疑的。对于这些可疑数据应该用数理统计的方法判别其真伪，并作出取舍。

可疑数据的舍弃可按照k倍标准差作为舍弃标准，即在数据分析中，舍弃那些在$\bar{X} \pm kS$范围以外的实测值。当试验数据N为3、4、5、6时，k值分别为1.15，1.46，1.67，1.82；当N大于或等于7时，k值采用3。

取$3S$的理由是：根据随机变量的正态分布规律，在多次试验中，测量值落在$\bar{X}-3S$与$\bar{X}+3S$之间的概率为99.73%，出现在此范围之外的概率仅为0.27%。

舍弃可疑值后，应重新计算平均值、标准差、变异系数等统计量，并分析测量值出现异常的原因，对路基路面质量检测出现异常测量值的测点及区域进行妥善处理。

③ 数据的代表值。代表值的确定与测定值的概率分布有关。实践表明，公路路基路面工程试验检测项目测定值的概率分布大多服从正态分布或t分布。

在公路工程质量检验与评价中，对有些指标限定下限，例如压实度，路面结构层厚度、半刚性基层和底基层材料强度；对有的指标限定上限，例如弯沉值。某个质量指标只规定了低限L时，其代表值取平均值的单边置信下限，应满足$X \geqslant L$的要求；某个质量指标只规定了高限U时，其代表值取平均值的单边置信上限，应满足$X \leqslant U$的要求。

一般来说，对于测点数N大于30时，按正态分布计算试验检测数据的代表值，测点数N较少时，则按t分布计算代表值。

a. 服从正态分布数据的代表值。公路路基路面工程质量检验评定方法中，对于服从正态分布的检测数据，计算代表值时考虑保证率α用Z_α表示保证率系数。

当限定上限时，代表值X的评定标准为：

$$X=\bar{X}+Z_\alpha S \leqslant U \tag{0-4}$$

当限定下限时，代表值X的评定标准为：

$$X=\bar{X}-Z_\alpha S \geqslant L \tag{0-5}$$

当保证率为90%时，$Z_\alpha = 1.282$；当保证率为93%时，$Z_\alpha = 1.5$；当保证率为95%时，$Z_\alpha = 1.645$；当保证率为97.72%时，$Z_\alpha = 2.0$；当保证率为99.87%时，$Z_\alpha = 3.0$。

b. 服从t分布数据的代表值。对于服从t分布的检测数据，计算代表值时考虑保证率α。

当限定上限时，代表值X的评定标准为：

$$X=\bar{X}+t_\alpha \frac{S}{\sqrt{N}} \leqslant U \tag{0-6}$$

当限定下限时，代表值X的评定标准为：

$$X=\bar{X}-t_\alpha \frac{S}{\sqrt{N}} \geqslant L \tag{0-7}$$

式中t_α的值不仅与保证率α有关，还随测点数N的不同而变，因其计算复杂，有专用表格可查用。

试验数据的处理见试验手册绪论试验《数值修约规则与极限数值的表示和判定》（GB/T 8170—2008）。

检测混凝土用集料的技术性能

任务 一
检测细集料的工程适用性

一、任务情境

浙江某高速公路项目需采购一批黄砂55000t，在水泥灌注桩中使用。根据设计该批黄砂应符合公路桥涵施工技术规范及设计要求，规格型号为0～4.75mm Ⅱ区中砂，细度模数2.6～3.0，含泥量≤3%，各项条件应满足施工要求（河砂无压碎值指标要求）。请项目部试验室出具进场黄砂的检测报告并报送监理。

二、知识导入

1. 砂的分类

根据JTG E42—2005《公路工程集料试验规程》，混凝土用集料按其公称粒径大小不同分为细集料和粗集料。粒径（方孔筛）在0.15～4.75mm的集料称为细集料，粒径大于4.75mm的称为粗集料（沥青为2.45mm）。粗、细集料的总体积占混凝土体积的70%～80%，因此，其质量优劣对混凝土性能影响很大，要求其颗粒级配良好、粗细程度适当，以尽量降低空隙率，节省水泥；同时，要求集料表面干净无杂质，保证与水泥更好地黏结，保证混凝土的强度及耐久性；还应具有足够的强度，保证起到充分的骨架和传力作用。

GB/T 14684—2022《建设用砂》将砂分为天然砂、机制砂和混合砂，以下对天然砂和机制砂作介绍。

（1）天然砂

天然砂是自然生成的，经人工开采和筛分粒径小于4.75mm的岩石颗粒，包括河砂、湖砂、山砂、淡化海砂，但不包括软质、风化的岩石颗粒。

山砂可以直接用于一般混凝土工程。但因山砂中含泥量高及有机质等有害杂质较多，当用于重要结构物时，必须通过坚固性试验和碱活性试验。

河砂由于长期受水流的冲刷作用，颗粒表面比较圆滑、洁净，且产源较广，目前土木工程中一般多采用河砂作细集料。

海砂可用于配制素混凝土，但不能直接用于配制钢筋混凝土，主要原因是氯离子含量高容易导致钢筋锈蚀，如要使用，必须经过淡水冲洗，使有害成分减少到限值以下。

（2）机制砂

机制砂是经除土处理，由机械破碎、筛分制成的，粒径小于4.75mm的岩石、矿山尾矿或工业废渣颗粒，但不包括软质、风化的颗粒，俗称人工砂。

机制砂由天然岩石轧碎而成，其颗粒富有棱角，比较光亮洁净，但砂中片状颗粒及细粉含量较大，且成本较高。若当地缺乏天然砂源，可将机制砂与天然砂混合使用。用矿山尾矿、工业废渣生产的机制砂中有害物质除应符合有关规定外，还应符合我国环保和安全的相关标准和规范要求，不应对人体、生物、环境及混凝土、砂浆性能等产生有害影响。

2. 细集料的技术指标

混凝土用砂应颗粒坚实、清洁、不含杂质。但砂中常含有一些有害物质，会降低混凝土强度和耐久性，必须严格控制其含量。

（1）砂中含泥量、石粉含量和泥块含量

含泥量是指天然砂中粒径小于75μm的颗粒的含量。泥块含量是指砂中原粒径大于1.18mm，经水浸洗、手捏后小于600μm的颗粒的含量。含泥量和泥块含量应符合表1-1的规定。

表1-1　天然砂含泥量和泥块含量

类别	I^①	II	III
含泥量（质量分数）/%	≤1.0	≤3.0	≤5.0
泥块含量（质量分数）/%	≤0.2	≤1.0	≤2.0

① I 类，宜用于强度等级大于C60的混凝土；II 类，宜用于强度等级C30～C60及抗冻抗渗及其他要求的混凝土；III类，宜用于强度等级小于C30的混凝土。

机制砂的亚甲蓝值（MB）≤1.4或快速法试验合格时，石粉含量和泥块含量应符合表1-2的规定；机制砂MB值＞1.4或快速法试验不合格时，石粉含量和泥块含量应符合表1-3的规定。

表1-2　石粉含量和泥块含量（机制砂MB值≤1.4或快速法试验合格）

类别	I	II	III
MB值	≤0.5	≤1.0	≤1.4或合格
石粉含量（质量分数）/%	≤1.0		
泥块含量（质量分数）/%	0	≤1.0	≤2.0

表1-3　石粉含量和泥块含量（机制砂MB值＞1.4或快速法试验不合格）

类别	I	II	III
石粉含量（质量分数）/%	≤1.0	≤3.0	≤5.0
泥块含量（质量分数）/%	0	≤1.0	≤2.0

（2）有害物质含量

砂中常含有一些有害杂质，如云母、硫酸盐及硫化物、有机物质、黏土、淤泥、尘屑以及轻物质等。云母呈薄片状，表面光滑，与硬化水泥浆黏结不牢，会降低混凝土的强度；硫酸盐及硫化物和有机物质，对硬化水泥浆有腐蚀作用，而氯盐对混凝土中的钢筋有锈蚀作用；黏土、淤泥和尘屑黏附在砂表面，会妨碍硬化水泥浆与砂的黏结，除降低混凝土强度外，还会降低混凝土抗渗性和抗冻性，并会增大混凝土的收缩；轻物质会降低混凝土的强度和耐久性。

① 云母含量。云母呈薄片状，表面光滑且极易沿节理裂开，因此它与水泥石黏附性极差。砂中含有云母，对混凝土拌合物的和易性和硬化后混凝土的抗冻性和抗渗性都有不利影响。按标准规定，砂中云母含量不得大于2%。对于有抗冻性、抗渗性要求的混凝土，则应通过混凝土试件的相应试验，确定其有害杂质含量。

② 轻物质含量。砂中的轻物质是指相对密度小于2.0的颗粒（如煤和褐煤等）。规范规定，轻物质含量不宜大于1%。轻物质的含量用相对密度为1.95～2.00的重液进行分离测定。

③ 有机物含量。天然砂中有时混杂有机物质（如动植物的腐殖质、腐殖土等），这类有机物质将延缓水泥的硬化过程，并降低混凝土的强度，特别是早期强度。

为了消除砂中有机物的影响，可采用石灰水淘洗，或在拌和混凝土时加入少量消石灰。此外，亦可将砂在露天摊成薄层，接触空气和阳光照射后也可消除有机物的不良影响。

④ 硫化物和硫酸盐含量。在天然砂中，常掺杂有硫铁矿或石膏的碎屑，如含量过多，将在已硬化的混凝土中与水化铝酸钙发生反应，生成水化硫铝酸钙晶体，体积膨胀，在混凝土内产生破坏作用。所以，规范规定，其含量不得超过砂质量的1%。对无筋混凝土，砂中硫化物和硫酸盐含量可酌情放宽。

为了保证混凝土的质量，上述这些有害物质的含量必须加以限制，其含量不得超过表1-4的规定。

表1-4　有害物质限量

类别	I	II	III
云母（质量分数）/%	≤1.0	≤2.0	
轻物质（质量分数）/%	≤1.0		
有机物	合格		
硫化物及硫酸盐（按SO_3质量计）/%	≤0.5		
氯化物（按氯离子质量计）/%	≤0.01	≤0.02	≤0.06
贝壳（质量分数）/%	≤3.0	≤5.0	≤8.0

由于有害物质含量检测频率较低，且项目较多，不在书中赘述。

（3）碱集料反应

碱集料反应，是指混凝土集料中某些活性矿物（活性氧化硅、活性氧化铝等）与混凝土微孔中的碱溶液产生的化学反应，因其反应生成物体积增大，会导致混凝土结构发生破坏，所以混凝土用砂中不能含有活性硅等物质，以免产生碱集料反应而导致混凝土破坏。为此，标准规定，混凝土用砂经碱集料反应试验后，该砂制备的试件应无裂缝、酥裂及胶体外溢等现象，在规定的试验龄期其膨胀率应小于0.10%。

（4）砂的坚固性

砂子的坚固性，是指砂在自然风化和其他外界物理化学因素作用下抵抗破裂的能力。标准规定采用硫酸钠溶液法进行试验，砂样经五次循环后，其质量损失应符合表1-5的要求。机制砂及再生细集料除了要满足表1-5规定外，还要采用压碎指标法进行试验，压碎指标值应满足表1-6的要求。

表1-5　砂的坚固性指标

类别	项目	I	II	III
天然砂和机制砂	质量损失/%	≤8.0	≤8.0	≤10.0
再生细集料	质量损失/%	＜8.0	≤10.0	≤12.0

表1-6　砂的压碎指标①

类别	I	II	III
单级最大压碎指标	≤20	≤25	≤30

① 压碎值试验方法见粗集料

（5）砂的颗粒级配及粗细程度

砂的粗细程度，是指不同粒径砂粒混合体总体的粗细程度。砂的粗细程度可反映砂的比表面积（即单位质量的总表面积）的大小，砂的颗粒越粗，比表面积越小，包裹砂粒表面所需的水泥浆数量也就越少；反之亦然。在配制混凝土时，相同的用砂量条件下，采用细粒砂其比表面积较大，而用粗砂则其比表面积较小。当混凝土拌合物和易性要求一定时，显然用较粗的砂拌制混凝土，比用较细的砂所需的水泥浆量少。但若砂子过粗，易使混凝土拌合物产生离析、泌水等现象，会影响混凝土的工作性，因此用作配制混凝土的砂既不宜过细，也不宜过粗。

砂子的颗粒级配，是指大小不同的砂子互相搭配的比例情况，可以反映出砂空隙率的大小。图1-1所示的不同粒径的级配中，用第二种粒径的砂组配时空隙最少，因此当砂中含有较多的粗颗粒，并以适量的中粗颗粒及少量的细颗粒填充其空隙，即具有良好的颗粒级配，可使得砂的空隙率和比表面积均较小，这种砂是比较理想的。使用级配良好的砂，不仅所需水泥浆量较少，节省水泥，经济性好，还可提高混凝土的和易性、密实度和强度。

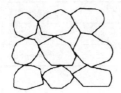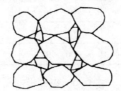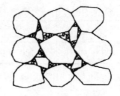

图1-1　砂颗粒级配示意图

砂的粗细程度和颗粒级配通常采用砂筛分析的方法测定。筛分法是用一套孔径分别为4.75mm、2.36mm、1.18mm、600μm、300μm及150μm的方孔标准筛，将500g干砂试样由粗到细依次过筛（见试验），而后称取留在各个筛上的筛余量，计算各筛上的分计筛余率和累计筛余率。其计算关系如表1-7所示。

表1-7　累计筛余率与分计筛余率计算关系

筛孔尺寸/mm	筛余量/g	分计筛余率/%	累计筛余率/%
4.75	m_1	a_1	$A_1=a_1$
2.36	m_2	a_2	$A_2=a_1+a_2=A_1+a_2$
1.18	m_3	a_3	$A_3=a_1+a_2+a_3=A_2+a_3$
0.6	m_4	a_4	$A_4=a_1+a_2+a_3+a_4=A_3+a_4$

筛孔尺寸/mm	筛余量/g	分计筛余率/%	累计筛余率/%
0.3	m_5	a_5	$A_5=a_1+a_2+a_3+a_4+a_5=A_4+a_5$
0.15	m_6	a_6	$A_6=a_1+a_2+a_3+a_4+a_5+a_6=A_5+a_6$
<0.15	m_7	a_7	$A_7=a_1+a_2+a_3+a_4+a_5+a_6+a_7=A_6+a_7$

细度模数根据式（1-1）计算：

$$M_x=\frac{(A_2+A_3+A_4+A_5+A_6)-5A_1}{100-A_1} \tag{1-1}$$

根据细度模数将混凝土用砂分为：粗砂（3.1～3.7）、中砂（3.0～2.3）、细砂（2.2～1.6）。

砂的颗粒级配用级配区表示。国家标准规定，砂按600μm孔径筛的累计筛余率划分成三个级配区，三个区的最大和最小孔径筛的累计筛余率相同，而其他孔径筛的累计筛余率有部分搭接，据此分为1区、2区及3区三个级配区，见表1-8及表1-9。普通混凝土用砂的颗粒级配，应处于表1-8中的一个区内。在工程中，混凝土所用砂的实际颗粒级配的累计筛余率，除4.75mm和600μm外，允许稍有超出分界线，但其总量不应大于5%。

表1-8　建设用砂颗粒级配

砂的分类	天然砂			机制砂、混合砂		
级配区	1区	2区	3区	1区	2区	3区
方孔筛	累计筛余率/%					
4.75mm	10～0	10～0	10～0	10～0	10～0	10～0
2.36mm	35～5	25～0	15～0	35～5	25～0	15～0
1.18mm	65～35	50～10	25～0	65～35	50～10	25～0
600μm	85～71	70～41	40～16	85～71	70～41	40～16
300μm	95～80	92～70	85～55	95～80	92～70	85～55
150μm	100～90	100～90	100～90	97～85	94～80	94～75

表1-9　级配类别

类别	I	II	III
级配区	2区	1区、2区、3区	

注：为了方便应用，可将表1-8中的天然砂（或机制砂）数值绘制成砂级配曲线图，即以累计筛余率为纵坐标，以筛孔尺寸为横坐标，画出砂的1区、2区、3区三个区的级配曲线，如图1-2所示。使用时，将砂筛分析试验计算得到的各筛累计筛余率标注到图中，并连成曲线，然后观察此筛分结果的曲线，只要其落在三个区的任何一个区内，均为级配合格。

砂的细度模数并不能反映砂的级配优劣，细度模数相同的砂，其级配不一定相同，而且还可能存在较大差异。因此，混凝土用砂应同时考虑细度模数和颗粒级配。若砂的级配不良，可采用人工掺配的方法来改善，即将粗砂、细砂按比例进行掺和使用。实际工程中，由于连年采砂，很多地区砂偏细，级配不合理，通常就需要人工掺配来满足混凝土用砂的要求。

（6）砂的密度

砂表观密度等应符合如下规定：表观密度不小于2500kg/m³，松散堆积密度不小于1400kg/m³，空隙率不大于44%。

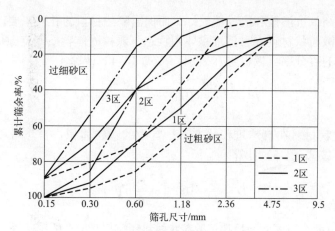

图1-2 砂的级配曲线

① 开口孔隙和闭口孔隙。材料的体积由固体、开口孔隙、闭口孔隙组成，见图1-3。

开口孔隙：指集料与外界相连通的细小孔隙。

闭口孔隙：指集料与外界不连通的细小孔隙。

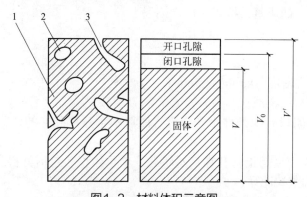

图1-3 材料体积示意图

1—固体；2—闭口孔隙；3—开口孔隙

对于形状规则的材料的体积，可用量具测得。例如，可逐一量取加气混凝土砌块长、宽、高三个方向的轴线尺寸，计算其体积。对于形状不规则的材料的体积，可用排液法或封蜡排液法测得。

② 孔隙率与密实度。材料的孔隙率是指材料中孔隙体积占材料自然状态下总体积的百分率，以 P 表示，按式（1-2）计算。

$$P = \frac{V_0 - V}{V_0} \times 100\% = \frac{\rho - \rho_0}{\rho} \times 100\% \tag{1-2}$$

密实度是与孔隙率相对应的概念，指材料体积内被固体物质充实的程度，用符号 D 表示，按式（1-3）计算。

$$D = \frac{V}{V_0} \times 100\% = \frac{\rho_0}{\rho} \times 100\% \tag{1-3}$$

孔隙率和密实度从不同侧面反映了材料的密实程度，即 $P+D=1$。

材料孔隙率的大小直接反映材料的密实程度。孔隙率小，则密实程度高。孔隙率相同的材料，它们的孔隙特征（即孔隙构造）可以不同。一般而言孔隙率较小，且连通孔较少的材料，其吸水性较小,强度较高,抗渗性和抗冻性较好。而保温隔热材料的孔隙率要较大。

材料空隙率是指散粒状材料在自然堆积体积状态下颗粒固体物质间空隙体积(开口孔隙与间隙之和)占堆积体积的百分率,以符号P'表示,按式(1-4)计算。

$$P' = \frac{V_0' - V}{V_0'} \times 100\% = \frac{\rho - \rho_0'}{\rho_0'} \times 100\% \tag{1-4}$$

填充率是指散粒状材料在自然堆积状态下,其中的颗粒体积占自然堆积状态下的体积百分率,用符号D'表示,按式(1-5)计算。

$$D' = \frac{V}{V_0'} \times 100\% = \frac{\rho_0'}{\rho} \times 100\% \tag{1-5}$$

空隙率和填充率从两个不同侧面反映了散粒状材料颗粒相互填充的疏密程度,即$P'+D'=1$。

空隙率的大小直接反映了散粒材料的颗粒互相填充的疏密程度,可作为计算混凝土集料级配和砂率的依据。当计算混凝土中粗集料的空隙率时,由于混凝土拌合物中的水泥浆能进入石子的开口孔内,开口孔体积也算空隙体积的一部分,因此这时应按石颗粒的表观密度ρ_0来计算。

③ 表观密度(视密度):指在规定条件下,烘干集料矿质实体单位表观体积(包括闭口孔隙在内的矿物实体的体积)的质量,按式(1-6)计算。

$$\rho_0 = \frac{m}{V_0} \tag{1-6}$$

式中 ρ_0——材料的表观密度,kg/m^3或g/cm^3;

  m——材料的质量,kg或g;

  V_0——材料在包闭口孔隙条件下(即只含闭口不含开口孔)的体积,即表观体积,m^3或cm^3。

④ 体积密度。体积密度是指材料在自然状态下单位体积(包括材料实体及开口孔隙、闭口孔隙)的质量,按式(1-7)计算。

$$\rho' = \frac{m}{V'} \tag{1-7}$$

式中 ρ'——材料的体积密度,kg/m^3或g/cm^3;

  m——材料的质量,kg或g;按规定,该质量是指自然状态下的气干质量,即将试件置于通风良好的室内存放7d后测得的质量;

  V'——材料在自然状态下(既含开口也包含闭口孔)的体积,即自然体积,m^3或cm^3。

材料的表观体积是包括了内部孔隙的体积。当材料内部孔隙含水时,其质量和体积都会发生变化,故测定体积密度时应注意其含水情况。

⑤ 表干密度。规定条件下,单位体积下的粗集料表干质量。这里表干质量指粗集料表面干燥而开口孔隙中充满水时的质量。

$$\rho_s = \frac{m_b}{V'} \tag{1-8}$$

式中 ρ_s——材料的表干密度,kg/m^3或g/cm^3;

  m_b——粗集料的表干质量,即饱和面干质量,kg或g;

  V'——材料在自然状态下(即既含开口也包含闭口孔)的体积,即自然体积,m^3或cm^3。

⑥ 堆积密度。散粒材料在自然堆积状态下单位体积的质量称为堆积密度。

$$\rho_0' = \frac{m}{V_0'} \qquad (1\text{-}9)$$

式中　ρ_0'——材料的堆积密度，kg/m^3 或 g/cm^3；

　　　m——材料的质量，kg 或 g；

　　　V_0'——材料的堆积体积，m^3 或 cm^3。

　　散粒材料在自然状态下的体积，包含颗粒内部的孔隙和颗粒之间空隙的体积。堆积密度在自然状态下称松散堆积密度；若以捣实体积计算时，则称紧装密度。工程上常说的堆积密度是指松散堆积密度。

　　在土木工程材料的使用中，为了计算材料的用量、构件自身质量、材料的配合比及材料堆放空间，经常需要用到密度、表观密度、体积密度和堆积密度等数据。常用土木工程材料的密度、表观密度、堆积密度和孔隙率见表1-10。

表1-10　常用土木工程材料的密度、表观密度、堆积密度和孔隙率

材料名称	密度 / (g/cm³)	表观密度 / (g/cm³)	堆积密度 / (g/cm³)	孔隙率 /%
建筑钢材	7.8～7.9	7.85	—	0
砂	2.50～2.60	—	1.45～1.65	—
水泥	3.00～3.20	—	1～1.3	—
石油沥青	0.95～1.10	—	—	0
普通混凝土	—	2.3～2.5	—	3～20

（7）砂和水有关的性质

　　① 吸水性。吸水性是指材料在水中吸收水分的性质。材料吸水饱和时的含水率称为吸水率，有质量吸水率和体积吸水率两种表示方法。

　　质量吸水率是指材料吸水饱和时，所吸收水分的质量占干燥材料质量的百分数，用式（1-10）表示。

$$W_m = \frac{m_b - m_g}{m_g} \times 100 \qquad （1\text{-}10）$$

式中　W_m——质量吸水率，%；

　　　m_g——材料在干燥状态下的质量，kg 或 g；

　　　m_b——材料吸水饱和状态下的质量，kg 或 g。

　　体积吸水率是指材料吸水饱和时，所吸水分的体积占干燥材料体积的百分数，按式（1-11）表示。

$$W_V = \frac{m_b - m_g}{V_0} \times \frac{1}{\rho_w} \times 100 \qquad （1\text{-}11）$$

式中　W_V——体积吸水率，%；

　　　V_0——材料干燥体积，cm^3；

　　　ρ_w——水的密度，g/cm^3。

　　水对材料有许多不良的影响，它使材料的表观密度和导热性增大、强度降低、体积膨胀、易受冰冻破坏。因此材料吸水率大，对于材料性能而言是不利的。特别是湿胀干缩及冻融循环，对材料的耐久性有较严重影响。

　　② 吸湿性。材料在潮湿空气中吸收水分的性质称为吸湿性，同样以含水率表示。吸湿作用

一般是可逆的，也就是说材料既可吸收空气中的水分，又可向空气中释放水分。含水率是指材料中所含水的质量与干燥状态下材料的质量之比，按式（1-12）计算。

$$W_b = \frac{m_s - m_g}{m_g} \times 100 \qquad （1-12）$$

式中　W_b——含水率，%；

　　　m_g——材料干燥质量，g；

　　　m_s——材料含水状态下质量，g。

③ 砂的含水状态。砂的含水状态如图1-4有以下四种。

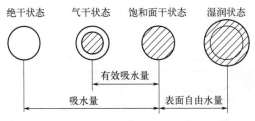

图1-4　砂的各种含水状态

a. 绝干状态：砂粒内外不含任何水，通常在（105±5）℃条件下烘干而得。

b. 气干状态：砂粒表面干燥，内部孔隙中部分含水。指室内或室外（天晴）空气平衡的含水状态，其含水量的大小与空气相对湿度和温度密切相关。

c. 饱和面干状态：砂粒表面干燥，内部孔隙全部吸水饱和。集料在饱和面干状态时的含水率，称为饱和面干吸水率。

d. 湿润状态：砂粒内部吸水饱和，表面还含有部分表面水。施工现场，特别是雨后常出现这种状况。

在拌制混凝土时，由于集料（砂、石子）含水状态的不同，将影响混凝土的用水量和集料的用量。在计算混凝土中各材料的配合比时，如以饱和面干集料为基准，则不会影响混凝土用水量和集料用量，因为饱和面干集料既不从混凝土中吸取水分，也不向混凝土拌合物中释放水分。因此道路工程常以饱和面干集料为基准，这样混凝土的用水量和集料用量的控制比较准确。而在一般工业与民用建筑工程中设计混凝土配合比时，常以干燥状态集料为基准。这是因为坚固的集料其饱和面干吸水率一般不超过2%，而且在工程施工中，必须经常测定集料的含水率，以及时调整混凝土组成材料实际用量的比例，从而保证混凝土的质量。

（8）细集料的技术要求

为保证混凝土具有较好的和易性、较好的密实度和强度，并达到节约水泥的目的，混凝土用砂的选择应同时考虑砂的颗粒级配和粗细程度两方面，并在选用时注意以下方面。

① Ⅰ类砂宜用于强度等级大于C60的混凝土。Ⅱ类砂宜用于强度等级为C30～C60及有抗冻、抗渗或其他要求的混凝土，Ⅲ类砂宜用于强度等级小于C30的混凝土和建筑砂浆。

② 配制混凝土应优先选用2区砂；1区砂适用于富混凝土（水泥用量≥230kg/m³）和低流动性的混凝土，为保证拌合物保水性，使用时要适当提高砂率；使用3区砂时，应适当降低砂率。

③ 当砂的自然级配不符合级配区要求时，可采用人工掺配的方法来改善。

④ 为保证混凝土的可泵性，泵送混凝土用砂宜选用中砂，且通过315μm筛孔的颗粒含量应小于15%。

细集料的各项指标需符合表1-11～表1-14的要求。

表1-11 建设用砂技术指标《建设用砂》（GB/T 14684—2022）

<table>
<tr><td colspan="3" rowspan="2">项目</td><td colspan="3">技术要求</td></tr>
<tr><td>Ⅰ类</td><td>Ⅱ类</td><td>Ⅲ类</td></tr>
<tr><td rowspan="9">机制砂</td><td colspan="2">单级最大压碎指标/%</td><td>≤20</td><td>≤25</td><td>≤30</td></tr>
<tr><td rowspan="8">亚甲蓝试验</td><td rowspan="2">MB≤0.5</td><td>石粉含量（质量分数）/%</td><td colspan="3">≤15</td></tr>
<tr><td>泥块含量（质量分数）/%</td><td>≤0.2</td><td>≤1.0</td><td>≤2.0</td></tr>
<tr><td rowspan="2">0.5＜MB≤1.0</td><td>石粉含量（质量分数）/%</td><td>≤10</td><td colspan="2">≤15</td></tr>
<tr><td>泥块含量（质量分数）/%</td><td>≤0.2</td><td>≤1.0</td><td>≤2.0</td></tr>
<tr><td rowspan="2">1.0＜MB≤1.4或快速试验合格</td><td>石粉含量（质量分数）/%</td><td>≤5.0</td><td>≤10</td><td>≤15</td></tr>
<tr><td>泥块含量（质量分数）/%</td><td>≤0.2</td><td>≤1.0</td><td>≤2.0</td></tr>
<tr><td rowspan="2">MB值＞1.4或快速试验不合格</td><td>石粉含量（质量分数）/%</td><td>≤1.0</td><td>≤3.0</td><td>≤5.0</td></tr>
<tr><td>泥块含量（质量分数）/%</td><td>≤0.2</td><td>≤1.0</td><td>≤2.0</td></tr>
<tr><td rowspan="2">天然砂</td><td colspan="2">含泥量（质量分数）/%</td><td>≤1.0</td><td>≤3.0</td><td>≤5.0</td></tr>
<tr><td colspan="2">泥块含量（质量分数）/%</td><td>≤0.2</td><td>≤1.0</td><td>≤2.0</td></tr>
<tr><td rowspan="7">有害杂质含量</td><td colspan="2">云母（质量分数）/%</td><td>≤1.0</td><td colspan="2">≤2.0</td></tr>
<tr><td colspan="2">轻物质（质量分数）/%</td><td colspan="3">≤1.0</td></tr>
<tr><td colspan="2">有机物</td><td colspan="3">合格</td></tr>
<tr><td colspan="2">硫化物及硫酸盐含量（按SO₃质量计）/%</td><td colspan="3">≤0.5</td></tr>
<tr><td colspan="2">氯化物（按氯离子质量计）/%</td><td>≤0.01</td><td>≤0.02</td><td>≤0.06</td></tr>
<tr><td colspan="2">贝壳（质量分数）/%</td><td>≤3.0</td><td>≤5.0</td><td>≤8.0</td></tr>
<tr><td colspan="2">坚固性/%</td><td colspan="2">≤8</td><td>≤10</td></tr>
<tr><td colspan="3">密度和空隙率</td><td colspan="3">表观密度≥2500kg/m³；松散堆积密度≥1400kg/m³；空隙率≤44%</td></tr>
</table>

表1-12 细集料技术指标《公路桥涵施工技术规范》（JTG/T 3650—2020）

<table>
<tr><td colspan="3" rowspan="2">项目</td><td colspan="3">技术要求</td></tr>
<tr><td>Ⅰ类</td><td>Ⅱ类</td><td>Ⅲ类</td></tr>
<tr><td rowspan="5">机制砂</td><td rowspan="3">MB值≤1.4或快速法试验合格</td><td>MB值</td><td>≤0.5</td><td>≤1.0</td><td>≤1.4或合格</td></tr>
<tr><td>石粉含量（按质量计）/%</td><td colspan="3">≤10.0</td></tr>
<tr><td>泥块含量（按质量计）/%</td><td>0</td><td>≤1.0</td><td>≤2.0</td></tr>
<tr><td rowspan="2">MB值＞1.4或快速法试验不合格</td><td>石粉含量（按质量计）/%</td><td>≤1.0</td><td>≤3.0</td><td>≤5.0</td></tr>
<tr><td>泥块含量（按质量计）/%</td><td>0</td><td>≤1.0</td><td>≤2.0</td></tr>
<tr><td rowspan="2">天然砂</td><td colspan="2">含泥量（按质量计）/%</td><td>≤1.0</td><td>≤3.0</td><td>≤5.0</td></tr>
<tr><td colspan="2">泥块含量（按质量计）/%</td><td>0</td><td>≤1.0</td><td>≤2.0</td></tr>
<tr><td rowspan="3">有害杂质限量</td><td colspan="2">云母（按质量计）/%</td><td>≤1.0</td><td colspan="2">≤2.0</td></tr>
<tr><td colspan="2">轻物质（按质量计）/%</td><td colspan="3">≤1.0</td></tr>
<tr><td colspan="2">有机物</td><td colspan="3">合格</td></tr>
</table>

项目		技术要求		
		Ⅰ类	Ⅱ类	Ⅲ类
有害杂质限量	硫化物及硫酸盐含量（按SO_3质量计）/%	≤0.5		
	氯化物（按氯离子质量计）/%	≤0.01	≤0.02	≤0.06
坚固性	硫酸钠溶液法试验，砂的质量损失/%	≤8		≤10
	机制砂单级最大压碎指标/%	≤20	≤25	≤30
密度和空隙率		表观密度≥2500kg/m³；松散堆积密度≥1400kg/m³；空隙率≤44%		
碱集料反应		经碱集料反应试验后，试件应无裂缝、酥裂、胶体外溢现象，在规定试验龄期的膨胀率应小于0.10%		

表1-13　天然砂的质量标准《公路水泥混凝土路面施工技术细则》（JTG/T F30—2014）

项目	技术要求		
	Ⅰ类	Ⅱ类	Ⅲ类
坚固性（按质量损失计）/%	≤6.0	≤8.0	≤10.0
含泥量（按质量计）/%	≤1.0	≤2.0	≤3.0
泥块含量（按质量计）/%	≤0	≤0.5	≤1.0
氯离子含量（按质量计）/%	≤0.02	≤0.03	≤0.06
云母含量/%	≤1.0	≤1.0	≤2.0
硫化物及硫酸盐含量（按SO_3质量计）/%	≤0.5	≤0.5	≤0.5
海砂中贝壳类物质含量（按质量计）/%	≤3.0	≤5.0	≤8.0
轻物质含量/%	≤1.0		
吸水率/%	≤2.0		
表观密度/（kg/m³）	≥2500.0		
松散堆积密度/（kg/m³）	≥1400.0		
空隙率/%	≤45.0		
有机物含量（比色法）	合格		
碱活性反应	不得有碱活性反应或疑似碱活性反应		
结晶态二氧化硅含量/%	≥25.0		

表1-14　沥青混合料用细集料质量技术要求《公路沥青路面施工技术规范》（JTG F40—2004）

项目	单位	高速公路、一级公路	其他等级公路
表观相对密度	—	≥2.5	≥2.45
坚固性（＞0.3mm部分）	%	≤12	—
含泥量（＜0.075mm的含量）	%	≤3	≤5
砂当量	%	≥60	≥50
亚甲蓝值	g/kg	≤25	—
棱角性（流动时间）	s	≥30	—

三、任务实施

《公路工程集料试验规程》(JTG E42—2005)中关于细集料的检测有19项（T 0327 ~ T 0350），有些试验不是常规检测内容。现按照施工单位试验室常规检测项目进行来料的检测并报送监理，工作步骤如下：

步骤1：试验计划编写

编写试验计划，确定试验内容及试验样品的数量。

步骤2：细集料样品取样

扫码学习试验1.1，完成已运至港口的黄砂取样。

步骤3：细集料有害物质检测

试验 1.1

学习砂的有害物质相关内容，参考《公路工程集料试验规程》(JTG E42—2005)（T 0335 ~ T 0341），完成砂样品各项有害物质含量的检测，并将检测结果填在试验手册附表1.1中。（砂的含泥量及泥块含量检测扫码试验1.2查看。）

步骤4：细集料细度检测

试验 1.2

学习有关细集料细度的知识，参考试验手册试验1.3，完成样品粗细程度的检测，并将检测结果填在试验手册附表1.2中。

步骤5：细集料密度检测

学习有关细集料密度的知识，参考试验手册试验1.4、1.5，完成样品密度的检测，并将检测结果填在试验手册附表1.3、1.4中。

步骤6：细集料含水率检测

试验 1.6

学习有关细集料含水率的知识，扫码学习试验1.6，完成样品含水率的检测，并将检测结果填在试验手册附表1.1中。

步骤7：试验检测报告及报验单填写

整理步骤1 ~ 步骤6的试验内容，完成细集料的检测报告并填写工程项目报验单，见试验手册附表1.5、1.6。

任务 二

检测粗集料的工程适用性

一、任务情境

江苏某桥梁工程项目采购了一批碎石，按进度交货至搅拌站。碎石质量标准应符合《公路桥涵施工技术规范》及设计要求，满足行业标准压碎值≤20%，针片状≤10%，含泥量≤1%，生产工艺以反击破为宜。碎石规格型号为10～20mm、16～31.5mm共56000t，5～10mm共22000t，各项条件应满足施工要求。请项目部试验室出具进场碎石的检测报告并报送监理。

二、知识导入

1. 岩石的组成及分类

岩石是指在各种地质作用下，按一定方式组合而成的矿物集合体，是组成地壳及地幔的主要物质。由单一矿物组成的岩石称为单矿岩，如石灰岩等；由多种矿物组成的岩石称为复矿岩，如花岗岩等。岩石按其成因可分为岩浆岩、沉积岩和变质岩三大类。

（1）岩浆岩

岩浆岩是由岩浆冷凝而形成的岩石。根据冷却条件的不同又分为深成岩、浅成岩及火山岩三类。

岩浆岩主要有块状构造、气孔构造、杏仁状构造、斑杂构造、流纹构造等不同的宏观构造。块状构造岩石中矿物颗粒无序排列，分布比较均匀，深成岩和部分浅成岩多为块状结构。在喷出岩中，由于岩浆冷却时大量气体未能逸出而在其内部形成气泡，使岩石中存在着大小不等的圆形或椭圆形孔洞。

（2）沉积岩

沉积岩是由母岩（岩浆岩、变质岩和早已形成的沉积岩）在地表经风化剥蚀而产生的物质，经过搬运、沉积和硬结成岩作用而形成的岩石，又称水成岩。沉积岩由颗粒物质和胶结物质组成。颗粒物质是指不同形状及大小的岩屑及某些矿物，胶结物质的主要成分为碳酸钙、氧化硅、氧化铁质等。

沉积岩的构造主要有层理构造、层面构造和生物遗迹构造。层理构造是岩层按一定的顺序和形式，一层叠一层相互更替而构成的宏观结构，其成分、颜色、结构等通常沿层面法向变化，这也是沉积岩区别于岩浆岩最明显的标志之一。层面构造是沉积过程中由自然作用产生在沉积岩层面的痕迹，其标志着岩层的特性。生物遗迹构造是指沉积岩中存有古代生物的遗体或遗迹（即化石），它也是沉积岩的重要标志。

（3）变质岩

变质岩是原生的岩浆岩和沉积岩经过地质上的变质作用而形成的岩石。变质作用是指在地壳内部高温、高压和热液的综合作用下，原有岩石的结构和组织改变或部分矿物再结晶，从而生成与原岩结构性质不同的新岩石的过程。典型的变质岩存在于前寒武纪或造山带区域。

变质岩的构造主要有片理构造、块状构造和条带状构造。片理构造是由岩石中所含的大量片状、板状和柱状矿物在定向压力作用下，平行排列形成，又分为片麻构造、片状构造、千枚构造和板状构造等。块状构造是矿物颗粒无定向排列且均匀的构造。由不同的矿物成分和结构交替形成具有一定宽度条带的构造，则为条带状构造。三大类岩石的基本特征与分布情况见表1-15。

表1-15　三大类岩石的基本特征与分布情况

岩类	分布情况		常见品种	构造	主要矿物
	地壳比重	地表比重			
岩浆岩	95%	25%	花岗岩、玄武岩、安山岩、流纹岩	块状构造	石英、长石、橄榄石、云母等
变质岩			片麻岩、千枚岩、大理岩	片理构造	石英、长石、辉石、云母等，常含变质矿物
沉积岩	5%	75%	页岩、砂岩、石灰岩	层理构造	石英、长石等，富含有机质、多含生物化石

2. 粗集料的技术指标

（1）密度

① 表观密度。岩石的表观密度与其矿物组成和孔隙率有关。表观密度是材料在包含闭口孔隙条件下单位体积的质量。致密岩石的表观密度为2500～3100kg/m³，如花岗岩、石灰石等；孔隙率较大的岩石表观密度为500～1700kg/m³，如浮石、火山凝灰岩等。按表观密度可将岩石分为重岩和轻岩两类，表观密度大于1800kg/m³的岩石为重岩，表观密度小于1800kg/m³的岩石为轻岩。重岩加工的石材可用于结构物的基础、地面、道面、装饰贴面、墙体、桥梁和大坝等；轻岩加工的石材主要用作墙体材料。不同岩石的表观密度见表1-16，混凝土用粗集料表观密度见表1-17。

表1-16　不同岩石的表观密度　　　　　　　　　　　　　　　　单位：g/cm³

岩石名称	变化范围	岩石名称	变化范围
花岗岩	2.6～3.0	橄榄岩	3.0～3.5
正长岩	2.7～2.9	石英斑岩	2.4～2.6
闪长岩	2.7～3.0	辉绿岩	2.8～3.0
辉长岩	2.8～3.1	安山岩	2.65～2.75
燧石	2.4～2.6	玄武岩	2.7～3.3
砂岩	1.9～2.9	硬石英岩	2.7～2.9
角页岩	2.7～3.0	软石英岩	1.2

表1-17　不同等级混凝土用粗集料表观密度要求

项目	碎石、卵石			再生粗集料		
	Ⅰ	Ⅱ	Ⅲ	Ⅰ	Ⅱ	Ⅲ
表观密度/（kg/m³）	≥2600			≥2450	≥2350	>2250
连续级配松散空隙率/%	≤43	≤45	≤47	<47	<50	<53
吸水率（质量）/%	≤1.0	≤2.0	≤3.0	<3.0	<5.0	<8.0

② 表干密度与毛体积密度。表干密度是指在规定条件下，单位毛体积里粗集料的表干质量。这里表干质量是指粗集料表面干燥，而开口孔隙中吸饱水时的质量，单位毛体积指实体、闭口孔隙和开口孔隙体积之和。

毛体积密度是单位体积（含材料的实体矿物成分及其闭口孔隙、开口孔隙等颗粒表面轮廓线所包围的毛体积）内物质颗粒的干质量。

当质量以干燥质量（烘干或空气干燥）为准时，称绝干毛体积密度，简称毛体积密度；当质量以表干质量（饱和面干，包括开口孔隙中的水）为准时，称表干体积密度，也叫表干密度。

主要的区别就是毛体积密度是干燥状态下的密度，表干密度湿润状态下的密度。表干密度要比毛体积密度大一些。

（2）颗粒级配

颗粒级配是指集料大小颗粒的搭配，亦即各种粒径颗粒在集料中所占的比例。良好的颗粒级配可使集料间空隙减小，混凝土密实。混凝土粗集料间空隙靠水泥砂浆所填充，细集料间空隙由水泥浆所填充。为达到节约水泥和提高强度的目的，应尽量减少细集料间的空隙。粗集料级配好坏对是否能节约水泥和保证混凝土具有良好的和易性有很大影响，特别是对制备高强混凝土来说，粗集料级配尤为重要。粗集料的颗粒级配是由筛析实验测定的，根据方孔筛孔径为2.36mm、4.75mm、9.50mm、16.0mm、19.0mm、26.5mm、31.5mm、37.5mm、53.0mm、63.0mm、75.0mm、90mm等共分为12个标准筛。粗集料颗粒级配范围见表1-18。

根据颗粒形状的不同，粗集料分为卵石和碎石。碎石是破碎的小块岩石，它的大小、形状及纹理都呈现不规则状态，它可能是因为天然原因，或是人为加以破坏之后产生的。卵石是指由岩石在自然条件作用而形成的粒径大于5mm的颗粒。卵石是经过很长时间，逐渐形成的。卵石的形成过程可以分为两个阶段，第一阶段是岩石风化、崩塌阶段；第二阶段是岩石在河流中被河水搬运和磨圆的阶段。

表1-18　卵石或碎石的颗粒级配范围

公称粒径/mm		累计筛余/%											
		方孔筛/mm											
		2.36	4.75	9.50	16.0	19.0	26.5	31.5	37.5	53.0	63.0	75.0	90.0
连续粒径	5～16	95～100	85～100	30～60	0～10	0	—	—	—	—	—	—	—
	5～20	95～100	90～100	40～80	—	0～10	0	—	—	—	—	—	—
	5～25	95～100	90～100	—	—	—	0～5	0	—	—	—	—	—
	5～31.5	95～100	90～100	70～90	—	15～45	—	0～5	0	—	—	—	—
	5～40	—	95～100	70～90	—	30～65	—	—	0～5	0	—	—	—
单粒粒径	5～10	95～100	80～100	0～15	0	—	—	—	—	—	—	—	—
	10～16	—	95～100	80～100	0～15	—	—	—	—	—	—	—	—
	10～20	—	95～100	85～100	—	0～15	0	—	—	—	—	—	—
	16～25	—	—	95～100	55～70	25～40	0～10	—	—	—	—	—	—
	16～31.5	—	95～100	—	85～100	—	—	0～10	—	—	—	—	—
	20～40	—	—	95～100	—	80～100	—	0～10	0	—	—	—	—
	40～80	—	—	—	—	95～100	—	—	70～100	—	30～60	0～10	0

粗集料以最大粒径M（即粗集料公称粒径的上限）作为粗细程度的衡量指标。M愈大，集料的总表面积愈小，则混凝土的用水量愈小，水泥用量也愈小，但最大粒径过大，混凝土的和易性变差，易产生离析。用于工业及民用建筑的普通混凝土用连续级配粗集料的最大粒径不宜超40mm，同时还必须考虑结构的截面尺寸和钢筋间距。我国GB 50204—2015《混凝土结构工程施工质量验收规范》中规定：粗集料的最大粒径不得大于结构截面最小尺寸的1/4和钢筋最小净距的3/4，对于混凝土实心板，M不宜超过板厚的1/2，且不得超过50mm。

（3）含泥量、泥块含量和石粉含量

粗集料的含泥量指卵石、碎石中粒径小于75μm的颗粒含量；泥块含量指卵石、碎石中原粒径大于4.75mm，经水浸洗、手捏后小于2.36mm的颗粒含量；石粉含量指再生粗集料中粒径小于75μm的颗粒含量。各种类型粗集料的含泥量和泥块含量等应符合表1-19的规定。

表1-19　各类型粗集料的含泥量和泥块含量　　　　单位：%

类别及项目		Ⅰ	Ⅱ	Ⅲ
卵石、碎石	含泥量	≤0.5	≤1.0	≤1.5
	泥块含量	0	≤0.2	≤0.5
再生粗集料	石粉含量	<1.0	<2.0	<3.0
	泥块含量	<0.5	<0.7	<1.0

（4）有害杂质含量

粗集料也可能含有一些有害杂质，主要是黏土及淤泥、有机物、硫化物及硫酸盐等，其危害基本上与砂中有害杂质相同，应加以限制。

粗集料有害杂质限量应符合表1-20的规定。再生粗集料中的杂质指除混凝土、砂浆、砖瓦和石之外的其他物质，其含量不得超过1%。

表1-20 粗集料有害杂质限量 　　　　　　　　　　　　　　　　　　　　　　单位：%

类别	卵石、碎石			再生粗集料		
	Ⅰ	Ⅱ	Ⅲ	Ⅰ	Ⅱ	Ⅲ
云母		—			＜2.0	
轻物质		—			＜1.0	
有机物	合格	合格	合格		合格	
硫化物	≤0.5	≤1.0	≤1.0		＜2.0	
氯化物					＜0.06	

（5）碱活性集料

对于长期处于潮湿环境的重要结构混凝土所使用的碎石或卵石应进行碱活性检验。进行碱活性检验时，首先应采用岩相法检验碱活性集料的品种、类型和数量。当检验出集料中含有活性二氧化硅时，应采用快速砂浆棒法和砂浆长度法进行碱活性检验；当检验出集料中含有活性碳酸盐时，应采用岩石柱法进行碱活性检验。

经上述检验，当判定集料存在潜在碱-碳酸盐反应危害时，不宜用作混凝土集料；否则，应通过专门的混凝土试验，做最后评定。

对于砂料，当砂浆半年膨胀率超过0.1%或3个月的膨胀率超过0.05%时（只在缺少半年膨胀率时才有效），即评为具有危害性的活性集料。反之，如低于上述数值时，则评为非活性集料。

对于集料，当砂浆半年膨胀率低于0.1%或3个月的膨胀率低于0.05%时（只在缺少半年膨胀率时才有效），即评为非活性集料。如超过上述数值时，尚不能做最后结论，应根据混凝土的试验结果做出最后的评定。

（6）颗粒形状及表面特征

粗集料的颗粒形状以近正方体或近球状体为最佳，但在破碎岩石生产碎石的过程，往往产生一定量的针、片状颗粒，使集料的空隙率增大，并降低混凝土的强度，特别是抗折强度。针状颗粒是指长度大于该颗粒所属粒级平均粒径2.4倍的颗粒；片状颗粒是指厚度小于平均粒径2/5的颗粒。针片状颗粒含量应符合表1-21的要求，而高强混凝土的针、片状颗粒含量不应大于5%。

表1-21 针、片状颗粒含量

混凝土强度等级	Ⅰ	Ⅱ	Ⅲ
针片状颗粒含量（按质量）/%	≤8	≤15	≤25

（7）强度及压碎值指标

为保证混凝土的强度，要求粗集料质地致密，具有足够的强度。碎石和卵石的强度可用岩石的抗压强度或压碎值指标两种方法表示。当混凝土强度等级大于或等于C60时，应进行岩石抗压强度检验。岩石强度首先应由生产单位提供，工程中可采用压碎值指标进行质量控制。

岩石的抗压强度采用直径和高度均为50mm的圆柱体或边长为50mm的立方体试样测定。一般要求岩石抗压强度值与混凝土之比不小于1.5，高强混凝土此值应大于2.0；且要求岩浆岩不宜低于80MPa（饱水），变质岩不宜低于60MPa，沉积岩不宜低于30MPa。

压碎值指标是指其抵抗压碎的能力，测定方法是将一定质量气干状态下9.50～19mm粒级的石子装入一个标准圆筒内，放至压力机上在3～5min内均匀加荷达200kN，卸荷后称取试样重G，然后用孔径为2.36mm的筛筛除被压碎的细粒，再称取余留在筛上的试样重G_1，然后按式（1-13）计算出压碎指标值Q_c。

$$Q_c = \frac{G - G_1}{G} \times 100\% \tag{1-13}$$

压碎值指标越小，表示粗集料抵抗受压碎裂的能力越强。按标准的技术要求，各类粗集料的压碎值指标应符合表1-22的规定。

表1-22　粗集料的压碎值指标

单位：%

项目	类别		
	Ⅰ	Ⅱ	Ⅲ
碎石	≤10	≤20	≤30
卵石	≤12	≤14	≤16
再生粗集料	≤12	≤20	≤30

（8）坚固性

坚固性是粗集料在气候、环境变化或其他物理、化学因素作用下抵抗碎裂的能力，在一定程度上反映了其结构的致密程度和强度高低。若粗集料的结构较致密，则强度高、吸水率小，坚固性好；而结构疏松、矿物成分复杂或构造不均匀的粗集料，坚固性较差。通常粗集料的坚固性采用硫酸钠溶液法进行检验，粗集料样品在硫酸钠饱和溶液中经五次循环浸渍后，其质量损失应符合表1-23规定。

表1-23　粗集料的坚固性指标（质量损失）

单位：%

类别	坚固性指标		
	Ⅰ	Ⅱ	Ⅲ
卵石、碎石	≤5	≤8	≤12
再生粗集料	≤8.0	≤10.0	≤12.0

对于处于腐蚀性介质环境中的混凝土，或经常处于水位变化的地下结构用混凝土，或有抗疲劳、耐磨、抗冲击等要求的混凝土，所用粗集料经上述五次循环后的质量损失不得大于8%。

（9）粗集料的技术要求

根据《公路桥涵施工技术规范》（JTG/T 3650—2020），普通混凝土中采用的粗集料，主要是碎石和卵石。混凝土用粗集料的质量应满足下列技术要求。

① 水泥混凝土用粗集料的压碎值、含泥量、针片状颗粒含量等技术指标应符合相关规定。

② 碎石或卵石的坚固性是指料在气候、环境变化或其他物理因素作用下抵抗碎裂的能力。为保证水泥混凝土的耐久性，选用的粗集料应具有足够的坚固性，以抵抗冻融和自然因素的风化作用。混凝土用粗集料的坚固性用硫酸钠溶液法检验，试样经5次循环后，其质量损失应符合相关规定。

③ 粗集料中常含有一些有害物质（如黏土、淤泥、云母、硫酸盐、硫化物和有机质），会妨碍水泥的水化反应，降低集料与水泥的黏附性。粗集料的有害杂质主要应控制其硫化物和硫酸盐以及卵石中有机质的含量。

④ 粗集料颗粒级配是否合适，直接影响水泥混凝土的技术性质和经济效果，因而粗集料级配的选定是保证混凝土质量的重要环节。

粗集料的技术要求见表1-24，表1-25，表1-26，表1-27。

表1-24 粗集料技术要求《建设用卵石、碎石》（GB/T 14685—2022）

技术指标	技术要求		
	I类	II类	III类
碎石压碎指标/%	≤10	≤20	≤30
卵石压碎指标/%	≤12	≤14	≤16
针片状颗粒含量（质量分数）/%	≤5	≤8	≤15
卵石含泥量（质量分数）/%	≤0.5	≤1.0	≤1.5
碎石泥粉含量（质量分数）/%	≤0.5	≤1.5	≤2.0
泥块含量（质量分数）/%	≤0.1	≤0.2	≤0.7
有机物含量	合格	合格	合格
硫化物及硫酸盐含量（以SO_3质量计）/%	≤0.5	≤1.0	≤1.0
坚固性指标（质量损失率）/%	≤5	≤8	≤12
连续级配松散堆积空隙率/%	≤43	≤45	≤47
表观密度/（kg/m³）	≥2600		
碱集料反应	当需方提出要求时，应出示膨胀率实测值及碱活性评定结果		

表1-25 粗集料技术指标《公路桥涵施工技术规范》（JTG/T 3650—2020）

项目		技术要求		
		I类	II类	III类
碎石压碎指标/%		≤10	≤20	≤30
卵石压碎指标/%		≤12	≤14	≤16
坚固性（硫酸钠溶液法试验质量损失值）/%		≤5	≤8	≤12
吸水率/%		≤1.0	≤2.0	
针片状颗粒总含量（按质量计）/%		≤5	≤10	≤15
含泥量（按质量计）/%		≤0.5	≤1.0	≤1.5
泥块含量（按质量计）/%		0	≤0.2	≤0.5
有害物质限量	有机物	合格		
	硫化物及硫酸盐（按SO_3质量计）/%	≤0.5	≤1.0	
岩石抗压强度（水饱和状态）/MPa		火成岩≥80；变质岩≥60；水成岩≥30		
连续级配松散堆积空隙率/%		≤43	≤45	≤47
表观密度/（kg/m³）		≥2600		
碱集料反应		经碱集料反应试验后，试件应无裂缝、酥裂、胶体外溢现象，在规定试验龄期的膨胀率应小于0.10%		

表1-26　碎石、破碎卵石和卵石质量标准《公路水泥混凝土路面施工技术细则》（JTG/T F30—2014）

项次	技术指标		技术要求		
			Ⅰ类	Ⅱ类	Ⅲ类
1	碎石压碎指标/%		≤18.0	≤25.0	≤30.0
2	卵石压碎指标/%		≤21.0	≤23.0	≤26.0
3	坚固性（按质量损失计）/%		≤5.0	≤8.0	≤12.0
4	针片状颗粒含量（按质量计）/%		≤8.0	≤15.0	≤20.0
5	含泥量（按质量计）/%		≤0.5	≤1.0	≤2.0
6	泥块含量（按质量计）/%		≤0.2	≤0.5	≤0.7
7	吸水率（按质量计）/%		≤1.0	≤2.0	≤3.0
8	硫化物及硫酸盐含量（按SO_3质量计）/%		≤0.5	≤1.0	≤1.0
9	洛杉矶磨耗损失/%		≤28.0	≤32.0	≤35.0
10	有机物含量（比色法）		合格	合格	合格
11	岩石抗压强度/MPa	岩浆岩	≥100		
		变质岩	≥80		
		沉积岩	≥60		
12	松散堆积密度/（kg/m^3）		≥1350		
13	表观密度/（kg/m^3）		≥2500		
14	空隙率/%		≤47		
15	磨光值/%		≥35.0		
16	碱活性反应		不得有碱活性反应或疑似碱活性反应		

表1-27　沥青混合料用粗集料质量技术要求《公路沥青路面施工技术规范》（JTG F40—2004）

指标	单位	高速公路及一级公路		其他等级公路
		表面层	其他层次	
石料压碎值	%	≤26	≤28	≤30
洛杉矶磨耗损失	%	≤28	≤30	≤35
表观相对密度	—	≥2.60	≥2.50	≥2.45
吸水率	%	≤2.0	≤3.0	≤3.0
坚固性	%	≤12	≤12	—
针片状颗粒含量（混合料） 其中粒径大于9.5mm 其中粒径小于9.5mm	% % %	≤15 ≤12 ≤18	≤18 ≤15 ≤20	≤20 — —
水洗法＜0.075mm颗粒含量	%	≤1	≤1	≤1
软石含量	%	≤3	≤5	≤5

三、任务实施

《公路工程集料试验规程》（JTG E42—2005）中关于粗集料的检测有26项（T 0301 ～ T 0348）。现按照施工单位试验室常规检测项目进行进场粗集料的检测并报送监理。

步骤1：试验计划编写

编写试验计划，确定试验内容及试验样品的数量。

步骤2：粗集料样品取样

该批材料已运至距工地15km处的港口，扫码学习试验1.7，完成碎石的取样。

试验 1.7

步骤3：粗集料密度检测

学习有关粗集料密度的知识，参考试验手册试验1.8、1.9，完成样品密度的检测，并将检测结果填在试验手册附表1.7、1.8中。

步骤4：粗集料细度检测

学习有关粗集料细度的知识，参考试验手册试验1.10，完成样品粗细程度的检测，并将检测结果填在试验手册附表1.9中。

步骤5：粗集料针片状颗粒含量检测

学习有关粗集料针片状颗粒含量的知识，参考《公路工程集料试验规程》（JTG E42—2005）相关内容，完成碎石样品各项有害物质含量的检测，并将针片状颗粒含量的检测结果填在试验手册附表1.10中。

步骤6：粗集料压碎值检测

学习有关粗集料压碎值的知识，参考试验手册试验1.12，完成样品强度及压碎值的检测，并将检测结果填在试验手册附表1.11中。

步骤7：试验检测报告及报验单填写

整理步骤1～步骤6的试验内容。完成粗集料的检测报告并填写工程项目报验单，见试验手册附表1.12、1.13。

检测水泥的技术性能

水泥是一种应用广泛的胶凝材料，它不仅能在空气中硬化，而且在水中能更好地硬化，保持并继续增长强度，因此被称为水硬性胶凝材料。

水泥是土木行业的基本材料，使用广，用量大，品种繁多。根据水泥中的主要矿物成分，可以将水泥分为以硅酸钙为主的硅酸盐水泥，以铝酸钙为主的铝酸盐水泥，以硫酸钙为主的硫酸盐水泥，以及以磷酸钙、镁为主的磷酸盐系列的水泥等。不同矿物种类水泥的特性是不一样的。这里给大家介绍在全国甚至全世界范围内应用最多的硅酸盐水泥。没有特殊指明的情况下，我们说到的水泥，就是指硅酸盐水泥。按照水泥的用途和性能，还可以将水泥分为通用水泥、专用水泥和特种水泥三大类。通用水泥是指一般土木工程中常用的水泥，实际上是指硅酸盐水泥，在我们国家占到水泥总用量的95%左右。专用水泥是指一些有专门用途的水泥，如道路硅酸盐水泥，是专门考虑了道路水泥混凝土路面板的受力特性，调整了水泥矿物成分，而生产出来的一种水泥。特种水泥是指某种性能比较突出的水泥，如一些军事工程或者抢修工程中常常会用到的快硬水泥，用于大体积工程的低热水泥以及膨胀水泥、耐腐蚀性的水泥。

任务 一
水泥的选用

一、任务情境

宁夏某绕城公路所建特大桥项目需进行大体积混凝土施工（承台、墩身、连续梁），设计选用42.5等级水泥，为确保大体积承台混凝土施工质量，缩小内外温差，控制温度裂缝，请项目经理部选取适合施工用的水泥，并写出选用原则。

二、知识导入

1. 水泥的定义与分类

通用硅酸盐水泥，是指以硅酸盐水泥熟料和适量的石膏，及规定的混合材料磨细制成的水硬性胶凝材料。

通用硅酸盐水泥按照水泥中所掺加混合材料的品种以及用量的不同，又可以分为硅酸盐水泥、普通硅酸盐水泥、矿渣硅酸盐水泥、火山灰质硅酸盐水泥、粉煤灰硅酸盐水泥和复合硅酸盐水泥六个品种。

硅酸盐水泥是指由硅酸盐水泥熟料、0～5%的石灰石或粒化高炉矿渣、适量的石膏磨细制成的水硬性胶凝材料。硅酸盐水泥分两种类型，不掺加磨细的石灰石粉等混合材料的称为Ⅰ型硅酸盐水泥，代号为P·Ⅰ。如果在硅酸盐水泥粉磨时，掺加不超过水泥质量5%的磨细的石灰石粉或粒化高炉矿渣混合材料，称为Ⅱ型硅酸盐水泥，代号为P·Ⅱ。

如果在硅酸盐水泥熟料中掺加了超过5%的混合材料，就要依据掺加材料的品种和用量进行水泥的命名，如掺加了粒化高炉矿渣且掺加量大于20%的矿渣硅酸盐水泥。

普通硅酸盐水泥是指由硅酸盐水泥熟料、活性混合材料和适量石膏磨细制成的水硬性胶凝材料，简称普通水泥，代号为P·O。在普通水泥中，活性混合材料的掺加量为大于5%且小于或等于20%，其中允许用不超过水泥质量5%的窑灰或不超过水泥质量8%的非活性混合材料来代替。

矿渣硅酸盐水泥，是指由硅酸盐水泥熟料、粒化高炉矿渣和适量石膏磨细制成的水硬性胶凝材料，简称矿渣水泥，代号P·S。根据混合材料掺量分为两种类型，粒化高炉矿渣的掺加量为大于20%且小于或等于50%的为A型矿渣水泥，代号P·S·A；粒化高炉矿渣的掺加量为大于50%且小于或等于70%的为B型矿渣水泥，代号P·S·B。允许用活性混合材料、非活性混合料或者窑灰中的一种材料代替矿渣，但代替数量不得超过水泥质量的8%。

火山灰质硅酸盐水泥，是指由硅酸盐水泥熟料、火山灰质混合材料和适量石膏磨细制成的水硬性胶凝材料，简称火山灰质水泥，代号P·P。在火山灰质水泥中，火山灰质混合材料的掺加量为大于20%且小于或等于40%。

粉煤灰硅酸盐水泥，是指由硅酸盐水泥熟料、粉煤灰与适量石膏磨细制成的水硬性胶凝材料，简称粉煤灰水泥，代号P·F。在粉煤灰水泥中，粉煤灰掺加量为大于20%且小于或等于40%。

复合硅酸盐水泥，是指由硅酸盐水泥熟料、两种或两种以上混合材料与适量石膏磨细制成的水硬性胶凝材料，简称复合水泥，代号P·C。在复合水泥中，混合材料掺加量为大于20%且小于或等于50%，允许用不超过水泥质量8%的窑灰代替，掺加矿渣时，混合材料掺加量不得与矿渣水泥重复。

通用硅酸盐水泥的组分如表2-1所示。

表2-1 通用硅酸盐水泥组分

品种	代号	组分（质量分数）				
		熟料＋石膏	粒化高炉矿渣	火山灰质混合材料	粉煤灰	石灰石
硅酸盐水泥	P·Ⅰ	100	—	—	—	—
	P·Ⅱ	≥95	≤5	—	—	—
		≥95	—	—	—	≤5
普通硅酸盐水泥	P·O	≥80且＜95	>5且≤20			
矿渣硅酸盐水泥	P·S·A	≥50且＜80	>20且≤50	—	—	—
	P·S·B	≥30且＜50	>50且≤70	—	—	—
火山灰质硅酸盐水泥	P·P	≥60且＜80	—	>20且≤40	—	—
粉煤灰硅酸盐水泥	P·F	≥60且＜80	—	—	>20且≤40	—
复合硅酸盐水泥	P·C	≥50且＜80	>20且≤50			

2. 硅酸盐水泥

（1）硅酸盐水泥的生产

硅酸盐水泥的生产可以分为原材料准备、生料配制与磨细、生料煅烧和熟料磨细四个阶段。水泥的生产工艺可以概括为"两磨一烧"，也就是生料磨细、煅烧、熟料磨细。水泥生产的原材料主要包括石灰质原料和黏土质原料。石灰质原料提供CaO成分，常用的岩石有石灰石、白垩、石灰质凝灰岩等。黏土质原料主要提供SiO_2、Al_2O_3以及少量的Fe_2O_3，常用物质有黏土、页岩等，有时还需要配入一些校正的辅助原料，如铁矿石等。硅酸盐水泥原料的主要化学成分及大致比例如表2-2所示。

表2-2　硅酸盐水泥原料的主要化学成分及大致比例

原料品种	原料来源	主要化学成分	大致含量/%
石灰质原料	石灰石、白垩、石灰质凝灰岩	CaO	63～67
黏土质原料	黏土、页岩等	SiO_2	21～24
		Al_2O_3	4～7
		Fe_2O_3	2～4

按照水泥熟料所要求的化学成分，确定石灰质原料和黏土质原料的比例，然后可同时或者分别将这些原料磨细到规定的细度，再混合均匀成为水泥的生料。水泥生料在水泥窑中，经过高温煅烧，发生一系列的物理化学反应：首先是生料中的自由水蒸发，黏土矿物中的化合水释放；其次是碳酸盐分解，在碳酸盐分解的同时，石灰质与黏土质之间通过质点的相互扩散，进行固相反应，生成多种矿物集合体；最后是熟料的冷却，水泥熟料冷却以后再磨细，同时加入石膏和混合材料，就得到了硅酸盐水泥产品。通用硅酸盐水泥的生产工艺流程如图2-1所示。

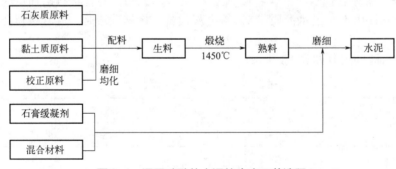

图2-1　通用硅酸盐水泥的生产工艺流程

（2）硅酸盐水泥的矿物组成

硅酸盐水泥熟料是指以适当比例磨细的石灰质原料和黏土质原料，煅烧至部分熔融，冷却以后得到的以硅酸钙为主要成分的水硬性胶结物质。其中硅酸钙矿物含量（质量分数）不小于66%，氧化钙和氧化硅质量比不小于2.0。

水泥熟料的主要矿物成分是硅酸三钙、硅酸二钙、铝酸三钙和铁铝酸四钙。另外还含有一些少量的处于游离状态的氧化钙、石灰、氧化镁以及氧化钾等杂质，这些物质含量很少，但并不是说它们不重要，实际上硅酸盐水泥里边这些杂质的含量，对水泥的耐久性、体积稳定性等都有非常重要的影响。硅酸盐水泥熟料的矿物组成如表2-3所示。

表2-3 硅酸盐水泥熟料的矿物组成

矿物组成	化学组成	常用缩写	含量/%
硅酸三钙	$3CaO \cdot SiO_2$	C_3S	$37 \sim 60$
硅酸二钙	$2CaO \cdot SiO_2$	C_2S	$15 \sim 37$
铝酸三钙	$3CaO \cdot Al_2O_3$	C_3A	$7 \sim 15$
铁铝酸四钙	$4CaO \cdot Al_2O_3 \cdot Fe_2O_3$	C_4AF	$10 \sim 18$

在水泥的选择与应用中，需要特别注意，C_3S和C_2S是硅酸盐水泥熟料的主要矿物成分，含量占到75%左右，它们的水化产物对水泥的强度贡献最大。C_3S对水泥的技术性质，特别是早期强度有重要的影响。水泥与水一接触，C_3S就开始迅速水化，同时释放出较大的热量。C_3S的水化产物早期强度高，并且强度增长率较大，28天时的强度可以达到一年强度的80%左右。C_3S水化的特点是水化速度快、凝结硬化速度快、放热量多，水化产物早期强度和后期强度都很高，是水泥石强度的主要来源。

C_2S也是硅酸盐水泥的主要矿物，含量通常在15% $\sim$ 40%。C_2S的水化速度及凝结硬化速度比较缓慢，所以放热量也比较低，是水泥四种熟料成分中，水化放热量最低的矿物。C_2S的水化产物，对水泥早期强度贡献比较小，但后期强度较高，甚至有可能超过C_3S水化物的强度，因此对水泥后期强度起主要作用。同时，C_2S水化后抗化学侵蚀性较高，干缩性较小，适合用在大体积工程。

C_3A和C_4AF，这两种矿物对水泥强度的贡献比较低，因为他们本身的水化产物强度就比较低，而且含量相对较少。C_3A在水泥中的含量通常在15%以下。在硅酸盐水泥熟料四种矿物成分中，C_3A是遇水反应速度最快、释放水化热最高的矿物，其含量直接影响着硅酸盐水泥的凝结速率和释放热，C_3A含量高的硅酸盐水泥不适合用于大体积工程。C_3A水化产物的强度在三天内就能充分发挥出来，早期强度较高。若用于对早期强度有要求的工程，如一些抢修项目，可以适当提高水泥中的C_3A含量。但其水化产物强度的绝对值较小，后期强度不再增加。从使用的耐久性角度而言，水泥中C_3A的含量不宜过高。C_3A的耐化学腐蚀性较差，尤其是抗硫酸盐腐蚀性能较差，干缩性大，不适合用在化工厂、海边等富含硫酸盐侵蚀介质的地方。

C_4AF在水泥熟料中的含量通常在10%左右，水化速度比较快，水化热较高，水化产物的强度较低，但对水泥抗折强度和耐磨性起着重要作用。道路专用水泥通常含有较多的铁铝酸四钙，一般大于16%。

硅酸盐水泥熟料主要矿物组成的特点如表2-4所示。

表2-4 硅酸盐水泥熟料主要矿物组成的特点

矿物组成	主要特点
C_3S	硅酸盐水泥中最主要的矿物成分，对硅酸盐水泥的性质有重要影响；遇水反应速度较快，水化热高，水化产物对水泥早期强度和后期强度都很高，28d时的强度可以达到一年强度的80%左右，是水泥石强度的主要来源
C_2S	硅酸盐水泥中主要的矿物成分，遇水反应速度较慢，水化热低，是水泥四种熟料成分中，水化放热量最低的矿物。对水泥早期强度贡献比较小，但对水泥后期强度起主要作用。抗化学侵蚀性较高，干缩性较小，适合用在大体积工程
C_3A	是4种主要矿物中遇水反应速度最快、释放水化热最高的矿物。它的含量直接影响着硅酸盐水泥的凝结速率和释放热，该组分含量高的水泥不适合用于大体积工程。水化产物的强度在三天内就能充分发挥出来，早期强度较高，后期强度不再增加。耐久性差耐化学腐蚀性较差，尤其是抗硫酸盐腐蚀性能较差，干缩性大
C_4AF	水化速度比较快，水化热较高，水化产物的强度较低，但对水泥抗折强度和耐磨性起着重要作用，道路专用水泥通常含有较多的C_4AF，一般大于16%；耐化学腐蚀性好，干缩性小

水泥中不同的熟料水化反应时，水化速率、28d水化热、凝结硬化速率、强度、耐化学腐蚀性及干缩性各不同，见表2-5。

表2-5　熟料矿物的水化硬化特性

矿物名称	水化速率	28d水化热	凝结硬化速率	强度		耐化学腐蚀性	干缩性
				早期	后期		
C_3S	快	多	快	高	高	中	中
C_2S	慢	少	慢	低	高	良	小
C_3A	最快	最多	最快	低	低	差	大
C_4AF	快	中	快	低	低	优	最小

硅酸盐水泥熟料是由各种不同特性的矿物所组成的混合物，因此改变熟料矿物成分之间的比例，水泥的性质就会发生相应的变化。例如对紧急抢修工程、军事工程或者冬季施工的工程，需要水泥石尽快凝结硬化，具有较高的强度，需要增加早期强度高、水化速度快、能释放热量的矿物成分，也就是C_3S和C_3A的含量。若要用于道路路面、机场道面的工程，要求水泥抗折强度高，耐磨抗腐蚀性好，干缩性小，需要增加水泥中C_2S和C_4AF的含量。

【例2-1】某大体积的混凝土工程，浇筑2周后拆模，发现挡墙有多道贯穿型的纵向裂缝，试分析其原因。经测定，所用42.5Ⅱ型硅酸盐水泥熟料的矿物组成如表2-6所示。

表2-6　工程所用42.5Ⅱ型硅酸盐水泥熟料的矿物组成

熟料矿物	C_3S	C_2S	C_3A	C_4AF
含量/%	61	14	14	11

【解析】从熟料矿物成分含量来看，C_3S的含量明显高于一般水平，且C_3S的水化反应速度快，水化放热量大。从工程情况来看，该项目是大体积的混凝土工程，会导致内部温度过高。综上，该裂缝由温度变形产生。为了解决这一问题，可以在该项目所用混凝土中掺入适量的矿物掺和料，或更换水泥品种，使用矿渣水泥、火山灰水泥、粉煤灰水泥等掺大量混合材料的水泥来改善这一情况。

【例2-2】以下是A、B两种硅酸盐水泥熟料的矿物组成，请分析两种硅酸盐水泥的早期强度及水化热的差别。

表2-7　A、B两种硅酸盐水泥熟料的矿物组成

矿物组成	C_3S	C_2S	C_3A	C_4AF
A水泥/%	59	16	18	7
B水泥/%	45	27	12	16

【解析】A水泥C_3S及C_3A含量高，而C_3S及C_3A早期强度及水化热都较高，故A水泥的早期强度与水化热高于B水泥。

（3）硅酸盐水泥与水的反应

① 水化。水化是水泥熟料颗粒中的矿物成分与水发生的化学反应。水泥加水拌和后，最初形成具有可塑性、流动性的浆体，经过一段时间，水泥浆体逐渐变稠，失去塑性，这一过程称为凝结；随着时间增加，继续产生强度，强度逐渐提高，并变成坚硬的石状物体——水泥石，这个过程称为硬化。水泥凝结与硬化是一个连续的复杂的物理、化学变化过程，这些变化决定了水泥

一系列的技术性能。

a. 硅酸三钙。水泥颗粒与水接触后，水泥熟料中的各种矿物立即与水发生水化作用，生成新的水化物，并放出一定的热量。硅酸盐水泥的熟料矿物中，C_3S含量最高，与水作用时反应较快，水化放热量大，生成水化硅酸钙及氢氧化钙。

$$2(3CaO \cdot SiO_2)+6H_2O \longrightarrow 3CaO \cdot SiO_2 \cdot 3H_2O+3(CaOH)_2 \tag{2-1}$$
$$\text{水化硅酸钙凝胶(C-S-H)} \quad \text{氢氧化钙晶体(CH)}$$

水化硅酸钙是一种纤维状的凝胶体，结晶度极差，具有非常大的比表面积，几乎不溶于水。

氢氧化钙，即熟石灰，呈六方板状结构，结晶良好，易溶于水。由于氢氧化钙的生成、溶解，使溶液中的石灰浓度很快达到饱和状态。因此，水泥中各矿物成分的水化是在氢氧化钙饱和溶液中进行的。

b. 硅酸二钙。C_2S的水化，得到和C_3S类似的产物，也是水化硅酸钙凝胶和氢氧化钙。

$$2(2CaO \cdot SiO_2)+4H_2O \longrightarrow 3CaO \cdot SiO_2 \cdot 3H_2O+Ca(OH)_2 \tag{2-2}$$

C_2S的反应较慢，水化放热小。一份C_2S所产生的氢氧化钙大概只有一份C_3S水化产生的氢氧化钙的1/3。

c. 铝酸三钙。C_3A的水化反应相对比较复杂，遇水后反应极快，释放大量的水化热，生成易溶于水的水化铝酸三钙晶体，六方形片状的铝酸三钙水化物晶体尺寸较大，自身强度低，如果水泥中没有添加石膏，这些片状的晶体产物互相搭接，形成骨架结构，会使水泥浆加水拌和后数秒至数分钟内迅速变硬，失去塑性，无法进行施工操作，这个现象称为水泥的瞬凝，也叫闪凝，危害较大。

在纯水中：

$$3CaO \cdot Al_2O_3+6H_2O \longrightarrow 3CaO \cdot Al_2O_3 \cdot 6H_2O \tag{2-3}$$
$$\text{水化铝酸钙}(C_3AH_6\text{晶体})$$

在石膏存在的条件下，水化铝酸三钙与石膏进一步地反应，生成高硫型的水化硫铝酸钙，又称钙矾石，用AFt表示。

在石膏溶液中：

$$3CaO \cdot Al_2O_3 \cdot 6H_2O+3(CaSO_4 \cdot 2H_2O)+20H_2O \longrightarrow 3CaO \cdot Al_2O_3 \cdot 3CaSO_4 \cdot 32H_2O \tag{2-4}$$
$$\text{石膏} \qquad\qquad \text{高硫型水化硫铝酸钙(AFt)，即钙矾石}$$

钙矾石晶体呈针状，在受力上来说是非常不利的一种结构，会影响水泥的耐水性。钙矾石难溶于水，水化反应时很快就结晶析出，沉淀在水泥熟料颗粒表面，阻止水分的进入，延长了水化产物的析出，起到了延缓水泥凝结的作用。

同时，水化铝酸钙和石膏结合的过程中，不仅有新物质的生成，还伴随有体积的膨胀，钙矾石形成中的膨胀如果发生在水泥的塑性阶段，就不会对水泥的受力产生不利影响，反而能适量补偿水泥浆体的自身收缩。但如果是在硬化的水泥石中形成大量的钙矾石，就会引起水泥石的膨胀开裂，所以要控制水泥中石膏的掺量，避免水泥硬化后钙矾石的产生。水泥水化过程中形成的钙矾石并不稳定，当添加到水泥中的石膏全部和水化铝酸三钙反应完成以后，钙矾石会继续和水化的铝酸三钙反应成单硫型的水化硫铝酸钙AFm，石膏用量少的情况下，AFm是最终的水化产物。

d. 铁铝酸四钙。C_4AF的反应与铝酸三钙类似，与水作用时反应也比较快，水化放热中生成水化铝酸三钙和水化铁酸钙水化物，进一步与石膏化合生成钙矾石。

$$4CaO \cdot Al_2O_3 \cdot Fe_2O_3 + 7H_2O \longrightarrow 3CaO \cdot Al_2O_3 \cdot 6H_2O + CaO \cdot Fe_2O_3 \cdot H_2O$$

水化铁酸钙凝胶(C-F-H)　(2-5)

综上所述，如果忽略一些次要的和少量的成分，硅酸盐水泥与水作用后生成的主要水化产物：水化硅酸钙（C-S-H）凝胶、氢氧化钙（CH）晶体、水化铝酸钙（C_3AH_6）晶体、水化铁酸钙（C-F-H）凝胶和水化硫铝酸钙（AFt）针状晶体，这五种水化产物及性质如表2-8所示。

表2-8　硅酸盐水泥水化产物及性质

序号	水化产物	性质
1	水化硅酸钙	凝胶，胶凝性强，强度高，不溶于水
2	水化铁酸钙	凝胶，胶凝性差，强度低，难溶于水
3	氢氧化钙	晶体，强度较高，溶于水
4	水化铝酸钙	晶体，强度低，溶于水
5	水化硫铝酸钙	晶体，强度高，不溶于水，能提高水泥石早期强度

在完全水化的水泥石中，水化硅酸钙大约占到70%，氢氧化钙约占20%，水化硫铝酸钙（包括高硫型和单硫型的）约占7%，未水化的熟料残余物和其他微量组分大约占3%。

② 凝结硬化。

a. 硬化过程。水泥加水拌和后，水泥颗粒分散在水中成为水泥浆体。水泥的水化反应，首先在水泥颗粒表面剧烈地进行，生成的水化物溶于水中，继续反应，水泥颗粒周围的溶液很快地成为水化产物的饱和溶液，接着水化产物从溶液中析出，包裹在水泥颗粒表面。电子显微镜下，可以观察到水泥颗粒表面生成的立方体片状氢氧化钙晶体、水化硅酸钙凝胶、针状晶体钙矾石等水化产物。这时水化物还不多，吸附有水化物的水泥颗粒之间还是分离的，相互间的吸引力比较小，水泥浆体可以看成是一个溶液粗分散体系，水泥浆具有良好的塑性。随着水泥颗粒不断水化，附着在水泥颗粒表面的水化物逐渐增多，水化硅酸钙形成长纤维凝胶，并与钙矾石等其他水化物晶体在水泥颗粒之间形成絮凝结构。随着时间推移，水化物不断扩展，在水泥颗粒之间形成了网状结构。水泥颗粒之间被水所占据的空间逐渐减少，水泥浆体逐渐变稠，黏度不断增加，失去塑性，这就是水泥的凝结过程。

随着水化过程不断地进行，水化产物不断生成并填充颗粒之间的空隙，未水化的水泥颗粒越来越小，水泥浆体内的毛细孔越来越少，结构更加紧密，水泥浆体逐渐产生强度而进入硬化阶段，水泥的硬化期可以延续很长时间，甚至可以持续几年。水泥的水化反应是由颗粒表面逐渐深入到内层的。当水化物增多时，堆积在水泥颗粒周围的水化物不断增加，会阻碍水分继续透入，使水泥颗粒内部的水化越来越困难。水泥石中会留有未水化的水泥内核。因此，硬化后的水泥石是由各种水化产物、未水化的水泥颗粒内核和毛细孔组成的不匀质结构体。

b. 影响水泥凝结硬化的因素。水泥的凝结硬化过程，也就是水泥强度发展的过程。为了正确使用水泥，并能在生产中采取有效措施，调节水泥的性能，必须了解水泥水化硬化的影响因素。影响水泥凝结硬化的因素，除矿物成分、细度、用水量外，还有养护时间、环境的温湿度以及石膏掺量等。

（a）水泥矿物成分。水泥的矿物组成成分及各组分的比例，是影响水泥凝结硬化的最主要因素。如前面所述，不同矿物成分单独和水反应时，所表现出来的特点是不同的。如水泥中提高C_3A的含量，水化速度快，但强度不高；而C_2S含量高时，水化速度慢，早期强度低，后期强度高。若在水泥熟料中掺加混合材料，将使水泥的抗侵蚀性提高，水化热降低，早期强度降低。

（b）细度。水泥颗粒的粗细直接影响水泥的水化、凝结硬化、强度增长及水化热等。这是因为水泥颗粒越细，其总表面积越大，与水的接触面积也越多，水化速度越快，凝结硬化越快，早期强度较高；水泥颗粒过粗，就会形成大尺寸的不能水化的水泥内核。但是，水泥颗粒如果过细，易与空气中的水分及二氧化碳反应，致使水泥不宜久存，过细的水泥硬化时产生的收缩也较大，水泥磨得越细，消耗能量越多，成本越高。

（c）石膏。石膏称为水泥的缓凝剂，主要用于调节水泥的凝结时间，是生产水泥不可缺少的组分。水泥熟料在不加入石膏的情况下，与水拌和会立即产生凝结，同时放出热量。其主要原因是熟料中 C_3A 很快溶于水中，生成一种具有促凝作用的铝酸钙水化物，使水泥不能正常使用。

石膏起缓凝作用的机理：水泥在水化时，石膏很快与 C_3A 作用产生很难溶于水的水化硫铝酸钙（钙矾石），它沉淀在水泥颗粒表面形成保护膜，从而阻碍了 C_3A 的水化反应并延缓了水泥的凝结时间。

石膏的掺量必须严格控制，掺量太少时缓凝作用小，掺量过多时会因在水泥浆硬化后继续生成水化硫铝酸钙产生体积膨胀，导致硬化的水泥石开裂破坏。其掺量原则是保证在凝结硬化前（约加水后24h内）全部耗尽。适宜的掺量主要取决于水泥中 C_3A 含量和石膏中 SO_3 的含量。国家标准规定 SO_3 不得超过3.5%，石膏掺量一般为水泥质量的3%～5%。

（d）龄期。水泥的水化程度随时间的延续不断地加深，水化产物也不断增加，产物内部的相互作用不断地增强，因此，水泥石强度的发展是随龄期而增长的。一般来讲，水泥石在28d内强度发展最快，28d后速度减慢。水泥混凝土的工程只要条件合适，强度的增长可延续几年。

（e）温度和湿度。对 C_3S 和 C_2S 来说，温度对水化反应速度的影响遵循一般的化学反应规律，温度升高，水化加速，特别是对 C_2S 来说，由于 C_2S 的水化速度低，所以温度对它的影响更大。C_3A 在常温时水化就较快，放热也较多，所以温度影响较小。当温度降低时，水泥水化速度减慢，凝结硬化时间延长，尤其对早期强度影响很大。在0℃以下，水化会停止，强度不仅不增长，还会因为水泥浆体中的水分发生冻结膨胀使水泥石结构产生破坏，而大幅度降低。

湿度是保证水泥水化的必备条件，因为在潮湿环境条件下，水泥浆内的水分不易蒸发，水泥的水化硬化得以充分进行。当环境湿度十分干燥时，水泥中的水分将很快蒸发，以致水泥不能充分水化，硬化也将停止。

保持一定的温度和湿度使水泥石强度不断增长的措施叫作养护。高温养护往往导致水泥后期强度增长缓慢，甚至下降。

（f）拌和用水量。在水泥用量不变的情况下，增加拌和用水量，会增加硬化水泥石中的毛细孔，降低水泥石的强度，同时延长水泥的凝结时间。所以在实际工程中，水泥混凝土调整其流动性大小时，应在不改变水灰比的情况下，增减水泥浆的用量。为了保证混凝土的耐久性，还规定了最大水灰比和最小水泥用量。

（g）外加剂。硅酸盐水泥的水化、凝结硬化受 C_3S、C_3A 的制约，凡对 C_3S 和 C_3A 的水化能产生影响的外加剂，都能改变硅酸盐水泥的水化、凝结硬化性能。如加入适量促凝剂（$CaCl_2$、Na_2SO_4 等）就能促进水泥的水化、凝结硬化，提高早期强度。相反，掺加缓凝剂（如木钙、糖蜜类等）就会延缓水泥的水化、凝结硬化，影响水泥早期强度的发展。

（4）硅酸盐水泥的腐蚀

硅酸盐水泥硬化后，在通常的使用条件下有较高的耐久性。水泥石的强度随着时间而不断增长。有些水泥混凝土建筑能使用上百年也没有丝毫损坏的迹象。但是在某些使用环境中，硅酸盐水泥石中的各种水化产物受某些侵蚀介质的作用，其组成和结构会逐渐发生变化或受到损害，导致水泥石性能改变、强度降低，严重的甚至引起混凝土结构的破坏，这种现象称为硅酸盐水泥石的腐蚀。水泥石抵抗这种作用而性能保持不变的能力，称为耐腐蚀性。

水泥石腐蚀的原因很多，下面列举几种典型介质对水泥石的腐蚀。

① 氢氧化钙的溶失。

a. 溶析性侵蚀。溶析性侵蚀是指硬化水泥石中的水化物被淡水溶解并带走的一种侵蚀现象，又称淡水侵蚀或溶出侵蚀。在水泥石的各种水化物中，$Ca(OH)_2$溶解度最大，在淡水中会首先被溶出。在水量不多，或在静水、无压水的情况下，水中$Ca(OH)_2$浓度很快达到饱和程度，溶出作用也就中止。但在大量或流动的水中，水流会不断地将$Ca(OH)_2$带走并继续溶出。

b. 镁盐侵蚀。在海水、地下水或矿泉水中，常含有较多的镁盐，一般以氯化镁、硫酸镁的形态存在。镁盐与水泥石中的$Ca(OH)_2$发生置换作用，生成松软且胶凝性较低的氢氧化镁，镁盐侵蚀的反应过程由式（2-6）表示。

$$MgCl_2+Ca(OH)_2 \longrightarrow CaCl_2+Mg(OH)_2 \tag{2-6}$$

c. 碳酸侵蚀。在工业污水或地下水中常溶解有较多的CO_2，CO_2与水泥石中的$Ca(OH)_2$作用，可生成$CaCO_3$，$CaCO_3$再与水中的CO_2作用，生成可溶的$Ca(HCO_3)_2$而溶失，见式（2-7）和式（2-8）。

$$CO_2+Ca(OH)_2 \longrightarrow CaCO_3+H_2O \tag{2-7}$$

$$CaCO_3+CO_2+H_2O \longrightarrow Ca(HCO_3)_2 \tag{2-8}$$

在上述反应过程中，水泥石中$Ca(OH)_2$的大量溶失，不仅使水泥石的密度和强度降低，而且导致水泥石的碱度降低，随之将引起水化硅酸钙（C-S-H）和水化铝酸钙的不断分解。水泥石内部不断受到破坏，强度不断降低，最终将会引起整个混凝土结构物的破坏。

② 硫酸盐侵蚀。在海水、沼泽水和工业污水中常常含有硫酸盐物质，如Na_2SO_4、K_2SO_4等，这类硫酸盐对水泥石的侵蚀作用由式（2-9）～式（2-12）表示。首先是与水泥石中的$Ca(OH)_2$反应生成硫酸钙$CaSO_4 \cdot 2H_2O$，它们再与水泥石中的水化铝酸钙反应生成钙矾石，其体积约为原来的水化铝酸钙体积的2.5倍，从而使硬化水泥石中的固相体积增加很多，产生相当大的结晶压力，造成水泥石开裂甚至毁坏。

$$Ca(OH)_2+Na_2SO_4 \longrightarrow CaSO_4 \cdot 2H_2O+NaOH+H_2O \tag{2-9}$$

$$Ca(OH)_2+MgSO_4 \longrightarrow CaSO_4 \cdot 2H_2O+Mg(OH)_2 \tag{2-10}$$

$$Ca(OH)_2+H_2SO_4 \longrightarrow CaSO_4 \cdot 2H_2O+H_2O \tag{2-11}$$

$$CaSO_4 \cdot 2H_2O+C_4A \cdot H_{13}(水化铝酸四钙) \longrightarrow Ca(OH)_2+C_3A \cdot 3CaSO_4 \cdot 32H_2O \tag{2-12}$$

③ 防止水泥石腐蚀的措施。根据以上分析可知，引起水泥石腐蚀的主要内因包括两个方面：第一方面是在水泥石中含有相当数量$Ca(OH)_2$，以及一定数量的水化铝酸钙；第二方面是水泥石中的各种通道使得外界腐蚀性介质易于侵入。所以，为防止或减轻水泥石的腐蚀，应从这两方面采取改善措施。

a. 根据腐蚀环境特点，合理选用水泥品种。对可能接触腐蚀介质的混凝土，选用水化物中$Ca(OH)_2$含量少的水泥，以降低$Ca(OH)_2$溶失对水泥石的危害。选用C_3A含量低的水泥，降低硫酸盐类的腐蚀作用。

b. 提高水泥石的密实程度，降低水泥石的孔隙率。改善施工工艺，降低水泥混凝土拌和用水，提高水泥的密实度。在水泥混凝土表面敷设一层耐腐蚀性强且不透水的保护层（通常可采用耐酸石料、耐酸陶瓷、玻璃、塑料或沥青等），以杜绝或减少腐蚀性介质渗入水泥石内部。

（5）通用硅酸盐水泥的选用

通用硅酸盐水泥广泛应用在我国混凝土及钢筋混凝土工程中，其选用参考表2-9。

表2-9 通用水泥的选用

混凝土工程特点及所处环境条件			优先选用	可以选用	不宜选用
普通混凝土	1	在一般气候环境中的混凝土	普通水泥	矿渣水泥、火山灰水泥、粉煤灰水泥、复合水泥	
	2	在干燥环境中的混凝土	普通水泥	矿渣水泥	火山灰水泥、粉煤灰水泥、复合水泥
	3	在高湿度环境中或长期处于水中的混凝土	矿渣水泥、火山灰水泥、粉煤灰水泥、复合水泥		
	4	厚大体积混凝土	矿渣水泥、火山灰水泥、粉煤灰水泥、复合水泥		硅酸盐水泥
有特殊要求的混凝土	1	快硬、高强（>C40）混凝土	硅酸盐水泥	普通水泥	矿渣水泥、火山灰水泥、粉煤灰水泥、复合水泥
	2	严寒地区的露天混凝土、寒冷地区处于水位升降范围内的混凝土	普通水泥		火山灰水泥、粉煤灰水泥
	3	严寒地区处在水位升降范围内的混凝土	普通水泥（强度等级>42.5）		
	4	有抗渗要求的混凝土	普通水泥、火山灰水泥		
	5	有耐磨性要求的混凝土	硅酸盐水泥、普通水泥	矿渣水泥（强度等级>32.5）	火山灰水泥、粉煤灰水泥
	6	受侵蚀介质作用的混凝土	矿渣水泥、火山灰水泥、粉煤灰水泥、复合水泥		硅酸盐水泥

3. 其他品种水泥

在实际工程中，除使用通用水泥外，有时还使用一些特性水泥和专用水泥。

（1）铝酸盐水泥

铝酸盐水泥是以石灰石和铝矾土为主要原料，经煅烧至全部或部分熔融，得到以铝酸钙为主要矿物的熟料，经磨细而成的水硬性胶凝材料，代号为CA。铝酸盐水泥是一种硬化快、早期强度高、水化热高、耐热和耐腐蚀性能好的水泥。

① 铝酸盐水泥的矿物成分、水化与凝结硬化。铝酸盐水泥的主要矿物成分为铝酸一钙和二铝酸一钙，还含有少量的硅酸二钙和其他铝酸盐。

铝酸盐水泥的水化，主要是铝酸一钙的水化及其水化产物结晶的过程，铝酸一钙硬化快，是铝酸盐水泥的主要强度来源。其水化受温度影响较大，在温度较低（低于30℃）时，水化产物主要是水化铝酸钙和水化铝酸二钙；温度较高（在30℃以上）时，水化产物主要是水化铝酸三钙。二铝酸一钙硬化缓慢，早期强度低，而后期强度逐渐增长，具有较好的耐高温性能。整个水化过程进行迅速，并且放出大量的热。水化5～7d以后，水化产物的数量基本稳定。因此，铝酸盐水泥早期强度增长很快，以后强度增长相当缓慢并趋于稳定；因水化铝酸钙和水化铝酸二钙不稳定，随着时间逐渐转化为强度较低的水化铝酸三钙，导致水泥石随时间延长强度下降显著。一般5年以上的铝酸盐水泥混凝土，其剩余强度约为其强度等级的50%甚至更低。

② 铝酸盐水泥的特性和应用。

a. 铝酸盐水泥凝结硬化快，早期强度发展迅速，适用于紧急抢修工程和有早强要求的混凝土工程。

b. 铝酸盐水泥水化时，集中放出大量的水化热，1d放出的水化热为总热量的70%～80%，因此适用于冬季施工的混凝土工程，不宜用于大体积混凝土工程中。

c 铝酸盐水泥的水化产物中没有易受侵蚀的组分氢氧化钙，而且水泥石结构密实，因此可用于有抗渗性和抗软水、酸和盐侵蚀要求的混凝土工程中。铝酸盐水泥在碱性环境中容易腐蚀，应避免与碱性介质接触。

d. 当温度升高时（30℃以上），铝酸盐水泥水化产物会发生晶型转化导致强度降低。在湿热养护条件下，强度降低更为明显。因此，铝酸盐水泥不宜用于高温施工的工程，更不适合湿热养护的混凝土工程，也不宜用于长期承重结构。

e. 虽然铝酸盐水泥不宜在高温条件下施工，但是硬化的铝酸盐水泥石具有较高的耐热性。因为在高温条件下，硬化水泥石中的组分发生了固相反应形成陶瓷坯体，在1300℃时也具有较高强度。因此，铝酸盐水泥可制成使用温度达1300～1400℃的耐热混凝土。

f. 铝酸盐水泥与硅酸盐水泥或石灰相混不但产生闪凝，而且由于生成高碱性的水化铝酸钙，会使混凝土开裂破坏。因此，施工时除不得与石灰和硅酸盐水泥混合外，也不得与尚未硬化的硅酸盐水泥接触使用。

（2）白色硅酸盐水泥

白色硅酸盐水泥即将适当成分的生料煅烧至部分熔融，得到以硅酸钙为主要成分、铁质含量少的熟料，加入适量的石膏，磨成细粉，制成的白色水硬性胶凝材料，简称白水泥。它与常用的硅酸盐水泥的主要区别在于氧化铁（Fe_2O_3）的含量只有后者的1/10左右。水泥中氧化铁含量在3%～4%时，水泥呈暗灰色；氧化铁含量在0.45%～0.70%时，水泥呈淡绿色；氧化铁含量在0.35%～0.40%以下时，水泥略带淡绿、接近白色。因此，严格控制水泥中的含铁量是白水泥生产中的一项主要技术措施。

白水泥具有强度高、色泽洁白等特点，所以可配制各种彩色砂浆及彩色涂料，用于装饰工程的粉刷；制造有艺术性的各种白色和彩色混凝土或钢筋混凝土等的装饰结构部件；制造各种颜色的水刷石、仿大理石及水磨石等制品；配制彩色水泥。

（3）膨胀水泥

膨胀水泥是硬化过程中不产生收缩，而具有一定膨胀性能的水泥。

膨胀水泥按胶凝材料种类的不同，可分为硅酸盐型膨胀水泥和铝酸盐型膨胀水泥；按膨胀值的不同，可分为收缩补偿水泥和自应力水泥。

① 硅酸盐型膨胀水泥。用硅酸盐熟料、铝酸盐水泥和二水石膏按适当比例共同粉磨或分别研磨再混合均匀，可制得硅酸盐型膨胀水泥。

② 铝酸盐型膨胀水泥。用高铝水泥熟料和二水石膏按适当比例加助磨剂磨细后，可制得铝酸盐型膨胀水泥。

③ 补偿收缩水泥。这种水泥膨胀性能较弱，膨胀时所产生的压应力大致能抵消干缩所引起的应力，可防止混凝土产生干缩裂缝。

④ 自应力水泥。这种水泥具有较强的膨胀性能，当它用于钢筋混凝土中时，由于膨胀性能，可以使钢筋受到较大的拉应力，而混凝土则受到相应的压应力。当外界因素使混凝土结构产生拉应力时，就可被预先具有的压应力抵消或降低。这种靠水泥自身水化产生膨胀来张拉钢筋达到的预应力称为自应力，混凝土中所产生的压应力数值即为自应力值。

（4）道路硅酸盐水泥

① 以适当成分的生料煅烧至部分熔融，所得的以硅酸钙为主要成分和较多量铁铝酸钙的硅酸盐水泥熟料称为道路硅酸盐水泥熟料。由道路硅酸盐水泥熟料，0～10%活性混合材料和适量石膏磨细制成的水硬性胶凝材料，称为道路硅酸盐水泥（简称道路水泥）。

② 技术要求。

细度：比表面积为300～450m²/kg。

凝结时间：初凝时间不得早于90min，终凝时间不大于720min。

体积安定性：用雷氏夹检验合格。

干缩率和耐磨性：28d干缩率不大于0.10%，耐磨性以磨损量表示，28d磨耗量不大于3.0kg/m²。

根据《道路硅酸盐水泥》（GB/T 13693—2017）各龄期强度不得低于表2-10的值。

表2-10　水泥的等级与各龄期强度

标号	抗折强度/MPa		抗压强度/MPa	
	3d	28d	3d	28d
7.5	≥4.0	≥7.5	≥21.0	≥42.5
8.5	≥5.0	≥8.5	≥26.0	≥52.5

（5）砌筑水泥

砌筑水泥是由硅酸盐水泥熟料加入规定的混合材料和适量石膏，磨细制成的保水性较好的水硬性胶凝材料。

根据《砌筑水泥》（GB/T 3183—2017）规定，水泥不同龄期的强度应符合表2-11规定。

表2-11　水泥的强度指标

标号	抗压强度/MPa			抗折强度/MPa		
	3d	7d	28d	3d	7d	28d
12.5	—	≥7.0	≥12.5	—	≥1.5	≥3.0
22.5	—	≥10.0	≥22.5	—	≥2.0	≥4.0
32.5	≥10.0	—	≥32.5	≥2.5	—	≥5.5

（6）快硬型水泥

① 快硬型硅酸盐水泥。凡以硅酸盐水泥熟料和适量石膏磨细制成的以3d抗压强度表示其强度等级的水硬性胶凝材料，称为快硬型硅酸盐水泥（简称快硬水泥），分为32.5、37.5和42.5几类。除强度外，快硬水泥的品质指标与硅酸盐水泥略有区别。快硬水泥水化放热速率快，水化热较高，早期强度高，但早期干缩率较大；其水泥石较致密，不透水性和抗冻性均优于普通硅酸盐水泥。主要用于抢修工程、军事工程及预应力钢筋混凝土构件，适用于配制干硬混凝土。

② 快硬型硫铝酸盐水泥。以铝质原料、石灰质原料和石膏适当配比后，煅烧成含有适量无水硫铝酸钙的熟料，再掺适量石膏共同磨细所得的水硬性胶凝材料，即为快硬型硫铝酸盐水泥。

快硬型硫铝酸盐水泥早期强度高，长期强度稳定，低温硬化性能好，在5℃仍能正常硬化。其水泥石结构致密，抗硫酸盐性能良好，抗冻性和抗渗性好，可用于抢修工程、冬季施工工程、地下工程及配制膨胀水泥。

③ 快硬型氟铝酸盐水泥。以矾土、石灰石、萤石经配料煅烧得到以氟铝酸钙为主要矿物的熟料，再与石膏一起磨细而成的水泥，称为快硬型氟铝酸盐水泥。

这类熟料易磨性好，其比表面积一般控制在 500 ~ 600m²/kg。氟铝酸盐水泥凝结很快，初凝一般仅几分钟，终凝一般不超过 0.5h，所以可用于抢修工程，用作喷锚用的喷射水泥。由于其水化产物钙矾石在高温下迅速脱水分解，还可作为型砂水泥用于铸造业。

快硬型水泥由于水泥细度大，易受潮变质，故在运输和储存中应注意防潮，一般储存期限不宜超过一个月。如果是已经风化的水泥，必须对其性能重新检验，合格后方可使用。

（7）中热、低热型水泥

中热、低热型水泥主要适用于要求水化热较低的大坝和大体积混凝土工程，常见的有中热、低热矿渣硅酸盐水泥。

以适当成分的硅酸盐水泥熟料，加入适量石膏，磨细制成的具有中等水化热的水硬性胶凝材料，称为中热硅酸盐水泥。

以适当成分的硅酸盐水泥熟料，加入矿渣、适量石膏，磨细制成的具有低水化热的水硬性胶凝材料，称为低热矿渣硅酸盐水泥。水泥中矿渣掺加量按质量分数计为 20% ~ 50%，允许用不超过混合材料总量 50% 的磷渣或粉煤灰代替部分矿渣。

中热、低热型水泥各龄期水化热应符合《中热硅酸盐水泥、低热硅酸盐水泥》（GB/T 200—2017）。

（8）彩色水泥

彩色硅酸盐水泥主要用于建筑内外的表面装饰工程及预制构件的装饰。

由白色硅酸盐水泥熟料、石膏和碱性矿物颜料共同粉磨，可制成彩色硅酸盐水泥，碱性矿物颜料对水泥不起有害作用，常用的有：氧化铁、氧化锰、氧化铬等；制造红、黑、棕色水泥时，也可在一般水泥中加入碱性矿物颜料。

以适当成分的生料煅烧至部分熔融，所得以硅酸钙为主要成分，氧化铁含量少的熟料，加入适量石膏，磨细制成的水硬性胶凝材料，称为白色硅酸盐水泥（简称白水泥）。

硅酸盐水泥的颜色主要取决于氧化铁的含量，当 Fe_2O_3 含量为 3% ~ 4% 时，水泥呈暗灰色；0.35% ~ 0.4% 时，水泥接近白色。因此，生产白水泥时，一般 Fe_2O_3 的含量要小于 0.5%，同时尽可能除掉其他着色氧化物（MnO，TiO_2 等），宜采用较纯净的高岭土、纯石英砂、纯石灰石作原料，在较高温度（1500 ~ 1600℃）下烧成。整个生产过程均需在没有着色物沾污的条件下进行，燃料最好用无灰分气体或液体。

三、任务解析

不同品种的水泥具有不同的性能特点，了解其性能特点和适用范围，是正确选择水泥品种的基础。在实际工程中，水泥品种应从以下几个方面进行比较和选用。

① 按环境条件选择水泥品种。

② 按工程特点选择水泥品种。

③ 按混凝土所处的部位选择水泥品种。

大体积混凝土一般都是用中低热硅酸盐水泥或低热矿渣硅酸盐水泥，这种水泥可以进一步提高大体积混凝土的抗裂性，减少后期施工的裂缝概率，提高混凝土的耐久性。除此以外，低热水泥也特别适合用在高层高性能混凝土的施工当中，在机场路面、高速路面、公路路面等都有着良好的效果。

通常普通硅酸盐水泥的水化热偏高，一旦使用到大体积混凝土中，大部分的水泥水化热就比较难散发，倘若混凝土的内部温度偏高，将会与混凝土的表面产生过大的温度差，使压应力产生在混凝土内部，拉应力产生在表面，这样易产生温度裂缝，因而要使用中、低热硅酸盐水泥或低热矿渣硅酸盐水泥，大体积混凝土施工所用水泥其3d的水化热不宜大于240kJ/kg，7天水化热不宜大于270kJ/kg。试验数据表明，每立方米的混凝土水泥用量，每增减10公斤，混凝土温度受水化热影响相应升降1℃。

考虑各项施工因素，选取宁夏某厂生产的42.5号矿渣硅酸盐水泥，试验证明其与同等级的矿渣水泥和普通硅酸盐水泥相比，3d的水化热可减少27%。

任务 二
检测水泥的工程适用性

一、任务情境

上个任务中采购回来的水泥已开始进场，工程采用HZS180型号的搅拌站，配4个150t水泥仓。请项目部试验室出具进场水泥的检测报告并报送监理。

二、知识导入

《通用硅酸盐水泥》（GB 175—2007）对水泥的物理、化学性能指标等均作了明确规定。

规范中对硅酸盐水泥的技术标准作了明确规定，其中凝结时间、安定性、强度、不溶物、SO_3、烧失量、氯离子中任何一项不满足要求即为不合格品。详见表2-12。

表2-12 硅酸盐水泥的技术标准

技术标准	细度（比表面积）/（m³/kg）	凝结时间/min		安定性（沸煮法）	强度/MPa	不溶物（质量分数）/%		MgO（质量分数）/%	SO₃（质量分数）/%	烧失量（质量分数）/%		碱含量（Na₂O+0.658K₂O计）（质量分数）/%	氯离子（质量分数）/%
		初凝	终凝			P·Ⅰ	P·Ⅱ			P·Ⅰ	P·Ⅱ		
指标	≥300	≥45	≤390	必须合格	见表2-11	≤0.75	≤1.5	≤5.0	≤3.5	≤3.0	≤3.5	≤0.60	≤0.06
试验方法	GB/T 8074—2008	GB/T 1346—2011			GB/T 17671—2021	GB/T 176—2017							

1. 水泥的技术指标

（1）水泥标准稠度用水量、凝结时间及安定性

水泥的凝结时间和体积安定性测试结果与水泥浆稠度有关。在测试这两项指标时，为使测定结果具有可比性，必须采用标准稠度的水泥净浆。《水泥标准稠度用水量、凝结时间、安定性检验方法》（GB/T 1346—2011）规定：水泥净浆稠度采用标准法维卡仪测定，以维卡仪的试杆沉入

净浆距底板的距离为6mm±1mm时的稠度为标准稠度，水泥净浆达到标准稠度所需的用水量为标准稠度用水量。

水泥的标准稠度用水量受水泥的细度、水泥矿物组成等因素影响：水泥越细，标准稠度用水量越大；在硅酸盐水泥熟料矿物组成中，C_3A需水量最大，C_2S最小。

凝结时间指水泥从加水开始，到水泥浆失去可塑性所需的时间。水泥的凝结时间分为初凝时间和终凝时间。初凝时间是指自水泥全部加入水中拌和时起到水泥浆开始失去可塑性为止所需要的时间。终凝时间为自水泥加水拌和时起至水泥浆完全失去可塑性，并开始产生强度所需要的时间。

为了便于对比，并减少用水量对水泥技术性能的影响，凝结时间测定时，要制成标准稠度净浆。《水泥标准稠度用水量、凝结时间、安定性检验方法》（GB/T 1346—2011）规定，凝结时间采用标准法维卡仪测定。具体方法是：将用标准稠度用水量制成的水泥净浆装在试模中，在标准法维卡仪上，以标准针测试。从加水时起，观察试针停止沉入或者释放试针30s时试针的读数，试针距离底板4mm±1mm时的稠度状态为水泥浆开始失去可塑性的初凝状态，从水泥全部加入水中到初凝状态时的时间为水泥的初凝时间；终凝试针沉入试体0.5mm时，即试针不能在环形附件留下痕迹，为水泥完全失去可塑性的终凝状态。从水泥全部加入水中到终凝状态的时间为水泥的终凝时间。

水泥的凝结时间对于水泥混凝土的施工具有重要意义。初凝的时间不宜过快，应该能让施工人员有足够的时间对混凝土进行搅拌、运输和浇筑。而一旦施工完毕之后，则要求混凝土尽快硬化，并产生一定的强度，以提高模具的周转率，以利于尽快进行下一道工序。所以水泥的初凝时间不宜过短，终凝时间又不宜过长。一般规定，水泥的初凝时间在为1～3h，终凝时间为5～8h。

《通用硅酸盐水泥》规定：硅酸盐水泥初凝时间不小于45min，终凝时间不大于390min。普通硅酸盐水泥、矿渣硅酸盐水泥、火山灰质硅酸盐水泥、粉煤灰硅酸盐水泥和复合硅酸盐水泥初凝不小于45min，终凝不大于600min。

初凝时间和终凝时间有一项不符合规范要求的，为不合格品。

水泥的安定性也称为体积安定性，是指水泥浆体在凝结硬化过程中体积变化的均匀性。如果在凝结硬化过程中，水泥石内部产生不均匀的体积变化，将会产生破坏应力，使结构物及构件产生裂缝、弯曲、甚至崩坍，造成严重的工程事故，这就是水泥的体积安定性不良。

《通用硅酸盐水泥》规定：安定性不良的水泥为不合格品。

导致水泥体积安定性不良的原因有三个。

① 熟料中游离氧化钙过多。水泥熟料中含有游离氧化钙，是在高温下生成的，属于过火石灰。其中部分过烧的氧化钙，熟化很慢，在水泥凝结硬化后，才会缓慢与水生成$Ca(OH)_2$，并产生体积膨胀，使水泥石内部发生不均匀体积变化。

② 熟料中游离氧化镁过多。水泥中的氧化镁在水泥凝结硬化后，会与水生成$Mg(OH)_2$。该反应比过烧的氧化钙与水的反应更加缓慢，会在水泥硬化几个月甚至几年后，持续反应并产生体积膨胀，导致水泥石开裂。

③ 熟料粉磨时石膏掺量过多。当石膏掺量过多时，水泥硬化后，在有水存在的情况下，石膏会继续与固态的水化铝酸钙反应生成高硫型水化硫铝酸钙（即钙矾石），体积约增大1.5倍，引起水泥石开裂。

国家标准规定，用沸煮法检验水泥的体积安定性。测试方法可以用试饼法或雷氏法。有争议时以雷氏法为准。试饼法是以观察水泥净浆试饼沸煮3h后的外形变化来检验水泥的体积安定性；雷氏法是测定水泥净浆在雷氏夹中沸煮3h后的膨胀值。当两个试件沸煮后的膨胀平均值不大于5mm时，就认为安定性合格。无论是试饼法还是雷氏法，测量水泥的安定性都需要长时间的沸煮，以加速游离氧化钙的水化，所以只能检查游离氧化钙所引起的水泥体积安定性不良。游离氧化镁的水化比游离氧化钙更缓慢，必须在压蒸下才能加速熟化，石膏的危害则需长期浸在常温水中才能发现，两者均不便于快速检验。所以，国家标准规定水泥熟料中游离氧化镁含量不得超过5.0%，水泥中三氧化硫含量不超过3.5%，以控制水泥的体积安定性。

（2）水泥的强度

强度是评定水泥质量最基本的指标，是划分水泥强度等级的重要依据，也是水泥混凝土和水泥砂浆配合比设计的重要计算参数。由于水泥在硬化过程中强度是逐渐增长的，所以常以不同龄期的强度来表明水泥强度的增长速率。硅酸盐水泥的强度主要取决于熟料的矿物组成和细度，另外还与水胶比、试验方法、试验条件、养护龄期等因素有关。

《水泥胶砂强度检验方法（ISO法）》(GB/T 17671—2021) 规定，水泥强度的测定是将水泥、ISO标准砂及水按质量计1：3：0.5的比例拌制成塑性的水泥胶砂，按照规定的方法制成40mm×40mm×160mm的标准试件，在标准条件下养护达到规定龄期，分别测定3d、28d抗折强度及抗压强度，根据测定结果对照国家标准，确定硅酸盐水泥的强度等级。每个强度等级又按照早期强度的大小分为两种类型，普通型和早强型。早强型水泥3d的抗压强度能达到28d抗压强度的50%左右，并且比同强度等级的普通型水泥3d的抗压强度高10%以上。在强度等级旁边加一个字母R表示早强型。

GB 175—2007规定：火山灰质硅酸盐水泥、粉煤灰硅酸盐水泥、复合硅酸盐水泥和掺火山灰质混合材料的普通硅酸盐水泥在进行胶砂强度检验时，其用水量按0.50水灰比和胶砂流动度不小于180mm来确定。当流动度小于180mm时，应以0.01的整倍数递增的方法将水灰比调整至胶砂流动度不小于180mm。

水泥强度等级是以水泥胶砂28d的抗压强度命名的，但水泥的实际强度要高于这个命名的抗压强度。实测28d抗压强度为52.4MPa的水泥和实测强度为42.5MPa的水泥，虽然在矿物组成及生产成本上并不相同，但都是42.5这同一个强度等级。所以水泥出厂时为了保证一定的合格率，生产厂家会把水泥的实际强度控制在比标准规定的强度之上略高一些。

水泥的实际强度比强度等级高出来的比例，称为水泥强度的富余系数，一般在1.1～1.5。

不同品种不同强度等级的通用硅酸盐水泥，强度应符合表2-13的规定。

表2-13 通用硅酸盐水泥各龄期的强度要求

品种	强度等级	抗压强度/MPa		抗折强度/MPa	
		3d	28d	3d	28d
硅酸盐水泥	42.5	≥17.0	≥42.5	≥3.5	≥6.5
	42.5R	≥22.0		≥4.0	
	52.5	≥23.0	≥52.5	≥4.0	≥7.0
	52.5R	≥27.0		≥5.0	
	62.5	≥28.0	≥62.5	≥5.0	≥8.0
	62.5R	≥32.0		≥5.5	
普通硅酸盐水泥	42.5	≥17.0	≥42.5	≥3.5	≥6.5
	42.5R	≥22.0		≥4.0	
	52.5	≥23.0	≥52.5	≥4.0	≥7.0
	52.5R	≥27.0		≥5.0	

续表

品种	强度等级	抗压强度/MPa		抗折强度/MPa	
		3d	28d	3d	28d
矿渣硅酸盐水泥、火山灰硅酸盐水泥、粉煤灰硅酸盐水泥	32.5	≥10.0	≥32.5	≥2.5	≥5.5
	32.5R	≥15.0		≥3.5	
	42.5	≥15.0	≥42.5	≥3.5	≥6.5
	42.5R	≥19.0		≥4.0	
	52.5	≥21.0	≥52.5	≥4.0	≥7.0
	52.5R	≥23.0		≥5.5	
复合硅酸盐水泥	42.5	≥15.0	≥42.5	≥3.5	≥6.5
	42.5R	≥19.0		≥4.0	
	52.5	≥21.0	≥52.5	≥4.0	≥7.0
	52.5R	≥23.0		≥5.5	

注：R表示早强型

（3）水泥的细度及密度

细度是指水泥颗粒的粗细程度。水泥颗粒的粗细对水泥的水化、硬化速度、水泥需水量、放热率及强度等都有很大的影响。水泥的水化是从水泥颗粒表面开始的，颗粒越细的水泥比表面积就越大，水化速度越快，水化程度越充分。相同矿物组成的水泥，细度越大，水泥的早期强度和后期强度都较高，但是磨制较细的水泥将消耗较多的粉磨能量，成本增加，而且细度高的水泥在空气中硬化时收缩率也较大，因此水泥的细度应控制在合理范围内。水泥的细度可以用80μm或45μm方孔筛筛余量或者比表面积来表示。比表面积是单位重量水泥颗粒的总表面积，比表面积越大，表明水泥颗粒越细。

GB 175—2007规定：硅酸盐水泥和普通硅酸盐水泥的细度以比表面积表示，其比表面积不小于300m²/kg；矿渣硅酸盐水泥、火山灰质硅酸盐水泥、粉煤灰硅酸盐水泥和复合硅酸盐水泥的细度以筛余表示，其80μm方孔筛筛余不大于10%或45μm方孔筛筛余不大于30%。

水泥密度指的是试样在干燥条件下，水泥单位体积的质量。水泥密度的单位是g/cm³。袋装普通硅酸盐水泥的密度通常需要按照标准进行测量。

2. 水泥的化学性质

水泥化学指标的主要目的是控制水泥中有害的化学成分，要求其不超过一定的限量。若超过最大允许限量，即意味着对水泥性能和质量可能产生有害或潜在的影响。水泥化学指标项目及其使用意义见表2-14。

表2-14　水泥化学指标项目及其使用意义

化学指标项目	使用意义
不溶物	指水泥在盐酸中溶解保留下来的不溶性残留物。不溶物过多，将影响水泥的活性
烧失量	指水泥在一定温度、时间内加热后烧失的数量。水泥煅烧不佳或受潮后，均会导致烧失量增加
三氧化硫	生产水泥时，为调节凝结时间加入石膏而产生的，或是煅烧熟料时加入石膏矿化剂而带入熟料中的。适量石膏可改善水泥的性能，但超过一定限量后，水泥性能会变差，甚至引起水泥石体积膨胀，导致结构物破坏
氧化镁	指在水泥熟料中未与其他矿物结合的游离氧化镁，是高温时形成的方镁石，其水化、硬化速度缓慢，且与水反应会产生体积膨胀，导致水泥石结构产生裂缝甚至破坏，是引起水泥安定性不良的重要原因。

续表

化学指标项目	使用意义
氯离子	混凝土中钢筋锈蚀的重要原因。在水泥混凝土结构内发生的电化反应、氧化反应、碱集料反应及酸碱腐蚀反应，氯离子始终对这些危害反应的发生起着诱导作用。
碱含量（选择性指标）	水泥中的碱与某些活性集料在有水存在的情况下发生反应，生成碱硅酸凝胶，并产生三倍左右的体积膨胀，会使混凝土产生膨胀、开裂、甚至破坏，这个现象称为碱集料反应。碱集料反应比较缓慢，有一定的潜伏期，往往要经过几年或几十年才会出现，但一旦出现便难阻止，应对这种反应以预防为主。水泥中碱含量按 $Na_2O+0.658K_2O$ 计算值表示，水泥中的含碱量不宜超过 0.6%

通用硅酸盐水泥化学指标应符合表2-15的规定。

表2-15 通用硅酸盐水泥化学指标 单位：%

品种	代号	不溶物（质量分数）	烧失量（质量分数）	三氧化硫（质量分数）	氧化镁（质量分数）	氯离子（质量分数）
硅酸盐水泥	P·I	≤0.75	≤3.0	≤3.5	≤5.0ª	≤0.06ᶜ
	P·II	≤1.50	≤3.5			
普通硅酸盐水泥	P·O	—	≤5.0			
矿渣硅酸盐水泥	P·S·A	—	—	≤4.0	≤6.0ᵇ	
	P·S·B	—	—		—	
火山灰质硅酸盐水泥	P·P	—	—	≤3.5	≤6.0ᵇ	
粉煤灰硅酸盐水泥	P·F	—	—			
复合硅酸盐水泥	P·C	—	—			

a 如果水泥压蒸试验合格，则水泥中氧化镁含量允许放宽至6.0%。
b 如果水泥中氧化镁含量（质量分数）大于6.0%时，需进行水泥压蒸安定性试验并合格。
c 当有更低要求时，该指标由买卖双方确定。

水泥能吸收空气中的水分和二氧化碳，在水泥颗粒表面进行缓慢的水化和碳化作用，丧失其胶结能力，降低强度。因此，在水泥的运输、装卸和储存过程中，要特别注意防水、防潮，并防止混入夹杂物。如果水泥遇到雨淋、水浸，会直接水化凝结成块，完全丧失胶结能力。这种变质的水泥按废料处理，不能用于工程中。

3. 水泥的验收、包装与标志、运输与储存

水泥是土木工程建设中最重要的材料之一，是决定混凝土性能和价格的重要原料，在工程中，水泥的验收、包装与标志、运输与储存是保证工程质量、杜绝质量事故的重要措施。

（1）水泥的验收

水泥的出厂检验项目为化学指标、凝结时间、安定性和强度。检验结果符合化学指标、凝结时间、安定性和强度的规定为合格品，检验结果不符合化学指标、凝结时间、安定性和强度中的任何一项技术要求为不合格品。经确认水泥各项技术指标及包装质量符合要求时方可出厂。

（2）水泥的包装与标志

水泥可以散装或袋装，袋装水泥每袋净含量为50kg，且应不少于标志质量的99%；随机抽取20袋总质量（含包装袋）应不少于1000kg。

水泥包装袋上应清楚标明：执行标准、水泥品种、代号、强度等级、生产者名称、生产许可证标志（QS）及编号、出厂编号、包装日期、净含量。包装袋两侧应根据水泥的品种采用不同

的颜色印刷水泥名称和强度等级，硅酸盐水泥和普通硅酸盐水泥采用红色，矿渣硅酸盐水泥采用绿色；火山灰质硅酸盐水泥、粉煤灰硅酸盐水泥和复合硅酸盐水泥采用黑色或蓝色。

散装发运时应提交与袋装标志相同内容的卡片。

（3）水泥的运输与储存

水泥在运输与储存时不得受潮和混入杂物，应按不同品种、强度等级和出厂日期分别加以标明，分别堆放、不得混装。堆放时应离墙和门窗的距离大于200mm，离地面应垫高300mm以上。水泥储存时应先存先用，对散装水泥应分库存放，而袋装水泥一般堆放高度不超过10袋。不同品种、不同生产厂家的水泥不得混用。

水泥存放不可受潮，受潮的水泥表现为结块、凝结速度减慢、强度降低。对于结块水泥的处理方法为：有结块但无硬块时，可压碎粉块后按实测强度等级使用；对部分结成硬块的，可筛除或压碎硬块后，按实测强度等级用于非重要的部位；对于大部分结块的，不能作水泥用，可作混合材料掺入水泥中，掺量不超过25%。水泥的储存期不宜太久，常用水泥一般不超过3个月，因为3个月后水泥强度会降低10%～20%，6个月后降低15%～30%，1年后降低25%～40%；铝酸盐水泥一般不超过2个月。过期水泥应重新检测，按实测强度使用。

三、任务实施

HZS180型号的搅拌站型号分析。

H表示混凝土；Z表示搅拌站；S表示所配置的搅拌机（主机）为强制式双卧轴机；180表示一台3m³搅拌机理论上1min出一盘3m³混凝土，1h出混凝土60次，相应可产出的混凝土是3×60=180（m³）。

参考《通用硅酸盐水泥》（GB 175—2007）及《公路工程水泥及水泥混凝土试验规程》（JTG 3420—2020），水泥试验共19个（T 0501～T 0520），现按照施工单位试验室常规检测项目进行进场水泥的检测并报送监理。

步骤1：试验计划编写

编写试验计划，确定试验内容及试验样品的数量。

步骤2：水泥样品取样

水泥罐车已经到达搅拌站卸料，请扫码学习试验2.1，完成水泥样品的取样。

步骤3：水泥标准稠度用水量、凝结时间及安定性的检测

学习水泥标准稠度，凝结时间及安定性的知识，参考试验手册试验2.2，完成样品水泥标准稠度用水量、凝结时间及安定性的检测，并将结果填入试验手册附表2.1中。

试验2.1

步骤4：水泥强度的检测

学习水泥强度的知识，参考试验手册试验2.3，扫码学习试验2.4，完成样品水泥强度及流动度的检测，并将结果填入试验手册附表2.2中。

步骤5：水泥细度及密度的检测

学习水泥细度及密度的知识，扫码学习试验2.5～2.7，进行样品水泥

试验2.4

细度及密度的检测，并将结果填入试验手册附表2.1中。

试验2.5

试验2.6

试验2.7

步骤6：水泥化学性质的检测

学习水泥化学性质，扫码学习试验2.8、2.9，完成样品水泥化学性质的相关检测，并判断化学性质是否符合使用要求。

步骤7：完成水泥试验检测报告并填写报验单

整理步骤1～步骤6的试验内容，完成水泥的检测报告并填写工程项目报验单，见试验手册附表2.3、附表2.4。

试验2.8

试验2.9

项目三 检测水泥混凝土的技术性能及编制水泥混凝土配合比计算书

任务 一
检测水泥混凝土的工程适用性

一、任务情境

某公路工程项目需采购强度为C30的商品混凝土10000m³，在框架结构中使用，环境类别为二、三类，坍落度要求为50～70mm。请完成混凝土配合比设计。各类材料要符合《公路工程水泥及水泥混凝土试验规程》（JTG 3420—2020）相关规范，材料具体要求为：

水泥：普通硅酸盐水泥32.5级，标准稠度用水量为25%～28%，28d抗压强度不低于47MPa，其中C_3A含量＜8%，掺和料以粉煤灰或矿渣为主。

粉煤灰：选用Ⅱ级及以上优质粉煤灰。

黄砂：采用中粗砂，细度模数2.3以上，符合Ⅱ区级配，含泥量大于1%。

碎石：质地均匀坚固，级配良好，松散堆积密度大于1500kg/m³，表观密度2700kg/m³，空隙率40%左右。

减水剂：减水率不小于18%。

请项目部试验室完成混凝土的相关检测。

二、知识导入

1. 混凝土的和易性

（1）和易性的概念

混凝土拌合物的工作性，主要包括和易性、可泵性和凝结时间等。混凝土和易性是指混凝土拌合物易于各工序施工操作（搅拌、运输、浇筑、振捣、成型等）并能获得均匀密实的混凝土的性能，和易性是一项综合性的技术指标，包括流动性、黏聚性和保水性三方面的性能。

① 流动性是指混凝土拌合物在自重或机械振捣力的作用下，能产生流动并均匀密实地充满模型的性能。流动性反映新拌混凝土的稀稠，影响浇捣施工的难易和混凝土的质量。

② 黏聚性是指混凝土拌合物内部组分间具有一定的黏聚力，在运输和浇筑过程中不致发生离析分层现象，而使混凝土能保持整体均匀的性能。

③ 保水性是指混凝土拌合物具有一定的保持内部水分的能力，在施工过程中不致产生严重的泌水现象的性能。发生泌水现象的混凝土拌合物，由于水分分泌出来会形成容易透水的孔隙，而影响混凝土的密实性、强度和耐久性。

混凝土拌合物的流动性、黏聚性及保水性，三者互相关联又互相矛盾，当流动性很大时，则往往黏聚性和保水性差，反之亦然。因此，拌合物和易性良好，就是要使这三方面的性质在某种具体条件下，达到均为良好，也就是使矛盾得到统一。

（2）水泥混凝土和易性指标

混凝土拌合物的和易性内涵复杂，目前尚没有能够全面反映混凝土拌合物和易性的测定方法。根据《普通混凝土拌合物性能试验方法标准》（GB/T 50080—2016）的规定，混凝土和易性的测定方法为：以坍落度和维勃稠度检测混凝土拌合物的流动性为主，辅助目测黏聚性和保水性，来评定其和易性。

① 坍落度测定。坍落度试验方法是由美国的查普曼首先提出的，目前已为各国广泛采用。测定方法是将混凝土拌合物按规定的试验方法装入标准坍落筒内，装捣刮平后，将筒垂直向上提起，试体因自重而产生坍落，其筒高与试体最高点的高度差（mm）为该混凝土的坍落度。坍落度越大，则混凝土拌合物的流动性越大。

混凝土流动性按照坍落度数值（mm）划分为六级，混凝土拌合物坍落度等级划分见表3-1。

表3-1　水泥混凝土拌合物的稠度分级（坍落度法）

级别	坍落度/mm	级别	坍落度/mm
特干硬	—	低塑	50～90
很干稠	—	塑性	100～150
干稠	10～40	流态	>160

当拌合物的坍落度小于10mm时，为干硬性混凝土拌合物，坍落度值已不能准确反映其流动性大小。例如，当两种混凝土坍落度均为零时，其在振捣器作用下的流动性可能完全不同，故其流动性以维勃稠度值（s）来表示。

② 维勃稠度测定法。对坍落度值小于10mm的干硬性混凝土，采用维勃稠度试验。维勃稠度适用于集料最大粒径不超过40mm，维勃稠度值5～30s的混凝土拌合物。在维勃稠度仪上的坍落度筒中按规定方法装满拌合物，提起坍落度筒，在拌合物试体顶面放一透明圆盘，开启振动台，同时用秒表计时，当水泥浆完全布满透明圆盘底面的瞬间，记下秒表的读数，称为维勃稠度。维勃稠度仪如图3-1所示。

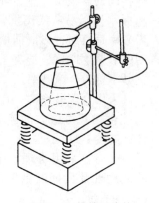

图3-1　维勃稠度仪

干硬性混凝土拌合物流动性按维勃稠度大小，也分为六级，混凝土拌合物维勃稠度等级划分见表3-2。

表3-2　水泥混凝土拌合物的稠度分级（维勃稠度法）

级别	维勃时间/s	级别	维勃时间/s
特干硬	≥30	低塑	10～5
很干稠	30～21	塑性	≤4
干稠	20～11	流态	—

（3）影响混凝土和易性的主要因素

影响混凝土和易性的主要因素可分为两大方面：一是混凝土拌合物组成材料的性质及其用量比例；二是混凝土拌合物所处的环境条件。

① 水泥浆的稠度。水泥浆的稠度由水胶比决定。在水泥量不变的情况下，水胶比越小，混凝土拌合物的流动性就越小。水胶比加大，流动性变好，但保水性和黏聚性变坏。如果水胶比过大，会导致混凝土的强度下降；如果水胶比过小，不仅流动性下降，也会导致混凝土的强度下降。因此，水胶比不能过大或过小，工程中水胶比的大小是根据混凝土强度和耐久性要求确定的。实践证明，在混凝土拌合物原材料确定的情况下，当用水量基本一定时，1m³混凝土中水泥用量增减不超过50～100kg时，混凝土拌合物的坍落度即保持不变，这一规律称为"固定用水量法则"或"恒定用水量法则"。

以上水泥浆量和稠度两个影响因素的变化，实质上是用水量的变化而引起流动性的变化，但却不能单纯改变用水量来满足流动性的要求，因为单纯加大用水量会降低混凝土的强度和耐久性。因此在配制混凝土时，只要通过固定单位用水量，变化水灰比，就可得到既满足拌合物和易性要求又满足混凝土强度要求的混凝土。

② 砂率。砂率是指混凝土中砂的质量占砂石总质量的百分率，即

$$S_p = \frac{S}{S+G} + 100\%$$

（3-1）

式中　　S_p——砂率，%；

　　　　S、G——分别为砂、石子的用量，kg。

砂率大小确定原则是砂子填满石子的空隙并略有富余。富余的砂子在粗集料之间起滚珠作用，能减小粗集料之间的摩擦力。砂率过大，会增加集料的总表面积和空隙率，在水泥浆不变的情况下，混凝土拌合物流动性降低。砂率过小，不能保证集料间的砂浆层厚度，降低混凝土流动性，影响其黏聚性和保水性，易造成离析、流浆。因此，砂率有一合理值。当砂率适宜时，砂既能填满石子间空隙，又可以保证集料间的砂浆层厚度，混凝土拌合物有较好的流动性，这一适宜砂率称为合理砂率。

采用合理砂率时，在用水量和水泥用量一定时，混凝土拌合物获得最大的流动性，保持良好的黏聚性和保水性，如图3-2所示。

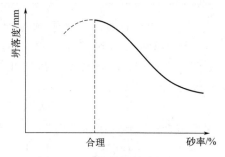

图3-2　砂率与坍落度的关系

（水与水泥用量一定）

或者，采用合理砂率时，混凝土拌合物获得所要求的流动性及良好的黏聚性和保水性，水泥用量最小，如图3-3所示。

③ 组成材料的性质。

a. 水泥。水泥对拌合物和易性的影响，主要是水泥品种和水泥细度的影响。在其他条件相同的情况下，需水量大的水泥比需水量小的水泥配制的拌合物流动性要小，如矿渣水泥或火山灰水泥拌制的混凝土拌合物，其流动性比用普通水泥时的小，另外，矿渣水泥易泌水。水泥颗粒越细，比表面积越大，润湿颗粒表面及吸附在颗粒表面的水越多，在其他条件相同的情况下，拌合物的流动性越小。

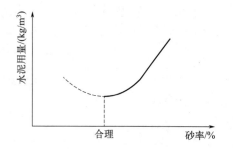

图3-3　砂率与水泥用量的关系

　　b. 集料。集料对拌合物和易性的影响，主要是集料总表面积、集料的空隙率和集料间摩擦力大小的影响，具体地说是集料级配、颗粒形状、表面特征及粒径的影响。一般来说，级配好的集料，其拌合物流动性较大，黏聚性与保水性较好；集料的粒径增大，总表面积减小，拌合物流动性就增大。

　　c. 外加剂。拌制混凝土时，加入少量外加剂能使混凝土拌合物在不增加水泥浆用量的条件下，获得很好的和易性，增大流动性，改善黏聚性，降低泌水，并且由于改善了混凝土结构，还能提高混凝土耐久性。例如，掺入减水剂或引气剂，拌合物的流动性明显增大。引气剂还可有效改善混凝土拌合物的黏聚性和保水性。

　　d. 矿物掺和料。矿物掺和料不仅自身水化缓慢，还减缓了水泥的水化速度，使混凝土的工作性更加流畅，并防止泌水及离析的发生。

　　④ 凝结时间和温度。拌合物会随时间的延长逐渐变得干稠，流动性减小，原因是一部分水供水泥水化，一部分水被集料吸收，一部分水被蒸发掉，以及凝聚结构的逐渐形成，导致拌合物流动性减小。

　　混凝土拌合物的和易性也受温度的影响。环境温度升高，水分蒸发及水泥水化加快，拌合物的流动性变小。因此，施工中为保证一定的和易性，必须注意环境温度的变化，采取相应的措施。

　　⑤ 搅拌条件。在较短时间内，搅拌得越彻底，混凝土拌合物的和易性越好。强制式搅拌机比自落式搅拌机的拌和效果好，高频搅拌机比低频搅拌机的拌和效果好。适当延长搅拌时间，也可以获得较好的和易性，但搅拌时间过长，由于部分水泥水化，将使流动性降低。

（4）改善混凝土和易性的措施

　　在实际施工中，可采用如下措施改善混凝土拌合物的和易性：

　　① 调节混凝土的材料组成，在保证混凝土强度、耐久性和经济性的前提下，适当调整混凝土的配合比，以提高其工作性。为此可采用以下方法。

　　a. 改善砂、石（特别是石子）的级配，尽可能降低砂率，采用合理砂率，这有利于提高混凝土的质量和节约水泥；

　　b. 尽量采用较粗的砂、石集料；

　　c. 当混凝土拌合物坍落度太小时，维持水灰比不变，适当增加水泥和水的用量，或者掺加外加剂等。当拌合物坍落度太大但黏聚性良好时，可保持砂率不变，适当增加砂、石集料用量。

　　② 掺加各种外加剂。使用外加剂是调整混凝土性能的重要手段，常用的有普通减水剂、高效减水剂、硫化剂、引气剂、泵送剂等。外加剂在改善混凝土拌合物工作性的同时，还具有提高混凝土强度、改善耐久性、降低水泥用量等作用。

　　③ 改进水泥混凝土拌合物的施工工艺。采用高效率的强制搅拌机械，可以提高水的润滑效率；采用高效振捣设备，也可以在较小的坍落度情况下获得较高的密实度。商品混凝土在远距离运输时，为了减小坍落度损失，还经常采用二次加水法，即在搅拌站拌和时只加入大部分的水，剩余少部分水在快到施工现场时再加入，然后迅速搅拌以获得较好的坍落度。

　　④ 加快施工速度。减少运输距离、加快施工速度、采用使坍落度损失小的外加剂，都可以使混凝土拌合物在施工时保持较好的工作性。

　　当决定采取某种措施来调整和易性时，还要同时考虑对混凝土其他性质（如强度、耐久性等）的影响，不能以降低强度和耐久性来换取和易性。

2. 混凝土的强度

（1）混凝土强度和强度等级

　　① 混凝土强度的概念。混凝土的力学性质是判断硬化后混凝土质量的重要标准，包括强度

和变形。强度是硬化后混凝土最重要的力学性质，包括抗压强度、抗拉强度、抗弯强度、抗剪强度、抗折强度和与钢筋的黏结强度等，其中以抗压强度最大，抗拉强度最小，因此在结构工程中混凝土主要用于承受压力。

一般来说，混凝土强度与混凝土的其他性能关系密切，通常混凝土的强度越大，其刚度、不透水性、抗风化及耐蚀性也越高，通常用混凝土强度来评定和控制混凝土的质量。

② 混凝土强度的类型。混凝土的强度包括抗压强度、抗拉强度、抗弯强度、抗剪强度及与钢筋的黏结强度等。其中混凝土的抗拉强度是抗压强度的1/20～1/10。

a. 混凝土的抗压强度。混凝土抗压强度是结构设计的主要参数，也是混凝土质量评定的指标。我国以立方体试件抗压强度作为混凝土强度的特征值，将混凝土制作成边长为150mm的正立方体试件，在标准养护条件[温度（20±5）℃，相对湿度95%以上]下，养护到28d龄期，按照标准的测定方法测定单位面积上的破坏载荷，即得到抗压强度值，称为混凝土立方体试件抗压强度（以f_{cu}表示，单位N/mm^2，即MPa），简称立方体抗压强度。具体试验详见试验手册试验3.2部分。

为便于设计使用和施工控制混凝土质量，将混凝土强度分为若干等级，即强度等级。混凝土强度等级是按混凝土立方体抗压标准强度来划分的，采用符号C与立方体抗压强度标准值（MPa）表示，《混凝土结构设计规范》（GB 50010—2010）中将混凝土抗压强度等级划分成C15、C20、C25、C30、C35、C40、C45、C50、C55、C60、C65、C70、C75及C80共14个强度等级。

结构设计时，根据建筑物不同部位和承受载荷的不同，应采用不同强度的混凝土，一般要求如下：

C20、C25用于普通混凝土结构的梁、板、柱、楼梯及屋架等；

C25、C30用于大跨度钢筋混凝土结构、耐久性要求较高的结构、预制构件等；

C30以上用于预应力钢筋混凝土结构、吊车梁及特种结构等。

b. 混凝土的轴心抗压强度。由于实际工程中的钢筋混凝土受压构件形式极少是立方体的，大部分是棱柱体形或圆柱体形（如柱子、桁架的腹杆等），因此采用棱柱体试件抗压强度比立方体试件抗压强度能更好地反映混凝土的实际受压情况。由棱柱体试件测得的抗压强度称为棱柱体抗压强度，又称轴心抗压强度，以f_{cp}表示。目前，我国采用150mm×150mm×300mm的棱柱体作为轴心抗压强度的标准试件。轴心抗压强度比同截面的立方体抗压强度小，试验资料表明，当标准立方体抗压强度在10～50MPa时，混凝土的轴心抗压强度与立方体抗压强度的关系近似为

$$f_{cp} = (0.7 \sim 0.8)f_{cu} \tag{3-2}$$

c. 混凝土抗拉强度。混凝土是脆性材料，抗拉强度很低，拉压比为1/20～1/10（通常取1/15），拉压比随着混凝土强度等级的提高而降低。因此在钢筋混凝土结构设计时，不考虑混凝土承受拉力（考虑钢筋承受拉应力），但抗拉强度对混凝土抗裂性具有重要作用，是结构设计时确定混凝土抗裂度的重要指标，有时也用它来间接衡量混凝土抗冲击强度、与钢筋的黏结强度、抵抗干湿变化或湿度变化的能力。

混凝土抗拉强度的测定，目前国内外都采用劈裂法，相关强度简称劈拉强度。测定时试件前期制作方法、试件尺寸、养护方法及养护龄期等的规定，与检验混凝土立方体抗压强度的要求相同。标准规定，我国混凝土劈拉强度采用边长为150mm的立方体作为标准试件。试验时先在立方体试件的两个相对的上下表面加上垫条，然后施加一对均匀分布的压力，这样就能使在此外力作用下的试件竖向平面内，产生均布拉伸应力，如图3-4所示。

$$f_{ts} = \frac{2P}{\pi A} = 0.637 \frac{P}{A} \tag{3-3}$$

式中　　f_{ts}——混凝土劈拉强度，MPa；

P——破坏载荷，N；

A——试件劈裂面积，mm^2。

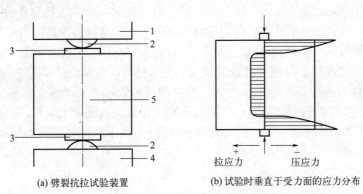

(a) 劈裂抗拉试验装置　　　　(b) 试验时垂直于受力面的应力分布

图3-4　混凝土劈裂试验示意图

1、4—压力机上、下压板；2—弧形钢块；3—垫条；5—试件

试验证明，混凝土的劈拉强度f_{ts}与混凝土标准立方体弯拉强度f_{cf}之间存在一定的相关性，可用经验公式近似表达为

$$f_{ts}=Af_{cf}^{m} \tag{3-4}$$

式中　A、m——试验统计参数。

d. 混凝土抗折强度。混凝土的抗折强度是指处于受弯状态下混凝土抵抗外力的能力，混凝土道路工程和桥梁工程的结构设计、质量控制与验收等环节，需要检测混凝土的抗折强度。通常混凝土的抗折强度是利用150mm×150mm×600mm（或550mm）的长方体试件，在标准养护条件下养护到28d龄期，以标准试验方法测得的抗折强度值。按三分点加荷，试件的支座一端为铰支座，另一端为滚动支座，如图3-5所示。

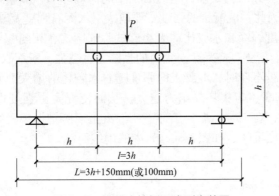

图3-5　混凝土抗折强度测定装置

抗折强度计算公式如下。

$$f_{tf}=\frac{Pl}{bh^2} \tag{3-5}$$

式中　f_{tf}——混凝土抗折强度，MPa；

P——破坏载荷，N；

l——支座之间的距离，450mm；

b——试件截面的宽度，150mm；

h——试件截面的高度，150mm。

当试件尺寸为1100mm×100mm×400mm的非标准试件时，应乘以换算系数0.85；当混凝土强度等级大于C60时，宜采用标准试件；使用非标准试件时，尺寸换算系数应由试验确定。

e. 混凝土与钢筋的黏结强度。目前还没有一种较适当的标准试验能准确测定混凝土与钢筋的黏结强度，为了对比不同混凝土与钢筋的黏结强度，美国材料试验学会（ASTM）提出了一种拔出试验方法：混凝土试件为边长150mm的立方体，其中埋入ϕ19mm的标准变形钢筋，试验时以不超过34MPa/min的加荷速度对钢筋施加拉力，直到钢筋发生屈服，或混凝土裂开，或加荷端钢筋滑移超过25mm。记录出现上述三种之中任一情况时的载荷值P，用下式计算混凝土与钢筋的黏结强度。

$$f_N = \frac{P}{\pi dl} \tag{3-6}$$

式中　f_N——混凝土与钢筋的黏结强度，MPa；

　　d——钢筋直径，mm；

　　l——钢筋埋入混凝土中的长度，mm；

　　P——测定的荷载值，N。

（2）混凝土强度的影响因素

普通混凝土受力破坏一般出现在集料和水泥石的界面上，即常见的黏结面破坏形式。另外，当水泥石强度较低时，水泥石本身破坏也是常见的破坏形式。所以，混凝土强度主要取决于水泥石强度和集料与水泥石间的黏结强度。而水泥石强度和黏结强度又取决于胶凝材料强度、水胶比及集料性质，也受施工质量、养护条件及龄期的影响。

① 水泥强度等级和水胶比的影响。水泥强度等级和水胶比是影响混凝土强度最主要的因素，也是决定性因素。普通混凝土的受力破坏主要发生于水泥石与集料的界面，这些部位往往存在许多孔隙、水隙和潜在微裂缝等结构缺陷，是混凝土中的薄弱环节，而集料本身的强度往往大大超过水泥石及界面的强度，因此，混凝土的强度主要取决于水泥石强度及其与集料表面的黏结强度，这些强度又取决于水泥强度等级和水胶比的大小。试验证明，在相同配合比情况下，所用水泥强度等级越高，则硬化水泥石的强度越大，对集料的黏结力也越强，所配制混凝土的强度也越高。

在水泥品种、强度等级不变时，混凝土的强度随着水胶比的增大而有规律地降低。因此水胶比越小，水泥石的强度越高，与集料黏结力越大，从而使混凝土强度也越高。但是，如果水胶比过小，拌合物过于干稠，在一定的振捣条件下，混凝土不能被振捣密实，出现较多的蜂窝、孔洞，反而会导致混凝土强度下降，如图3-6（a）中的虚线所示。

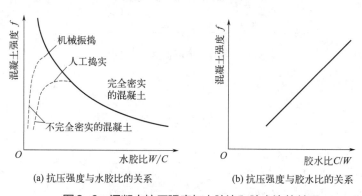

(a) 抗压强度与水胶比的关系　　(b) 抗压强度与胶水比的关系

图3-6　混凝土抗压强度与水胶比和胶水比的关系

试验证明，在材料相同的情况下，混凝土的强度f_{cu}与其水胶比W/C的关系，呈现近似双曲线形状［如图3-6（a）中的实线所示］，可用公式$f_{cu}=K/(W/C)$表示，这样f_{cu}与其胶水比C/W之间就呈线性关系。根据试验，当混凝土拌合物的胶水比为$1.2～2.5$时，混凝土强度与胶水比的直线关系如图3-6（b）所示。

根据工程实践经验，可建立混凝土强度与水泥实际强度及胶水比等因素之间的线性经验公式，即混凝土强度经验公式（又称鲍罗米公式）。

$$f_{cu}=\alpha_a f_{ce}\left(\frac{C}{W}-\alpha_b\right) \tag{3-7}$$

式中　f_{cu}——混凝土28d龄期的抗压强度，MPa；

　　C——1m³混凝土中的水泥用量，kg；

　　W——1m³混凝土中的用水量，kg；

　　C/W——混凝土的胶水比；

　　f_{ce}——水泥28d抗压强度实测值，MPa。当无此值时，可按公式$f_{ce}=\gamma_c f_{ce,k}$确定，式中γ_c为水泥强度等级值的富余系数，可按实际统计资料确定，一般取值1.13，$f_{ce,k}$为水泥强度等级值；

　　α_a、α_b——回归系数，应按工程所使用的水泥和集料，通过试验建立的胶水比与混凝土强度关系来确定。当不具备上述试验统计资料时，可按JGJ 55—2011《普通混凝土配合比设计规程》的规定取值，如碎石混凝土取值为$\alpha_a=0.53$、$\alpha_b=0.20$，卵石混凝土取值为$\alpha_a=0.49$、$\alpha_b=0.13$。

上述经验公式，一般只适用于强度等级小于C60的流动性混凝土和低流动性混凝土，对于干硬性混凝土则不适用。

【例3-1】已知某混凝土所用水泥强度为36.4MPa，水胶比为0.45，粗集料为碎石，试估算该混凝土28d强度值为多少？

【解析】

由$W/C=0.45$，得$C/W=1/0.45=2.22$。粗集料为碎石，取$\alpha_a=0.53$、$\alpha_b=0.20$，代入混凝土强度经验公式计算得：

$$f_{cu}=0.53\times36.4\times(2.22-0.20)=39.0\text{MPa}$$

故可估计该混凝土28d强度值为39.0MPa。

② 集料的影响。集料的影响主要指集料质量、级配、品种的影响。集料级配良好、砂率适当时，利于提高混凝土强度；当含较多有害物质时，品质低，会降低混凝土强度。集料的表面状况影响水泥石与集料的黏结，从而影响混凝土的强度。碎石表面粗糙，黏结力较大；卵石表面光滑，黏结力较小。因此，在配合比相同的条件下，碎石混凝土的强度比卵石混凝土的强度高。特别是在水胶比较低（＜0.4）时，差异较明显。

集料的强度影响混凝土的强度，一般集料强度越高，配制的混凝土强度越高；集料粒形以三维长度相等或相近的球形或立方体为好，若含有较多扁平或细长的颗粒，会增加混凝土的空隙率，扩大混凝土中集料的表面积，增加混凝土的薄弱环节，导致混凝土强度下降。集料的最大粒径对混凝土的强度也有影响，集料的最大粒径越大，混凝土的强度越小，特别是对水胶比较低的中强和高强混凝土，集料最大粒径的影响十分明显。

③ 养护条件的影响。混凝土的养护条件主要指混凝土所处的环境温度和湿度，它们通过影响水泥水化过程而影响混凝土的强度。

养护环境温度对水泥的水化速度有着显著的影响，养护温度高，水泥的初期水化速率快，混凝土的早期强度高。但是，早期的快速水化会导致水化分布不均匀，在水泥石中形成密度低的薄弱区，影响混凝土的后期强度。养护温度降低时，水泥的水化速率减慢，水化物有充分的时间扩散，从而在水泥石中分布均匀，有利于后期强度的提高，如图3-7所示。混凝土早期强度低，容易冻坏，所以，应当防止混凝土早期受冻。

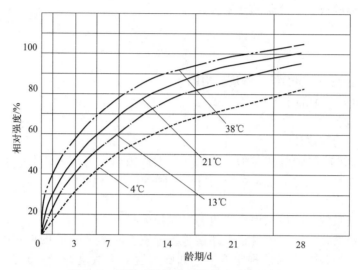

图3-7　养护环境温度对混凝土强度的影响

湿度通常指的是空气相对湿度。相对湿度低，混凝土中的水挥发快，混凝土因缺水而停止水化，强度发展受阻；混凝土的强度较低时，失水过快，极易引起干缩，影响混凝土耐久性。一般在混凝土浇筑完毕后12h内应开始对混凝土加以覆盖或浇水。对硅酸盐水泥、普通水泥和矿渣水泥配制的混凝土，浇水养护不得小于7d；使用粉煤灰水泥和火山灰水泥，或掺有缓凝剂、膨胀剂或有防水抗渗要求的混凝土，浇水养护不得小于14d。

④ 龄期与强度的关系。龄期是指混凝土在正常养护条件下所经历的时间，即自混凝土配制时加水时间开始至某一时刻的延续时间。在正常养护条件下，混凝土强度将随着龄期的增加而不断发展，最初7～14d强度发展较快，28d以后增长缓慢。事实上，只要温度和湿度条件适当，混凝土的强度增长过程很长，可延续数十年之久。

实践证明，在标准养护条件下，普通水泥混凝土强度的发展大致与龄期的常用对数值成正比关系，可按这一经验公式估算不同龄期的强度值。

$$\frac{f_{\mathrm{n}}}{f_{28}}=\frac{\lg n}{\lg 28} \tag{3-8}$$

式中　f_{n}——混凝土 nd 龄期的抗压强度，MPa；

$\quad\quad f_{28}$——混凝土28d龄期的抗压强度，MPa；

$\quad\quad n$——养护龄期，d，且 $n \geqslant 3$。

根据以上公式，不仅可以估算混凝土28d的强度，或推算28d前混凝土达到某一强度需要养护的天数，还可用于确定生产施工进度，如混凝土的拆模、构件的起吊、放松预应力钢筋、制品堆放、出厂等的日期。

在实际工程中，各国用以估算不同龄期混凝土强度的经验公式很多，如常用的斯拉特公式，它是根据标准养护条件下的混凝土7d强度 f_7 来推算其28d的强度 f_{28}，即

$$f_{28} = f_7 + K\sqrt{f_7} \tag{3-9}$$

式中 K——经验系数，与所用水泥品种有关，应根据试验资料确定，一般为 $1.9 \sim 2.4$。

⑤ 外加剂和外掺料的影响。在水泥强度和水胶比确定的条件下，水胶比越小，混凝土强度越高。但水胶比越小，混凝土的流动性也越差。掺入外加剂，可在较小的水胶比情况下获得较高的流动性，掺入掺和料，可提高水泥石的密实度，改善水泥石与集料间的黏结能力，提高混凝土强度。

⑥ 施工方法的影响。拌制混凝土时，采用机械搅拌比人工拌和更为均匀，搅拌不充分的混凝土不但硬化后的强度低，强度差异也大。对水胶比小的混凝土拌合物，采用强制式搅拌机比自由落体式效果更好。在相同配合比和成型密实条件下，机械搅拌的混凝土强度一般要比人工搅拌的提高10%左右，这对低水胶比的混凝土尤为显著。如采用高频或多频振动器来振捣，可进一步排除混凝土拌合物中的气泡，使之更加密实，从而获得更高的强度。但当水胶比逐渐增大、流动性逐渐增大时，振动捣实的效果就不再明显。

三、任务实施

参考《通用硅酸盐水泥》（GB 175—2007）及《公路工程水泥及水泥混凝土试验规程》（JTG 3420—2020），水泥混凝土试验共50个（T 0521—T 0586），由于公路工程混凝土用量大，拌和站每天需进行大量的和易性试验及强度试验，请按此完成混凝土常规检测。

步骤1：混凝土和易性的检测

学习混凝土和易性的知识，参考试验手册试验3.1，完成试配混凝土和易性的检测，并将结果填写在试验手册附表3.1中❶。

步骤2：混凝土强度的检测

学习混凝土强度的知识，参考试验手册试验3.2，完成试配混凝土强度的检测，并将结果填写在试验手册附表3.2中。

任务 二
水泥混凝土配合比设计计算书的编制

分任务一 普通水泥混凝土配合比计算书

一、任务情境

江苏某高速公路桥梁桩基工程，水下施工，需采用C30的泵送混凝土，设计坍落度为：$180 \sim 220\text{mm}$。已知各项原材料规格为：

---

❶ 其他相关试验见《公路工程水泥及水泥混凝土试验规程》（JTG 3420—2020），本书略。

① 水泥：P·O42.5级水泥，水泥密度ρ_{co}=3100kg/m³。

② 粗集料：ρ_g=2747kg/m³；5～31.5mm连续级配，其中5～16mm碎石占40%，16～31.5mm碎石占60%。

③ 细集料：Ⅱ区中砂，ρ_s=2650kg/m³，细度模数2.5。

④ 水：饮用水；水的密度ρ_w=1000kg/m³

⑤ 外加剂：YD-PCA1型缓凝高效减水剂，掺量为水泥用量的1.0%，减水率为18.5%。

查找《公路桥涵施工技术规范》（JTG/T 3650—2020）、《普通混凝土配合比设计规程》（JGJ 55—2011）两门规程，学习普通水泥混凝土配合比的计算方法。

二、知识导入

1. 混凝土配合比设计的基础知识

混凝土配合比是指混凝土各组成材料数量间的关系，常用单位用量、相对用量两种方法表示。

单位用量表示法是指以1m³混凝土中各种材料的用量表示，例如：

水泥：水：砂：石子=330kg ： 150kg ： 706kg ： 1264kg。

相对用量表示法是指以水泥的质量为1，并按"水泥：砂：石子；水胶比（水）"的顺序排列表示，例如：

1 ： 2.14 ： 3.82；W/C=0.45。

（1）混凝土配合比设计的基本要求

配合比设计的任务：根据原材料的技术性能及施工条件，确定出能满足工程所要求的技术经济指标的各项组成材料的用量。其基本要求如下。

① 满足结构物设计强度的要求；

② 满足施工工作性的要求；

③ 满足环境耐久性的要求；

④ 满足经济的要求。

（2）混凝土配合比设计的主要参数

混凝土配合比设计，实质上就是确定胶凝材料、水、砂和石子这四种组成材料用量之间的三个比例关系：

① 水与胶凝材料之间的比例关系，常用水胶比表示；

② 砂与石子之间的比例关系，常用砂率表示；

③ 胶凝材料与集料之间的比例关系，常用单位用水量（1m³混凝土的用水量）来表示。

确定这三个参数的基本原则：在满足混凝土强度和耐久性的基础上，确定混凝土的水胶比；在满足混凝土施工要求的和易性的基础上，根据粗集料的种类和规格，确定混凝土的单位用水量；应以填充石子空隙后略有富余的原则，来确定砂率。

2. 混凝土的配合比设计

混凝土配合比设计时，首先按照已选择的原材料性能及对混凝土的技术要求进行初步计算，得出"初步计算配合比"；再经过试验室试拌调整，得出"基准配合比"；然后经过强度检验，定出满足设计和施工要求并比较经济的"试验室配合比"；最后根据现场砂石的实际含水率，对试验室配合比进行调整，求出"施工配合比"。

（1）混凝土配合比设计的基本参数

混凝土配合比设计，是通过计算确定各种组成材料的用量。普通混凝土中的水泥、水、砂、石子四种主要组成材料的相对比例，通常由三个参数来控制。

① 水胶比。水胶比指水和胶凝材料之间的比例关系，仅以水泥作为胶凝材料时为水灰比。如前所述，水胶比对混凝土和易性、强度和耐久性都有重要的影响，因此，通常是根据强度和耐久性来确定水胶比的大小。一方面，水胶比较小时可以使强度更高且耐久性更好；另一方面，在保证混凝土和易性所要求用水量基本不变的情况下，在满足强度和耐久性的要求下，用较大水胶比时可以节约水泥。

② 单位用水量。单位用水量指每立方米混凝土拌合物中水的用量（kg/m³），它反映了水泥浆与集料之间的比例关系。在水胶比确定后，混凝土中单位用水量也表示水泥浆与集料之间的比例关系。为节约水泥和改善耐久性，在满足流动性条件下，应尽可能取较小的单位用水量。

③ 砂率。砂率指砂子占砂石总质量的百分率。砂率对混合料的和易性影响较大，若选用不恰当，还会对混凝土强度和耐久性产生不利影响，因此选用必须合理。一般在保证和易性要求的条件下取较小值，以利于节约水泥。

（2）混凝土配合比设计的方法与原理

混凝土配合比设计的方法有体积法（又称绝对体积法）和质量法（又称假定容重法）两种，其中体积法为最基本的方法。

① 体积法的基本原理。混凝土配合比设计体积法的基本原理是假定刚浇捣完毕的混凝土拌合物的体积，等于其各组成材料的绝对体积及其所含少量空气体积之和。若以 V_h、V_b、V_w、V_s、V_g、V_k 分别表示混凝土、胶凝材料、水、砂、石、空气的体积，则体积法原理可用公式表达为

$$V_h = V_b + V_w + V_s + V_g + V_k \tag{3-10}$$

若在 1m³ 混凝土中，以 m_{b0}、m_{w0}、m_{s0}、m_{g0} 分别表示混凝土中的胶凝材料、水、砂、石的用量（kg），并以 ρ_{b0}、ρ_{w0}、ρ_{s0}、ρ_{g0} 分别表示胶凝材料、水、砂、石的表观密度，又设混凝土拌合物中含空气体积百分数为 α，则式（3-10）可改写为：

$$\frac{m_{b0}}{\rho_{b0}} + \frac{m_{w0}}{\rho_{w0}} + \frac{m_{s0}}{\rho_{s0}} + \frac{m_{g0}}{\rho_{g0}} + 0.01\alpha = 1 \tag{3-11}$$

式中　α——混凝土含气量的百分数，%，在不使用引气型外加剂时，可取 $\alpha=1$。

② 质量法的基本原理。混凝土配合比设计质量法的基本原理是：当混凝土所用原材料比较稳定时，则所配制混凝土的表观密度将接近一个恒值，这样若预先假定出 1m³ 新拌混凝土的质量 m_{cp}，就可建立下列关系式：

$$m_{b0} + m_{w0} + m_{s0} + m_{g0} = m_{cp} \tag{3-12}$$

m_{cp} 可根据本单位积累的试验资料确定，如缺乏相关资料，可根据集料的表观密度、粒径以及混凝土强度等级，在 2350 ~ 2450kg 范围内选定。

（3）混凝土配合比设计的步骤

进行混凝土配合比设计时，首先按照要求的技术指标，初步计算出"计算配合比"；然后经试验室试拌和调整，得出"试拌配合比"；在试拌配合比的基础上经强度复核，定出"试验室配合比"；最后根据现场原材料的实际情况（如砂、石含水率等）修正试验室配合比，得出"施工配合比"。

（4）混凝土配合比的计算步骤

① 计算混凝土的配制强度。根据《普通混凝土配合比设计规程》（JGJ 55—2011）中的规定，当混凝土的设计强度等级小于C60时，配制强度应按式（3-13）确定。

$$f_{cu,0} = f_{cu,k} + 1.645\sigma \tag{3-13}$$

式中　$f_{cu,0}$——混凝土配制强度，MPa；

　　　$f_{cu,k}$——混凝土立方体抗压强度标准值，这里取混凝土的设计强度等级值，MPa；

　　　　σ——混凝土强度标准差，MPa。

当混凝土的设计强度等级不小于C60时，配制强度应按式（3-14）确定。

$$f_{cu,0} \geqslant 1.15 f_{cu,k} \tag{3-14}$$

混凝土强度标准差σ的取值规定如下：

当具有近1～3个月的同一品种、同一强度等级混凝土的强度资料，且试件组数不小于30时，其混凝土强度标准差σ应按式（3-15）计算。

$$\sigma = \sqrt{\frac{\sum_{i=1}^{n} f_{cu,i}^2 - n(\overline{f}_{cu})^2}{n-1}} \tag{3-15}$$

式中　$f_{cu,i}$——统计周期内同一品种混凝土第i组试件的强度值，MPa；

　　　$\overline{f}_{cu}$——统计周期内同一品种混凝土i组试件的强度平均值，MPa；

　　　　n——统计周期内同品种混凝土试件的总组数。

对于强度等级不大于C30的混凝土，当混凝土强度标准差计算值不小于3.0MPa时，应按式（3-15）计算结果取值；当混凝土强度标准差计算值小于3.0MPa时，应取σ为3.0MPa。对于强度等级大于C30且小于C60的混凝土，当混凝土强度标准差计算值不小于4.0MPa时，应按式（3-15）计算结果取值；当混凝土强度标准差计算值小于4.0MPa时，应取σ为4.0MPa。

当没有近期的同一品种、同一强度等级混凝土强度资料时，其强度标准差可按表3-3取值。

表3-3　混凝土强度标准差

混凝土设计强度等级	≤C20	C25～C45	C50～C55
σ/MPa	4.0	5.0	6.0

② 计算水胶比。混凝土强度等级小于C60时，基于混凝土配制强度$f_{cu,0}$及所用胶凝材料28d的胶砂抗压强度f_b，可由混凝土强度经验公式求得所要求的水胶比值，即

$$\frac{W}{C} = \frac{\alpha_a f_b}{f_{cu,0} + \alpha_a \alpha_b f_b} \tag{3-16}$$

式中　α_a、α_b——回归系数；

　　　　f_b——胶凝材料28d胶砂抗压强度实测值，MPa。当无实测值时，可由式（3-17）计算确定。

$$f_b = \gamma_f \gamma_s f_{ce} \quad 或 \quad f_b = \gamma_c \gamma_f \gamma_s f_{ce,g} \tag{3-17}$$

　　　γ_f、γ_s——分别为粉煤灰影响系数、粒化高炉矿渣粉影响系数，由JGJ 55—2011确定，见表3-4所示。

表3-4　粉煤灰影响系数 γ_f 和粒化高炉矿渣粉影响系数 γ_s

掺量/%	粉煤灰影响系数 γ_f	粒化高炉矿渣粉影响系数 γ_s
0	1.00	1.00
10	0.85～0.95	1.00
20	0.75～0.85	0.95～1.00
30	0.65～0.75	0.90～1.00
40	0.55～0.65	0.80～0.90
50	—	0.70～0.85

注：1. 采用Ⅰ级、Ⅱ级粉煤灰宜取上限值。

2. 采用S75级粒化高炉矿渣粉宜取下限值，采用S95级粒化高炉矿渣粉宜取上限值，采用S105级粒化高炉矿渣粉宜取上限值加0.05。

3. 当超出表中的掺量时，影响系数应经试验测定。

f_{ce}——水泥28d胶砂抗压强度，MPa。f_{ce} 值可根据3d强度或快测强度推定28d强度关系式得出。当无水泥28d抗压强度实测值时，其值可按式（3-18）确定：

$$f_{ce} = \gamma_c f_{ce,g} \tag{3-18}$$

γ_c——水泥强度等级值的富余系数，可按实际统计资料确定；当缺乏实际统计资料时，可按表3-5取值。

表3-5　水泥强度等级值的富余系数 γ_c

水泥强度等级值	32.5	42.5	52.5
富余系数 γ_c	1.12	1.16	1.10

根据《混凝土结构设计规范》（GB 50010—2010）的规定，为了使混凝土耐久性符合要求，按强度要求计算的水胶比值不得超过规定的最大水胶比值，如表3-6所示，否则混凝土耐久性不合格，此时取规定的最大水胶比值作为混凝土的水胶比值。

表3-6　混凝土材料的耐久性要求

环境等级	条件	最大水胶比	最低强度等级	最大氯离子含量/%	最大碱含量/（kg/m³）
一	室内干燥环境； 永久的无侵蚀性静水浸没环境	0.60	C20	0.30	不限制
二ₐ	室内潮湿环境； 非严寒和非寒冷地区的露天环境；非严寒和非寒冷地区与无侵蚀性的水或土壤直接接触的环境； 寒冷和严寒地区的冰冻线以下的无侵蚀性的水或土壤直接接触的环境	0.55	C25	0.20	3.0
二ᵦ	干湿交替环境； 水位频繁变动环境；严寒和寒冷地区的露天环境； 严寒和寒冷地区的冰冻线以上与无侵蚀性的水或土壤直接接触的环境	0.50（0.55）	C30（C25）	0.15	
三ₐ	严寒和寒冷地区冬季水位冰冻区环境； 受除冰盐影响环境； 海风环境	0.45（0.50）	C35（C30）	0.15	

环境等级	条件	最大水胶比	最低强度等级	最大氯离子含量/%	最大碱含量/（kg/m³）
三$_b$	盐渍土环境； 受除冰盐作用环境； 海岸环境	0.4	C40	0.10	3.0
四	海水环境	—	—	—	—
五	受人为或自然的侵蚀性物质影响的环境	—	—	—	—

注：1. 室内潮湿环境，是指构件表面经常处于结露或湿润状态的环境。

2. 严寒和寒冷地区的划分应符合《民用建筑热工设计规范》（GB 50176—2016）的有关规定。

3. 海岸环境和海风环境宜根据当地情况，考虑主导风向及结构所处迎风、背风部位等因素的影响，由调查研究和工程经验确定。

4. 受除冰盐影响环境，是指受到除冰盐影响的环境；受除冰盐作用环境，是指被除冰盐溶液溅射的环境以及使用除冰盐地区的洗车房、停车楼等建筑。

5. 露天环境是指混凝土结构表面所处的环境。

③ 混凝土拌合物单位用水量的确定。混凝土拌合物的单位用水量 m_{w0}，可根据粗集料种类、最大粒径及施工要求的坍落度值等因素选择。当水胶比在 0.40～0.80 时，该值可按表3-7和表3-8选取；混凝土水胶比小于0.40时，可通过试验确定。

表3-7　干硬性混凝土单位用水量　　　　　　　　　单位：kg/m³

拌合物稠度		卵石最大粒径/mm			碎石最大粒径/mm		
项目	指标	10.0	20.0	40.0	16.0	20.0	40.0
维勃稠度/s	16～20	175	160	145	180	170	155
	11～15	180	165	150	185	175	160
	5～10	185	170	155	190	180	165

表3-8　塑性混凝土单位用水量　　　　　　　　　单位：kg/m³

拌合物稠度		卵石最大粒径/mm				碎石最大粒径/mm			
项目	指标	10.0	20.0	31.5	40.0	16.0	20.0	31.5	40.0
坍落度/mm	10～30	190	170	160	150	200	185	175	165
	35～50	200	180	170	160	210	195	185	175
	55～70	210	190	180	172	220	205	195	185
	75～90	215	195	185	175	230	215	205	195

注：1. 本表用水量采用中砂时的平均取值。采用细砂时，每立方米混凝土用水量增加5～10kg；采用粗砂时，则可减少5～10kg。

2. 采用各种外加剂或掺和料时，用水量应相应调整。

当掺用外加剂时，每立方米流动性或大流动性混凝土的用水量可按式（3-19）计算。

$$m_{wa} = m_{w0}(1-\beta) \tag{3-19}$$

式中 m_{wa}——计算配合比每立方米混凝土的用水量，kg/m³；

m_{w0}——未掺用外加剂时推定的满足实际坍落度要求的每立方米混凝土用水量，kg/m³。以

表3-7、表3-8中90mm坍落度的用水量为基础，按每增大20mm坍落度相应增加5kg/m³的用水量来计算，当坍落度增大到180mm以上时，随坍落度相应增加的用水量可减少；

β——外加剂的减水率，%，应经混凝土试验确定。

④ 确定混凝土拌合物中外加剂用量。每立方米混凝土中外加剂用量应按式（3-20）计算。

$$m_{a0} = m_{b0}\beta_a \qquad (3\text{-}20)$$

式中 m_{a0}——计算配合比每立方米混凝土中外加剂用量，kg/m³；

m_{b0}——计算配合比每立方米混凝土中胶凝材料用量，kg/m³；

β_a——外加剂掺量，%，应经混凝土试验确定该值。

计算配合比中，外加剂掺量还应符合JGJ 55—2011的规定。

⑤ 确定胶凝材料、矿物掺和料和水泥用量。混凝土中的用水量选定之后，即可根据已求出的水胶比值计算每立方米混凝土的胶凝材料用量，即

$$m_{b0} = \frac{m_{w0}}{W/C} \qquad (3\text{-}21)$$

式中 m_{b0}——计算配合比每立方米混凝土中胶凝材料用量，kg/m³；

m_{w0}——计算配合比每立方米混凝土中单位用水量，kg/m³；

W/C——计算配合比混凝土水胶比。

按照式（3-21）计算出每立方米混凝土的胶凝材料用量 m_{b0}，并进行试拌调整，在满足拌合物性能的情况下，取经济合理的胶凝材料用量。

除配制C15及其以下强度等级的混凝土外，混凝土的最小胶凝材料用量应符合表3-9的规定。如果计算所得的胶凝材料用量小于表中规定的最小胶凝材料用量值时，应取表中规定的最小胶凝材料用量值。

表3-9 混凝土的最小胶凝材料用量

最大水胶比	最小胶凝材料用量/kg/m³		
	素混凝土	钢筋混凝土	预应力混凝土
0.60	250	280	300
0.55	280	300	300
0.50	320		
≤0.45	320		

每立方米混凝土的矿物掺和料用量应按照式（3-22）计算。

$$m_{f0} = m_{b0}\beta_f \qquad (3\text{-}22)$$

式中 m_{f0}——计算配合比每立方米混凝土中矿物掺和料用量，kg/m³；

β_f——矿物掺和料掺量，%。

矿物掺和料在混凝土中的掺量应通过试验确定。采用硅酸盐水泥或普通硅酸盐水泥时，钢筋混凝土和预应力混凝土中矿物掺和料最大掺量宜分别符合表3-10和表3-11的规定。对基础大体积混凝土，粉煤灰、粒化高炉矿渣粉和复合掺和料的最大掺量可增加5%。采用掺量大于30%的C类粉煤灰的混凝土应以实际使用的水泥和粉煤灰掺量进行安定性检验。

表3-10　钢筋混凝土中矿物掺和料最大掺量

矿物掺和料种类	水胶比	最大掺量/%	
		采用硅酸盐水泥时	采用普通硅酸盐水泥时
粉煤灰	≤0.4	45	35
	>0.4	40	30
粒化高炉矿渣粉	≤0.4	65	55
	>0.4	55	45
钢渣粉	—	30	20
磷渣粉	—	30	20
硅灰	—	10	10
复合掺和料	≤0.4	65	55
	>0.4	55	45

注：1. 采用其他通用硅酸盐水泥时，宜将水泥混合料掺量20%以上的混合材料量计入矿物掺和料。

2. 复合掺和料各组分的掺量不宜超过单掺时的最大掺量。

3. 在混合使用两种或两种以上矿物掺和料时，矿物掺和料总掺量应符合表中复合掺和料的规定。

表3-11　预应力混凝土中矿物掺和料最大掺量

矿物掺和料种类	水胶比	最大掺量/%	
		采用硅酸盐水泥时	采用普通硅酸盐水泥时
粉煤灰	≤0.4	35	30
	>0.4	25	20
粒化高炉矿渣粉	≤0.4	55	45
	>0.4	45	35
钢渣粉	—	20	10
磷渣粉	—	20	10
硅灰	—	10	10
复合掺和料	≤0.4	55	45
	>0.4	45	35

注：1. 采用其他通用硅酸盐水泥时，宜将水泥混合料掺量20%以上的混合材料量计入矿物掺和料。

2. 复合掺和料各组分的掺量不宜超过单掺时的最大掺量。

3. 在混合使用两种或两种以上矿物掺和料时，矿物掺和料总掺量应符合表中复合掺和料的规定。

外加剂掺量还应符合《混凝土外加剂应用技术规范》（GB 50119—2013）、《粉煤灰混凝土应用技术规范》（GB/T 50146—2014）、《用于水泥、砂浆和混凝土中的粒化高炉矿渣粉》（GB/T 18046—2017）的有关规定。

每立方米混凝土的水泥用量应按照式（3-23）计算。

$$m_{c0} = m_{b0} - m_{f0} \qquad (3-23)$$

式中　m_{c0}——计算配合比每立方米混凝土中水泥用量，kg/m^3。

⑥ 确定合理的砂率。混凝土合理的砂率值应根据集料的技术指标、混凝土拌合物性能和施工要求，以及参考既有历史资料确定。如无历史资料，坍落度为10～60mm的混凝土的砂率可

根据粗集料品种、最大粒径及水胶比按表3-12选取；坍落度大于60mm的混凝土的砂率，可经试验确定，也可在表3-12的基础上，按坍落度每增大20mm，砂率增大1%的幅度予以调整；坍落度小于10mm的混凝土，砂率应经试验确定。

表3-12　混凝土的砂率　　　　　　　　单位：%

水胶比	卵石最大粒径			碎石最大粒径		
	10.0mm	20.0mm	40.0mm	16.0mm	20.0mm	40.0mm
0.40	26～32	25～31	24～30	30～35	29～34	27～32
0.50	30～35	29～34	28～33	33～38	32～37	30～35
0.60	33～38	32～37	31～41	36～41	35～40	33～38
0.70	36～41	35～40	39～44	39～44	38～43	36～41

注：1. 本表数值系中砂的选用砂率，对细砂或粗砂，可相应地减小或增大砂率。
2. 采用人工砂配制混凝土时，砂率可适当增大。
3. 只用一个单粒级粗集料配制混凝土时，砂率应适当增大。
4. 适用坍落度为10～60mm，超出另行凭经验确定。

⑦ 确定每立方米混凝土中的砂、石用量。计算粗、细集料的方法有体积法和质量法两种，在条件相同时，两种方法计算的结果基本一致，误差不会太大。

a. 质量法。质量法是假定1m³混凝土拌合物质量，等于其各种组成材料质量之和，据此可得以下方程组。

$$\begin{cases} m_{c0}+m_{f0}+m_{g0}+m_{s0}+m_{w0}=m_{cp} \\ \beta_s=\dfrac{m_{s0}}{m_{s0}+m_{g0}}\times100\% \end{cases} \quad (3\text{-}24)$$

式中　m_{c0}——每立方米混凝土的水泥用量，kg/m³；
　　　m_{f0}——每立方米混凝土的矿物掺和料用量，kg/m³；
　　　m_{g0}——每立方米混凝土的粗集料用量，kg/m³；
　　　m_{s0}——每立方米混凝土的细集料用量，kg/m³；
　　　m_{w0}——每立方米混凝土的用水量，kg/m³；
　　　m_{cp}——每立方米混凝土拌合物的假定质量（其值可取2350～2450kg），kg/m³；
　　　β_s——砂率，%。

b. 体积法。体积法是假定混凝土拌合物的体积等于各组成材料的体积与拌合物中所含空气的体积之和。如取混凝土拌合物的体积为1m³，则可得以下关于m_{s0}、m_{g0}方程组。

$$\begin{cases} \dfrac{m_{c0}}{\rho_c}+\dfrac{m_{f0}}{\rho_f}+\dfrac{m_{g0}}{\rho_g'}+\dfrac{m_{s0}}{\rho_s'}+\dfrac{m_{w0}}{\rho_w}+0.01a=1 \\ \beta_s=\dfrac{m_{s0}}{m_{s0}+m_{g0}}\times100\% \end{cases} \quad (3\text{-}25)$$

式中　ρ_c——水泥密度（可取2900～3100kg/m³），kg/m³；
　　　ρ_f——矿物掺和料密度，kg/m³；
　　　ρ_g'——粗集料的表观密度，kg/m³；
　　　ρ_s'——细集料的表观密度，kg/m³；

ρ_w——水的密度（可取 $1000kg/m^3$），kg/m^3；

α——混凝土的含气量（在不使用引气型外加剂时，α 可取1）。

联立以上关于 m_{s0} 和 m_{g0} 的二元方程组，可解出 m_{s0} 和 m_{g0}。则混凝土的初步计算配合比（初步满足强度和耐久性要求）为 m_{c0} ： m_{s0} ： m_{g0} ： m_{w0}。

3. 混凝土配合比的试配与确定

按以上方法计算所得的混凝土计算配合比，是借助经验公式或以往资料而得，尚有一些影响混凝土性质的因素未能充分考虑，因此并不能直接用于工程施工。应采用工程中实际使用的材料进行试配，经调整和易性、检验强度等后方可用于实际施工。

（1）混凝土配合比的试配与调整

混凝土试配时应采用工程中实际使用的原材料，搅拌方法也应与生产时使用的方法相同。根据粗集料最大粒径确定每盘混凝土最小搅拌量，当粗集料最大粒径不大于31.5mm时，每盘混凝土试配的最小搅拌量为20L；当粗集料最大粒径为40.5mm时，每盘混凝土试配的最小搅拌量为25L。当采用机械搅拌时，拌合量应不小于搅拌机公称容积的1/4且不应大于搅拌机公称容积。

混凝土配合比试配、调整的主要工作如下：

① 混凝土拌合物和易性调整。按计算配合比进行试拌料，用以检验拌合物的性能。如试拌料得出的拌合物坍落度（或维勃稠度）不能满足要求，或黏聚性和保水性能不好，则应在保证水胶比不变的条件下相应调整用水量或砂率，修正计算配合比，调整各种材料用量。材料的调整幅度一般为1% ～ 2%。每次对材料用量调整后，再重新测定和易性，直到符合要求，该满足和易性要求的配合比即为供混凝土强度试验用的基准配合比。

② 混凝土强度检验。进行混凝土强度检验时，至少应采用三个不同的配合比，其中一个为基准配合比，另外两个配合比的水胶比值应较基准配合比分别增加和减少0.05，其中用水量与基准配合比基本相同，砂率值可分别增加或减小1%。若发现不同水胶比的混凝土拌合物坍落度与要求值相差超过允许偏差，可适当增、减用水量进行调整。

制作混凝土强度试件时，尚应检验各组混凝土拌合物的坍落度或维勃稠度、黏聚性、保水性及拌合物表观密度，并以此结果代表相应组混凝土拌合物的性能。

为检验混凝土强度等级，每种配合比应至少制作一组（三块）试件，并经标准养护28d或规定的设计龄期时试压。需要时可同时制作几组试件，供快速检验或早龄试压，以便提前定出混凝土配合比供施工使用，但应以标准养护28d的强度的检验结果为依据调整配合比。

（2）混凝土试验室配合比的确定

根据试验得出的混凝土强度与其相对应的胶水比（C/W）关系，用作图法或计算法求出与混凝土配制强度（$f_{cu,0}$）相对应的胶水比，并应按下列原则确定每立方米混凝土的材料用量：

① 用水量（m_w）应在基准配合比用水量的基础上，根据制作强度试件时测得的坍落度或维勃稠度进行调整确定；

② 胶凝材料用量（m_c）应以用水量乘以选定出来的胶水比计算确定；

③ 粗集料和细集料用量（m_g 和 m_s）应在基准配合比的粗集料和细集料用量的基础上，按选定的胶水比进行调整后确定。

经试配确定配合比后，尚应按下列步骤进行校正；根据前述已确定的材料用量，按下式计算混凝土的表观密度计算值。

$$\rho_{cc} = m_c + m_w + m_s + m_g \tag{3-26}$$

再按下式计算混凝土配合比校正系数 δ。

$$\delta = \frac{\rho_{ct}}{\rho_{cc}} \qquad (3\text{-}27)$$

式中 ρ_{ct}——混凝土表观密度实测值，kg/m^3；

ρ_{cc}——混凝土表观密度计算值，kg/m^3。

当混凝土表观密度实测值与计算值之差的绝对值不超过计算值的2%时，按以前的配合比即为确定的试验室配合比；当二者之差超过2%时，应将配合比中每项材料用量均乘以校正系数，即为最终定出的混凝土正式配合比设计值，通常也称试验室配合比。

配合比调整后，应测定拌合物水溶性氯离子含量，试验结果应符合表3-13的规定。

表3-13 混凝土中氯离子含量限值 　　　　　单位：%

环境条件	水溶性氯离子最大含量（按水泥用量的质量分数）		
	钢筋混凝土	预应力混凝土	素混凝土
干燥环境	0.30	0.06	1.00
潮湿但不含氯离子的环境	0.20		
潮湿且含氯离子的环境、盐渍土环境	0.10		
除冰盐等侵蚀性物质的腐蚀环境	0.06		

对耐久性有设计要求的混凝土，应进行耐久性相关试验验证。

另外，试验室配合比在使用过程中应根据原材料情况及混凝土质量检验的结果予以调整。但遇有下列情况之一时，应重新进行配合比设计：

① 对混凝土性能指标有特殊要求时；

② 水泥、外加剂或矿物掺和料品种、质量有显著变化时；

③ 该配合比的混凝土生产间断半年以上时。

（3）混凝土施工配合比换算

混凝土试验室配合比计算用料是以干燥集料为基准的，但实际工地使用的集料常含有一定的水分，因此必须对试验室配合比进行换算，换算成扣除集料中水分后，实际施工用的配合比。

假设施工配合比 $1m^3$ 混凝土中胶凝材料、水、砂、石的用量分别为 m'_b、m'_w、m'_s、m'_g，并假定工地测出砂的含水率为 $a\%$、石子的含水率为 $b\%$，则将上述设计配合比换算为施工配合比，其材料的称量应为

水泥：

$$m'_c = m_c(kg) \qquad (3\text{-}28)$$

砂：

$$m'_s = m_s(1+a\%)(kg) \qquad (3\text{-}29)$$

石子：

$$m'_g = m_g(1+b\%)(kg) \qquad (3\text{-}30)$$

水：

$$m'_w = m_w - m_s a\% - m_g b\%(kg) \qquad (3\text{-}31)$$

矿物掺和料：

$$m_f'=m_f(\text{kg})$$

（3-32）

施工现场集料的含水率是经常变动的，因此应随时测定砂、石集料的含水率，并及时调整混凝土配合比，以免因集料含水率的变化导致混凝土水胶比的波动，而对混凝土的强度、耐久性等技术性能造成不良影响。

【例3-2】完成以下混凝土配合比设计。

某框架结构钢筋混凝土，混凝土设计强度等级为C30，现场机械搅拌，机械振捣成型，混凝土坍落度要求为50～70mm，并根据施工单位的管理水平和历史统计资料，混凝土强度标准差σ取4.0MPa。所用原材料如下：

水泥：普通硅酸盐水泥32.5级，密度$\rho_c=3.1\text{g/cm}^3$，水泥强度富余系数$K_c=1.12$；

砂：河砂，细度模数$M_x=2.4$，Ⅱ级配区，表观密度$\rho_s=2.65\text{g/cm}^3$；

石子：碎石，最大粒径$D_{max}=40\text{mm}$，连续级配，级配良好，表观密度$\rho_g=2.70\text{g/cm}^3$；

水：自来水。

【解析】1）确定混凝土配制强度（$f_{cu,0}$）

$$f_{cu,0}=f_{cu,k}+1.645\sigma=30+1.645\times4.0=36.58(\text{MPa})$$

2）确定水胶比（W/C）

① 根据强度要求计算水胶比：

$$\frac{W}{C}=\frac{\alpha_a f_b K_c}{f_{cu,0}+\alpha_a\alpha_b f_b K_c}=\frac{0.46\times32.5\times1.12}{36.58+0.46\times0.03\times32.5\times1.12}=0.45$$

② 根据耐久性要求确定水胶比：

由于框架结构混凝土梁处于干燥环境，查表3-6得最大水胶比为0.60，故取满足强度要求的水灰比0.45即可。

3）确定每立方米混凝土用水量（m_{w0}）

查表3-8可知，坍落度55～70mm时，每立方米混凝土用水量为185kg。

4）确定每立方米混凝土水泥用量（m_{c0}）

$$m_{c0}=m_{b0}=\frac{m_{w0}}{W/C}=\frac{185}{0.45}=411(\text{kg})$$

根据表3-9，满足耐久性对胶凝材料（水泥）用量的最小要求。

5）确定砂率（S_p）

$$S_p=\frac{S}{S+G}\times100\%$$

根据表3-12，通过插值（内插法）计算，取砂率$S_p=32\%$。

6）确定每立方米混凝土砂、石用量（m_{s0}、m_{g0}）

采用体积法计算，因无引气剂，故取$\alpha=1$。

$$\frac{411}{3.1}+\frac{185}{1}+\frac{m_{g0}}{2.70}+\frac{m_{s0}}{2.65}+10\times1=1000$$

$$\frac{m_{s0}}{m_{s0}+m_{g0}}\times100\%=32\%$$

解上述联立方程式可得：m_{s0}=577kg；m_{g0}=1227kg。

因此，该混凝土初步计算配合比为：m_{c0}=411kg，m_{w0}=185kg，m_{s0}=577kg，m_{g0}=1227kg。以质量比表示即为水泥∶砂∶石=1∶1.40∶2.99，W/C=0.45。

【例3-3】承上题，根据初步计算配合比，称取12L各材料用量进行混凝土和易性试拌调整。测得混凝土坍落度T=20mm，小于设计要求，增加5%的水泥和水，重新搅拌测得坍落度为65mm，且黏聚性和保水性均满足设计要求，并测得混凝土表观密度2392kg/m³，求基准配合比。又经混凝土强度试验，恰好满足设计要求，已知现场施工所用砂含水率4.5%，石子含水率1.0%，求施工配合比。

【解析】

1）试验室配合比

① 根据初步计算配合比计算12L各材料用量为：

将初步配合比各种材料用量分别乘以0.012得：$m_{c0[12L]}$=4.932kg，$m_{w0[12L]}$=2.220kg，$m_{s0[12L]}$=6.92kg，$m_{g0[12L]}$=14.72kg。

② 增加5%的水泥和水用量为

Δm_{c0}=0.247kg，Δm_{w0}=0.111kg。

③ 各材料总用量（计算表观密度）为

$$\rho_{cc}=(4.932+0.247)+(2.220+0.111)+6.92+14.72=29.15(kg)$$

④ 混凝土配合比校正系数为

$$\delta=\frac{\rho_{ct}}{\rho_{cc}}=\frac{2392}{29.15}=82.1$$

将配合比中每项材料用量均乘以校正系数，即为最终定出的混凝土正式配合比设计值，通常也称为最终确定的试验室配合比，其中胶凝材料（m_{cf}）、水（m_{wf}）、砂（m_{sf}）、石（m_{gf}）的材料称量分别为

$$m_{cf}=m_c\delta=(4.932+0.247)\times82.1=425(kg)$$
$$m_{wf}=m_w\delta=(2.220+0.111)\times82.1=191(kg)$$

$$m_{sf}=m_s\delta=6.92\times82.1=568(kg)$$
$$m_{gf}=m_g\delta=14.72\times82.1=1209(kg)$$

2）施工配合比

根据题意，将上述设计配合比换算为施工配合比，其中胶凝材料（m'_c）、水（m'_w）、砂（m'_s）、石（m'_g）的材料称量分别为

$$m_c=m_{cf}=425(kg)$$
$$m_s=m_{sf}(1+a\%)=568\times(1+4.5\%)=594(kg)$$
$$m_g=m_{gf}(1+b\%)=1209\times(1+1\%)=1221(kg)$$
$$m_w=m_{wf}-m_{sf}a\%-m_{gf}b\%=191-568\times4.5\%-1209\times1\%=153(kg)$$

【例3-4】承上题求得的混凝土试验室配合比，若掺入减水率为18%的高效减水剂，并保持混凝土坍落度和强度不变，实测混凝土表观密度ρ_h=2400kg/m³。求掺减水剂后混凝土的配合比。每立方米混凝土节约水泥多少千克?

【解析】

① 减水率为18%，则实际需水量为

$$m'_{wf} = m_{wf} - 18\% m_{wf} = 191 - 191 \times 18\% = 157(kg)$$

② 保持强度不变，即保持水胶比不变，则实际水泥用量为

$$m'_{bf} = \frac{m'_{wf}}{W/C} = \frac{157}{0.45} = 349(kg)$$

③ 掺减水剂后混凝土配合比如下。

a. 各材料的总用量为

$$G = 349 + 157 + 568 + 1209 = 2283(kg)$$

b. 每立方米混凝土中胶凝材料（M_{bf}）、水（M_{wf}）、砂（M_{sf}）、石（M_{gf}）的材料称量分别为

$$M_{bf} = \frac{m''_{bf}}{G} \times 2400 = \frac{349}{2283} \times 2400 = 367(kg)$$

$$M_{wf} = \frac{m''_{wf}}{G} \times 2400 = \frac{157}{2283} \times 2400 = 165(kg)$$

$$M_{sf} = \frac{m_{sf}}{G} \times 2400 = \frac{568}{2283} \times 2400 = 597(kg)$$

$$M_{gf} = \frac{m_{gf}}{G} \times 2400 = \frac{1209}{2283} \times 2400 = 1271(kg)$$

c. 每立方米混凝土节约水泥用量为

$$\Delta M = m_{cf} - M_{bf} = 425 - 367 = 58(kg)$$

三、任务实施

以《C30普通混凝土配合比计算书》为模板结合相关试验规程，完成试验手册3.3《C30水下混凝土配合比计算书》的编制，将其中涉及的配合比设计试验检测记录及报验表分别填写在试验手册附表3.3、3.4中。

C30普通混凝土配合比计算书

一、设计要求

① 强度等级为：C30普通。

② 设计坍落度为：120～160mm。

③ 使用部位：桥梁承台、系梁、墩柱、盖梁、台帽、护栏、搭板、锥坡、垫石挡块、耳背墙、肋板，箱涵，通道等。

二、设计依据

①《公路桥涵施工技术规范》（JTG/T 3650—2020）；

②《普通混凝土配合比设计规程》（JGJ 55—2011）；

③ 设计文件。

三、原材料的选择

① 水泥：某公司生产的 P·O42.5 级水泥，水泥密度取 ρ_{c0}=3100kg/m³。

② 粗集料：某矿业有限公司生产的碎石，ρ_{g0}=2747kg/m³；5～31.5mm 连续级配，其中 5～16mm 碎石占 40%，16～31.5mm 碎石占 60%。

③ 细集料：江西赣江砂，Ⅱ区中砂，ρ_s=2650kg/m³，细度模数 2.5。

④ 水：饮用水；水的密度取 ρ_w=1000kg/m³。

⑤ 外加剂：某公司 YD-PCA1 型缓凝高效剂，掺量为水泥用量的 0.8%，减水率为 17.0%。

四、混凝土配合比设计

① 混凝土试配强度：标准差 δ 取 5.0，设计强度为 $f_{cu,k}$=30MPa。

试配强度为 $f_{cu,0}=f_{cu,k}+1.645\delta=30+1.645\times5=38.2$（MPa）。

② 水胶比计算与选择：

查表和参照规范；回归系数 α_a=0.53，α_b=0.20，f_b=42.5×1.0＝42.5MPa。

则：

$$\frac{W}{C}=\frac{\alpha_a f_b}{f_{cu,0}+\alpha_a \alpha_b f_b}=\frac{0.53\times42.5}{38.2+0.53\times0.20\times42.5}=0.53$$

同时满足施工和耐久性指标，根据经验水胶比取 0.44。

③ 根据施工经验每立方米混凝土用水量取 200kg/m³，外加剂掺量为 0.8%，减水率 β 为 17.0% 用水量 $m_{w0}=m'_{w0}\times(1-\beta)=200\times(1-17.0\%)=166$(kg/m³)。

④ 基准胶材用量为：$m_{c0}=\dfrac{166}{0.44}=377$(kg/m³)，取 377kg/m³。

⑤ 外加剂用量：377×0.8%=3.02kg/m³。

⑥ 砂石用量：

砂率选为 40%，采用体积法计算：据以上：m_{c0}=377kg/m³，m_{w0}=166kg/m³，β_s=40% 由下式：

$$\frac{m_{s0}}{\rho_s}+\frac{m_{g0}}{\rho_g}+\frac{m_{c0}}{\rho_c}+\frac{m_{w0}}{\rho_w}-0.01\alpha=1$$

$$\frac{m_{s0}}{m_{s0}+m_{g0}}=\beta_s$$

其中 α=1（非引气混凝土），解得：砂用量为 m_{s0}=761kg/m³，石子用量为 m_{g0}=1141kg/m³。
试配结果为：基准配合比出机坍落度为 165mm，和易性及黏聚性良好，不离析，不泌水。

⑦ 以水胶比 0.44 为基准，配合比例为水泥：砂：碎石：水：外加剂为 377：761：1141：166：3.02，水胶比上下浮动 0.03，经计算确定 C30 混凝土配合比如表 3-14、表 3-15：

表3-14　试拌为 1m³ 用量

水胶比	砂率/%	水 /（kg/m³）	水泥 /（kg/m³）	砂 /（kg/m³）	碎石/（kg/m³）		外加剂 /（kg/m³）
					5～16mm	16～31.5mm	
0.41	39	166	405	732	458	687	3.24
0.44	40	166	377	761	445	696	3.02
0.47	41	166	353	788	465	669	2.83

表3-15　试拌为25L用量

水胶比	砂率/%	水/kg³	水泥/kg	砂/kg	碎石/kg		外加剂/（g/m³）
					5～16mm	16～31.5mm	
0.41	39	4.15	10.12	18.31	11.46	17.18	80.98
0.44	40	4.15	9.43	19.01	11.12	17.40	75.5
0.47	41	4.15	8.83	19.70	11.62	16.72	70.6

试配所测得表观密度及坍落度如表3-16所示。

表3-16　试配所测表观密度及坍落度

水胶比	计算表观密度/（kg/m³）	实测表观密度/（kg/m³）	设计坍落度/mm	实测初始坍落度/mm	30min后坍落度/mm	60min后坍落度/mm
0.41	2452	2450	140～180	170	155	145
0.44	2448	2450	140～180	165	160	150
0.47	2444	2440	140～180	150	135	125

实测值与计算值之差小于计算值的2%，材料用量不需要调整。

试配强度如表3-17所示。

表3-17　试配强度

水胶比	7d		28d	
	抗压强度/MPa	达到试配强度比例/%	抗压强度/MPa	达到试配强度比例/%
0.41	36.7	96.1	45.4	118
0.44	34.0	89.0	39.7	104
0.47	29.2	76.4	30.8	80.6

最终确定以W/C=0.44，水泥：砂：碎石：水：外加剂=377：761：1141：166：3.02 即：1：2.01：3.03：0.44：0.008为设计配合比。

分任务二　道路混凝土配合比计算书

一、任务情境

江苏某三级公路采用水泥混凝土路面，已知设计弯拉强度等级：4.0MPa；坍落度：30～50mm；各项原材料的规格为：

① 水泥：P·O42.5级普通硅酸盐水泥。

② 碎石：5～10mm：10～20mm：16～31.5mm=20：20：60（质量比）掺配成5～31.5mm连续级配碎石。

③ 砂：Ⅱ区中砂。

④ 水：饮用水。

⑤ 外加剂：NC-J高性能减水剂，掺量1.25%，减水率为36%。

查找《公路水泥混凝土路面施工技术细则》（JTG/T F30—2014）、《普通混凝土配合比设计规程》（JGJ 55—2011）两门试验规程，学习道路混凝土配合比的计算。

二、知识导入

道路混凝土主要指路面混凝土，根据《公路水泥混凝土路面施工技术细则》（JTG/T F30—2014）的定义，路面水泥混凝土必须满足混凝土路面摊铺工作性（和易性）、弯拉强度、耐久性与经济性要求。根据材料组成，路面水泥混凝土分为普通路面混凝土（也称素混凝土）、钢筋混凝土、预应力混凝土、钢纤维混凝土和碾压混凝土等。

由于路面混凝土直接承受车辆载荷的作用，其组成材料选择、配合比设计标准均应根据路面的交通等级确定。在《公路水泥混凝土路面设计规范》（JTG D40—2011）中，按设计基准期内设计车道临界荷位处所承受的设计轴载累计作用次数，将路面所承受的交通荷载作用分为5级，分级范围见表3-18。

表3-18　水泥混凝土路面的交通分级

交通等级	极重交通	特重交通	重交通	中等交通	轻交通
设计基准期内设计车道承受设计轴载（100kN）累计作用次数／×10^4	>1×10^6	2000～1×10^6	100～2000	3～100	<3

1. 路面普通混凝土组成材料的技术要求

（1）水泥品种与强度要求

水泥是路面混凝土的重要组成材料，直接影响混凝土的强度、前期干缩、温度变形和抗磨性。极重、特重、重交通等级的水泥混凝土路面，应优先采用旋窑道路硅酸盐水泥，可使用旋窑硅酸盐水泥或普通硅酸盐水泥。中、轻交通的路面，也可采用矿渣硅酸盐水泥。冬季施工、有快凝要求的路段可采用R型早强水泥，一般情况宜采用普通型水泥。《公路水泥混凝土路面施工技术细则》（JTG/T F30—2014）对各交通等级路面混凝土用水泥各龄期的强度要求见表3-19，水泥的化学成分、物理指标等品质要求还应符合表3-20和3-21的规定。

表3-19　各交通等级路面水泥各龄期的强度要求

交通等级	极重、特重、重交通		中等交通		轻交通	
水泥混凝土的弯拉强度标准值/MPa	≥5.0		≥4.5		≥4.0	
龄期/d	3	28	3	28	3	28
抗压强度/MPa	≥17.0	≥42.5	≥17.0	≥42.5	≥10.0	≥32.5
抗折强度/MPa	≥4.5	≥7.5	≥4.0	≥7.0	≥3.0	≥6.5

表3-20　各级交通路面用水泥的化学成分

水泥性能指标		交通等级	
		极重、特重、重交通路面	中、轻交通路面
化学成分	铝酸三钙含量/%	≤7.0	≤9.0
	铁铝酸四钙含量/%	15.0～20.0	12.0～20.0
	游离氧化钙含量/%	≤1.0	≤1.8

续表

水泥性能指标		交通等级	
		极重、特重、重交通路面	中、轻交通路面
化学成分	氧化镁含量/%	≤5.0	≤6.0
	三氧化硫含量/%	≤3.5	≤4.0
	碱含量（Na$_2$O+0.658K$_2$O）	≤0.6%	怀疑有碱活性集料时≤0.6%；无碱活性集料时≤1.0%
	混合材料种类	不得掺窑灰、煤矸石、火山灰、黏土和煤渣，有抗盐冻要求时，不得掺石灰岩粉	不得掺窑灰、煤矸石、火山灰和黏土，有盐冻要求时，不得掺石灰、石粉

表3-21　各级交通路面用水泥的物理指标

水泥性能指标		交通等级	
		极重、特重、重交通路面	中、轻交通路面
物理指标	安定性	雷氏夹和蒸煮法检验均必须合格	蒸煮法检验必须合格
	标准稠度用水量/%	≤28	≤30
	比表面积/（m^2/kg）	300～450	300～450
	细度（80μm筛余量）/%	≤10	≤10
	初凝时间/h	≥1.5	≥0.75
	终凝时间/h	≤10	≤10
	28d干缩率/%	≤0.09	≤0.10
	耐磨性/（kg/m^2）	≤2.5	≤3.0

（2）粉煤灰

在路面混凝土中，可以掺用技术指标不低于《用于水泥和混凝土中的粉煤灰》（GB/T 1596—2017）（表3-22）中Ⅱ级粉煤灰要求的粉状低钙粉煤灰，不得掺用高钙粉煤灰或Ⅲ级及Ⅲ级以下低钙粉煤灰。在湿粉煤灰中会有搅拌不开的粉煤灰小块，它与泥块和高度风化岩石集料一样，会严重影响混凝土强度，并使路面出现许多坑洞，影响道路行驶质量和路面耐久性。所以在路面混凝土中，不得使用湿排或潮湿粉煤灰，严禁使用已经结块的湿排干粉煤灰。

表3-22　混凝土用粉煤灰质量标准

粉煤灰等级	细度（45μm方孔筛筛余）/%	需水量比/%	烧失量/%	含水率%/	游离氧化钙含量/%		安定性（雷氏夹）
					F类粉煤灰	C类粉煤灰	C类粉煤灰
Ⅰ	≤12	≤95	≤5	≤1.0	≤1.0	≤V4.0	≤5.0
Ⅱ	≤25	≤105	≤8				
Ⅲ	≤45	≤115	≤15				

Ⅰ级粉煤灰的品位最高，一般都是经静电收尘器收集的，粒度较细，并富集有大量表面光滑的玻璃微珠体；Ⅱ级粉煤灰系大多数火力电厂的排除物，通常较粗，经加工磨细后方能达到要求的细度；Ⅲ级粉煤灰是指火力发电厂排出的原状统干灰或调湿灰，其颗粒较粗且未燃尽的碳粒较多。

（3）粗集料

① 质量要求。粗集料应使用质地坚硬、耐久、洁净的碎石、碎卵石。极重、特重、重交通载荷公路面层使用的粗集料技术等级不应低于Ⅱ级。中、轻交通载荷公路面层可使用Ⅲ级粗集料。

② 最大粒径与级配。为了提高路面混凝土弯拉强度，防止混凝土拌合物离析，减少对摊铺机的机械磨损，提高混凝土的抗冻性及耐磨性，集料的最大粒径不宜过大。路面混凝土用粗集料最大公称粒径的规定为：卵石19.0mm，碎卵石26.5mm，碎石31.5mm。在钢纤维混凝土和碾压混凝土中，粗集料最大公称粒径不宜大于19.0mm，贫混凝土基层粗集料最大公称粒径不应大于31.5mm。

为了保证施工质量，防止集料离析，路面混凝土中不得使用没有级配的统货粗集料。

（4）细集料品种与质量要求

① 细集料的品种和质量要求。细集料可采用质地坚硬、耐久、洁净的天然砂、机制砂。极重、特重、重交通载荷公路面层水泥混凝土应使用Ⅱ级以上的砂，中、轻交通载荷公路面层水泥混凝土可使用Ⅲ级天然砂。

特重和重交通混凝土路面宜使用河砂，砂的硅质含量不应低于25%。

机制砂是由机械破碎、筛分制成的粒径小于4.75mm的岩石颗粒，但不包括软质岩石、风化岩石的颗粒。机制砂不宜采用抗磨性较差的泥岩、页岩、板岩等水成岩类作为母岩。

淡化海砂是指经淡水或雨水冲洗或冲淋过的海砂或河口附近的海砂。在河砂资源紧缺的沿海地区，二级及二级以下公路素混凝土路面和贫混凝土基层可使用淡化海砂，钢筋混凝土及钢纤维混凝土路面和桥面不得使用淡化海砂。

② 细集料的级配和细度。水泥混凝土路面在通车运行1～2年后，水泥石将先于砂颗粒被磨损，暴露的凸起物便是砂颗粒，这些凸起的砂颗粒为路面提供足够的横向力系数和抗滑性能。当砂过细时，表面水泥浆磨损后，细砂所能提供的路面横向力系数和抗滑力较低，影响路面安全，所以路面混凝土用砂不宜过细。而当砂较粗时，将引起混凝土拌合物严重泌水、路表不平整等问题。所以路面普通混凝土和钢纤维混凝土用砂的细度模数宜在2.0～3.7。砂的细度模数变化对混凝土拌合物稠度影响较大，从而显著影响混凝土施工质量，所以同一配合比用砂的细度模数变化范围不宜过大，施工中应将细度模数变异范围超过0.3的、来源或产地不同的砂分别堆放，并按不同细度模数调整混凝土配合比中的砂率。

（5）外加剂

在路面混凝土中，外加剂的产品质量至少应达到一等品的要求，一般不允许使用不合格品。此外，在路面混凝土中，所使用的高效减水剂，其减水率应达到15%；引气减水剂的减水率应达到12%。在各交通等级路面、桥面混凝土中宜选用减水率大、坍落度损失小、可调控凝结时间的复合型减水剂。高温施工使用引气缓凝减水率大、坍落度损失小、可调控凝结时间的复合型减水剂。高温施工使用引气缓凝减水剂，低温施工使用引气早强减水剂。在确定外加剂品种之前，必须与所用水泥进行适应性检验。在有抗冰（盐）冻要求地区，各交通等级路面、桥面、路缘石、路肩及贫混凝土基层必须使用引气剂；在无抗冰（盐）冻要求地区，二级及二级以上公路路面混凝土中应使用引气剂。

（6）水

饮用水可以直接作为混凝土搅拌和养护用水，水中不得含有油污、泥及其他有害杂质。对水质有疑问时，应检验表3-23中的指标，合格者方可使用。

表3-23　路面混凝土用水的质量要求

指标	素混凝土	钢筋混凝土及钢纤维混凝土
pH值	≥4.5	≥5.0
硫酸盐含量（按SO_4^{2-}计）/（mg/L）	≤2700	≤2000
SI^-含量/（mg/L）	≤3500	≤1000
碱含量/（mg/L）	≤1500	≤1500
可溶物含量/（mg/L）	≤10000	≤5000
不溶物含量/（mg/L）	≤5000	≤2000

2. 路面普通混凝土配合比设计指标

（1）设计弯拉强度标准值

路面水泥混凝土的强度以28d龄期的弯拉强度控制，当混凝土浇筑90d内不开放交通时，可采用90d龄期的弯拉强度。混凝土弯拉强度标准值f_{cm}按其概率分布的0.85分位值确定。各级交通要求的路面混凝土设计弯拉强度f_{cm}应符合《公路水泥混凝土路面设计规范》（JTG D40—2011）的规定，见表3-24。

表3-24　水泥混凝土弯拉强度标准值

交通等级	极重	特重[①]	重	中等	轻
设计弯拉强度f_{cm}/MPa	5.0	5.0	5.0	4.5	4.0

① 在特重交通的特殊路段，通过论证，可使用设计弯拉强度5.5MPa。

（2）施工和易性

路面混凝土拌合物在施工拌和、运输、浇筑和抹面等过程中不分层、不离析、不泌水，能均匀密实填充在结构物模板内，即具有良好的施工和易性，符合施工要求。

滑模摊铺前拌合物最佳工作性及允许范围见表3-25。

表3-25　混凝土路面滑模摊铺前拌合物最佳工作性及允许范围（JTG/T F30—2014）

界限	指标		
	坍落度S_l/mm		振动黏度系数η/（N·s/m²）
	卵石混凝土	碎石混凝土	
最佳工作性	20～40	25～50	200～500
允许被动范围	5～55	10～65	100～600

1. 滑模摊铺机适宜的摊铺速度应控制在0.5～2.0m/min。

2. 本表适用于设超铺角的滑模摊铺机；对不设超铺角的滑模摊铺机，最佳振动黏度系数为250～600N·s/m²，最佳坍落度：卵石为10～40mm；碎石为10～30mm。

3. 滑模摊铺时的最大单位用水量：卵石混凝土不宜大于155kg/m³，碎石混凝土不宜大于160kg/m³。

轨道摊铺机、三辊轴机组、小型机具摊铺的路面混凝土坍落度及最大单位用水量应满足表3-26的规定。

表3-26　不同路面施工方式混凝土坍落度及最大单位用水量（JTG/T F30—2014）

摊铺方式	轨道摊铺机摊铺		三辊轴机组摊铺		小型机具摊铺	
出机坍落度/mm	40～60		30～50		10～40	
摊铺坍落度/mm	20～40		10～30		0～20	
最大单位用水量/（kg/m³）	碎石156	卵石153	碎石153	卵石148	碎石150	卵石145

注：1. 表中的最大单位用水量系采用中砂、粗细集料为风干状态的取值，采用细砂时，应使用减水率较的（高效）减水剂。
　　2. 使用碎卵石时，最大单位用水量可取碎石与卵石中值。

（3）耐久性

路面混凝土的使用环境可分为无抗冻性、有抗冻性和有抗盐冻性要求三种。为了提高混凝土的抗冻性，在不同环境条件下使用的路面混凝土中的含气量应控制在表3-27推荐的范围内。当含气量不符合要求时，应使用引气剂。在确定严寒和寒冷地区路面混凝土配合比前，应检验所配制混凝土的抗冻性。严寒地区混凝土抗冻性强度等级不宜小于D_{250}，寒冷地区不宜小于D_{200}。

表3-27　路面混凝土适宜含气量及允许偏差

集料公称最大粒径/mm	无抗冻性要求/%	有抗冻性要求/%	有抗盐冻要求/%
19.0	4.0±1.0	5.0±0.5	6.0±0.5
26.5	3.5±1.0	4.5±0.5	5.5±0.5
31.5	3.5±1.0	4.0±0.5	5.0±0.5

此外，路面混凝土的最大水灰比或水胶比以及最小水泥用量应符合表3-28的规定。

表3-28　混凝土满足耐久性要求的最大水灰（胶）比和最小水泥用量

公路技术等级			高速公路、一级公路	二级公路	三、四级公路
最大水灰比（或水胶比）①	无抗冻性要求		0.44	0.46	0.48
	有抗冻性要求		0.42	0.44	0.46
	有抗盐冻性要求		0.40	0.42	0.44
最小单位水泥用量（不掺粉煤灰时）/（kg/m³）	无抗冻性要求	42.5级水泥	300	300	290
		32.5级水泥	310	310	305
	有抗冰（盐）冻要求	42.5级水泥	320	320	315
		32.5级水泥	330	330	325
最小单位水泥用量（掺粉煤灰时）/（kg/m³）	无抗冻性要求	42.5级水泥	260	260	255
		32.5级水泥	280	270	265
	有抗冰（盐）冻要求	42.5级水泥	280	270	265

注：①计算水（胶）比时，砂石材料以饱和面干状态为准。

3. 路面普通水泥混凝土配合比设计步骤

路面普通混凝土配合比设计适用于滑模摊铺机、三辊轴机组及小型机具三种施工方式，也包括掺用外加剂的路面混凝土、掺用粉煤灰的路面混凝土、全部缩缝插传力杆的路面混凝土、配筋混凝土路面、桥面和桥头搭板等的混凝土配合比设计。各级公路面层水泥混凝土配合比设计宜采用正交试验法进行配合比优选，二级及二级以下公路可采用经验公式法。

（1）配制弯拉强度 f_c

路面混凝土强度变异性一部分来自试验室的试验误差，另一部分来自混凝土组成的变异和施工质量控制与管理的变异。在进行配合比设计时，应考虑这两部分因素对混凝土强度的影响，因此路面普通混凝土的配制弯拉强度均值 f_c 按式（3-33）计算。

$$f_c = \frac{f_r}{1-0.4C_v} + ts \tag{3-33}$$

式中　f_r——混凝土的设计弯拉强度标准值，MPa；

　　　s——混凝土弯拉强度试验样本的标准差；

　　　t——保证率系数，按样本数 n 和判别概率 p 参照表3-29确定；

　　　C_v——混凝土弯拉强度变异系数，应按统计数据取值，小于0.05时取0.05；无统计数据时，可在表3-30的规定范围内取值，其中高速公路、一级公路变异水平应为低，二级公路变异水平应不低于中。

表3-29　保证率系数 t

公路等级	判别概率 p	样本数 n			
		6 ~ 8	9 ~ 14	15 ~ 19	≥20
高速公路	0.05	0.79	0.61	0.45	0.39
一级公路	0.10	0.59	0.46	0.35	0.30
二级公路	0.15	0.46	0.37	0.28	0.24
三、四级公路	0.20	0.37	0.29	0.22	0.19

表3-30　公路混凝土路面弯拉强度变异系数

变异水平等级	低	中	高
变异系数允许范围	0.05 ~ 0.10	0.10 ~ 0.15	0.15 ~ 0.20

（2）正交试验法

正交试验法是以影响混凝土性能（如强度、施工和易性、耐久性）的主要可变因素（如水灰比、砂率、水泥用量等）进行交叉试验，得到不同的混凝土性能，并绘制出参数图表，从而确定出最佳水灰比、最佳砂率、最佳水泥用量等，进而得到混合料的目标配合比。其步骤包括：

① 正交试验方案设计。首先确定试验可变因素，试验可变因素应根据混凝土的性能要求和材料变化情况按经验确定。水泥混凝土可选水泥用量、用水量、砂率或粗集料填充体积率三个因素；掺粉煤灰的混凝土可选用水量、基准胶材总量、粉煤灰掺量、粗集料填充体积率四个因素。每个因素至少应选定三个水平，并宜选用 $L_9(3^4)$ 正交表安排试验方案。

② 混凝土性能试验。根据正交试验方案，得出每个配合比方案中各种组成材料的用量，对各个配合比的混凝土进行相关的试验。主要考核指标包括坍落度、弯拉强度、磨损量等。有抗冰冻、抗盐冻要求的地区，还应包括抗冻等级、抗盐冻性。

③ 试验结果的直观分析及回归分析。对正交试验结果进行直观及回归分析，考查各个因素对考核指标的影响程度及其规律。对试验数据进行回归分析，建立主要影响因素与坍落度、强度

等考核指标的关系式。

④ 目标配合比确定。依据回归分析结果，满足混凝土各项性能指标的正交配合比，可确定为目标配合比。

（3）经验公式法

二级及二级以下公路可采用经验公式法，其步骤如下。

① 按照混凝土弯拉强度计算水灰比。不同粗集料类型混凝土的水灰比 W/C 按经验公式（3-34）、式（3-35）计算。

碎石（或破碎卵石混凝土）：

$$\frac{W}{C} = \frac{1.5684}{f_c + 1.0097 - 0.3595 f_s} \tag{3-34}$$

卵石混凝土：

$$\frac{W}{C} = \frac{1.2618}{f_c + 1.5492 - 0.4709 f_s} \tag{3-35}$$

式中 f_c——混凝土配制弯拉强度，MPa；

f_s——水泥28d实测抗折强度，MPa。

② 水胶比 $W/(C+F)$ 的计算。水胶比中的"水胶"是指水泥与掺和料（如粉煤灰、硅灰、矿渣粉等）质量之和，如使用掺和料时，应计入超量取代法中代替水泥的那一部分掺和料用量 F，代替砂的超量部分不计入，此时，水灰比 W/C 用水胶比 $W/(C+F)$ 代替。

③ 选取砂率 β_s。根据砂的细度模数和粗集料品种，查表3-31选取砂率 β_s。碎卵石可在碎石和卵石混凝土之间内插取值。相同细度模数时，机制砂的砂率应偏低限取用。

表3-31 砂的细度模数与最优砂率关系

砂细度模数		2.2 ~ 2.5	2.5 ~ 2.8	2.8 ~ 3.1	3.1 ~ 3.4	3.4 ~ 3.7
砂率β_s/%	碎石混凝土	30 ~ 34	32 ~ 36	34 ~ 38	36 ~ 40	38 ~ 42
	卵石混凝土	28 ~ 32	30 ~ 34	32 ~ 36	34 ~ 38	36 ~ 40

④ 单位用水量 m_{w0}。

a. 不掺外加剂和掺和料时，单位用水量的计算。单位用水量根据选定坍落度、粗集料品种、砂率及水灰比，按照经验公式（3-36）、式（3-37）计算。

碎石：

$$m_{w0} = 104.97 + 0.309 \mathrm{SL} + 11.27(C/W) + 0.61 \beta_s \tag{3-36}$$

卵石：

$$m_{w0} = 86.89 + 0.370 \mathrm{SL} + 11.24(C/W) + 1.00 \beta_s \tag{3-37}$$

式中 SL——坍落度，mm；

β_s——砂率，%；

C/W——灰水比。

b. 掺外加剂的混凝土单位用水量。掺外加剂混凝土的单位用水量可按式（3-38）计算。

$$m_{w,ad} = m_{w0}(1 - \beta_{ad}) \tag{3-38}$$

式中　$m_{w,ad}$——掺外加剂时混凝土的单位用水量，kg/m^3；

　　　m_{w0}——未掺外加剂时混凝土的单位用水量，kg/m^3；

　　　β_{ad}——外加剂减水率的实测值，以小数计。

计算单位用水量大于表3-26最大用水量的规定时，应通过采用减水率更高的外加剂降低单位用水量。

⑤ 单位水泥用量 m_{c0} 的确定。单位水泥用量 m_{c0} 按照式（3-39）计算，计算结果小于表3-28规定值时，应取表3-28的规定值。

$$m_{c0}=m_{w0}(C/W) \tag{3-39}$$

式中　m_{w0}——单位用水量，kg/m^3；

　　　C/W——混凝土的灰水比。

⑥ 单位粉煤灰。路面混凝土中掺用粉煤灰时，其配合比应按照超量取代法进行，当粉煤灰等级为Ⅰ级时，超量系数取1.1～1.4；Ⅱ级时，超量系数取1.3～1.7；Ⅲ级时，超量系数取1.5～2.0。取代水泥的部分应扣除等量水泥量，超量部分应代替砂，并折减用砂量。代替水泥的粉煤灰掺量：Ⅰ型硅酸盐水泥小于或等于30%；Ⅱ型硅酸盐水泥小于或等于25%；路面水泥小于或等于20%；矿渣水泥不得掺粉煤灰。

⑦ 砂石材料用量 m_{s0} 和 m_{g0}。一般路面混凝土中的砂石材料用量的计算采用体积法或质量法，将上述计算确定的单位水泥用量 m_{c0}、单位用水量 m_{w0} 和砂率 β_s 代入下面方程组，联立求解即可确定砂石材料用量 m_{s0} 和 m_{g0}。

$$\begin{cases} \dfrac{m_{c0}}{\rho_c}+\dfrac{m_{g0}}{\rho_g}+\dfrac{m_{s0}}{\rho_s}+\dfrac{m_{w0}}{\rho_w}+0.01a=1 \\ \beta_s=\dfrac{m_{s0}}{m_{s0}+m_{g0}}\times100\% \end{cases} \tag{3-40}$$

式中　m_{c0}——混凝土中的单位水泥用量，kg/m^3；

　　　m_{g0}——混凝土中的单位粗集料用量，kg/m^3；

　　　m_{s0}——混凝土中的单位细集料用量，kg/m^3；

　　　m_{w0}——混凝土中的单位用水量，kg/m^3；

　　　β_s——砂率，%；

　　　ρ_c——水泥密度，kg/m^3；

　　　ρ_g——粗集料的表观密度，kg/m^3；

　　　ρ_s——细集料的表观密度，kg/m^3；

　　　ρ_w——水的密度，kg/m^3，可取 $1000kg/m^3$；

　　　a——混凝土的含气量，在不使用引气型外加剂时，a 可取为1。

$$\begin{cases} m_{c0}+m_{g0}+m_{s0}+m_{w0}=m_{cp} \\ \beta_s=\dfrac{m_{s0}}{m_{s0}+m_{g0}}\times100\% \end{cases} \tag{3-41}$$

式中　m_{cp}——混凝土拌合物的假定表观密度，范围为 $2350\sim2450kg/m^3$。

经计算得到的配合比应验算粗集料单位体积填充率，且不宜小于70%。

混凝土的初步配合比确定后，应对该配合比进行试配、调整，确定其设计配合比，有关方法与普通混凝土配合比设计方法基本相同，此处不再赘述。

三、任务实施

根据知识导入内容，学习《江苏某公路路面混凝土配合比设计计算书》的编制方法。

江苏某公路路面混凝土配合比设计计算书

一、设计依据

①《普通混凝土配合比设计规程》（JGJ 55—2000）

②《公路水泥混凝土路面施工技术细则》（JTG/T F30—2014）

③《普通混凝土配合比设计规程》（JGJ 55—2011）

二、使用部位及技术要求

① 使用部位：被交路面。

② 技术要求：设计弯拉强度等级：4.0MPa；坍落度：30～50mm。

三、原材料说明

① 水泥：海螺水泥厂，P·O42.5级普通硅酸盐水泥。

② 碎石：某石材厂生产的5～10mm ： 10～20mm ： 16～31.5mm=20 ： 20 ： 60（质量比）掺配成5～31.5mm连续级配碎石。

③ 砂：岐山砂厂生产中砂。

④ 水：饮用水。

⑤ 外加剂：江苏某外加剂厂，NC-J高性能减水剂，掺量1.25%，减水率为36%。

四、配合比设计计算过程

1. 计算试配强度

$$f_c = \frac{f_r}{1-0.4C_v} + ts = \frac{4.0}{1-0.4\times0.1} + 1.36\times0.4 = 4.71\text{MPa}$$

2. 计算水灰比

$$\frac{W}{C} = \frac{1.5684}{f_c+1.0097-0.3595f_s} = \frac{1.5684}{4.71+1.0097-0.3595\times7.8} = 0.54$$

根据图纸设计最大水灰比为0.45，最小水泥用量为320kg/m³，结合施工经验采取降低水灰比，取0.35水灰比作为初步水灰比。

3. 选取砂率

根据砂的细度模数和粗集料为碎石，查表取值为β_s为38%。

4. 计算用水量

$$m_{w0} = 104.97 + 0.309\text{SL} + 11.27(C/W) + 0.61\beta_s$$
$$= 104.97 + 0.309\times50 + 11.27\times(1/0.35) + 0.61\times38 = 176(\text{kg})$$

掺高效减水剂，减水率为37%，则

$$m_{w0} = 176\times(1-37\%) = 111(\text{kg})$$

根据经验取用水量136kg。

5. 水泥用量的确定

已知用水量为136kg，水灰比为0.35。因此

$$m_{c0} = m_{w0}(C/W) = 136/0.35 = 389(\text{kg})$$

6. 砂石材料用量计算

假设混凝土密度为2400kg/m³，选取混凝土砂率为38%，

$$\begin{cases} m_{c0} + m_{g0} + m_{s0} + m_{w0} = 2400 \\ \dfrac{m_{s0}}{m_{s0} + m_{g0}} \times 100\% = 38\% \end{cases}$$

得到m_{c0}=389kg，m_{g0}=1162kg，m_{s0}=713kg，m_{w0}=136kg。

因此每立方米混凝土基准配合比为水泥：砂：碎石：水：外加剂=389：713：1162：136：4.86。相对用量比为1：1.833：2.981：0.35：0.012。

五、混凝土配合比的适配与调整

① 根据基准配合比来计算试拌材料用量并进行试拌，测得试配混凝土工作性如表3-32：

表3-32　混凝土工作性

水灰比	坍落度/mm	棍度	含砂情况	黏聚性	保水性	理论密度/kg/m³	实测密度/kg/m³	密度差/%
0.35	45	上	多	良好	良好	2400	2410	0.4

试配混凝土坍落度、棍度、含砂情况、黏聚性、保水性等性能符合设计要求，试配混凝土表观密度实测值与理论密度之差绝对值小于2%，符合规范要求。

② 依据《普通混凝土配合比设计规程》（JGJ 55—2011）中混凝土强度试验应采用三个不同的水灰比的要求，另外两个配合比采用用水量不变，水灰比较基准配合比分别增加和减少0.01，砂率分别增加和减少1%，则不同水灰比分别采用砂率为：0.36水灰比取砂率39%；0.35水灰比取砂率38%；0.34水灰比取砂率37%。

根据不同砂率，计算每立方米混凝土材料用量如表3-33所示。

表3-33　每立方米混凝土材料用量

水胶比	水泥/kg	砂/kg	石料/kg	水/kg	外加剂/kg
0.36	378	736	1150	136	4.725
0.35	389	713	1162	136	4.860
0.34	400	690	1174	136	5.000

③ 根据三个不同水灰比计算出的配合比来计算试拌材料用量进行试拌，并测得不同水灰比试配混凝土工作性如表3-34所示。

表3-34　不同水灰比试配混凝土工作性

水灰比	坍落度/mm	棍度	含砂情况	黏聚性	保水性	理论密度/kg/m³	实测密度/kg/m³	密度差/%
0.36	50	上	多	良好	良好	2400	2390	0.4
0.35	45	上	多	良好	良好	2400	2410	0.4
0.34	40	上	多	良好	良好	2400	2415	0.6

试配混凝土坍落度、棍度、含砂情况、黏聚性、保水性等性能符合设计要求，试配混凝土表观密度实测值与理论密度之差绝对值小于2%，符合规范要求。

④ 根据试配的三个不同水灰比混凝土测得的坍落度进行坍落度损失试验，并测得不同水灰比混凝土不同时间坍落度损失如表3-35所示。

表3-35　不同水灰比坍落度损失

水灰比	坍落度/mm	
	初始值	60min
0.36	50	45
0.35	45	35
0.34	40	30

⑤ 根据实际需要制作立方体试件，7d一组，28d一组进行标准养护［温度（20±2）℃、湿度大于95%］。试配混凝土试件标准养护7d弯拉强度如表3-36所示。

表3-36　混凝土试件标准养护7d弯拉强度

水灰比	破坏荷载/kN			弯拉强度/MPa
0.36	42.07	42.89	44.03	5.73
0.35	47.24	45.19	47.82	6.24
0.34	52.13	50.01	51.93	6.85

试配混凝土试件标准养护28d弯拉强度如表3-37所示。

表3-37　混凝土试件标准养护28d弯拉强度

水灰比	破坏荷载/kN			弯拉强度/MPa
0.36	54.68	54.97	53.86	7.27
0.35	57.20	63.42	60.17	8.04
0.34	63.60	66.00	60.58	8.45

六、试验室配合比的确定：

根据试配结果、结合设计原则，并考虑实际施工情况，决定采用$W/C=0.35$的配合比作为本合同被交路面用弯拉强度为4.0MPa混凝土试验室配合比，即

水泥：砂：碎石：水：外加剂=389 ： 713 ： 1162 ： 136 ： 4.860；

相对用量比为1 ： 1.833 ： 2.987 ： 0.350 ： 0.012。

项目四

检测无机结合料的技术性能

无机结合料稳定材料是指在各种粉碎或原来松散的土、矿质碎（砾）石、工业废渣中，掺入一定数量的无机结合料（如水泥、石灰等）及水，经拌和得到的混合料。该类混合料经摊铺、压实及养护后，可形成具有一定强度、稳定性的板体结构，当其抗压强度和使用性能符合设计要求时，可以用作道路路面结构的基层、底基层或垫层。自20世纪80年代起，无机结合料稳定材料被广泛用于铺筑我国高等级道路路面，并由早期的石灰稳定材料发展至如今大规模使用的水泥稳定碎石、水泥粉煤灰稳定碎石等。

无机结合料稳定材料的特点是：整体性强、承载能力大、强度和刚度介于刚性水泥混凝土和柔性粒料之间，且强度和刚度有随时间增长的特征，因此亦称之为半刚性材料。然而该类材料的耐久性较差、平整度低、容易产生干缩裂缝、起尘等。

水泥稳定碎石基层：检测原材料（水泥、碎石、砂或者粗石粉等的性能），合格后进行集料筛分定出掺配比例，预定几个水泥用量（不宜大于6%）进行标准击实，按照基层要求的最小压实标准进行各水泥剂量无侧限试件制作，7d后根据强度结果定出哪个剂量的水稳碎石满足要求，还需做出各个水泥剂量的工作曲线以备施工检测水泥剂量是否满足要求，拌和、摊铺、碾压，检测压实度。有弯沉要求的最少在7d后检测。

任务 一
设计水泥稳定类混合料的配合比并检测工程适用性

一、任务情境

某一级公路重交通道路沥青路面底基层的水泥稳定碎石，采用32.5级普通硅酸盐水泥，凝结时间4～6h；碎石采用压碎值不大于30%，液限小于28，塑性指数小于9的碎石。试算目标配合比设计。确定水泥稳定碎石混合料的水泥剂量、最大干密度及最佳含水率。

二、知识导入

1. 无机结合料稳定材料分类

（1）按被稳定材料的公称最大粒径分类

根据被稳定材料（土、碎石、砾石或砂粒料，不指土块或土团）的公称最大粒径，无机结合料稳定材料可分为细粒材料、中粒材料及粗粒材料。

细粒材料是指公称最大粒径小于16mm的材料，中粒材料是指公称最大粒径大于或等于16mm，且小于26.5mm的材料，粗粒材料是指公称最大粒径大于或等于26.5mm的材料。

（2）按稳定材料的组成结构分类

以无机结合料稳定细粒材料得到的稳定材料称为均匀密实型混合料，该类稳定材料的建筑费用较低，可用作二级及二级以下公路路面的基层或底基层，不宜用作高速公路和一级公路的基层。

以无机结合料稳定中粒材料或粗粒材料得到的稳定材料，视压实混合料中粗集料颗粒间空隙体积与起填充作用的细集料体积之间的关系，将稳定类材料分为悬浮密实型结构、骨架密实型结构及骨架空隙型结构。

① 悬浮密实型结构。悬浮密实型是指压实混合料中细集料体积大于粗集料所形成的空隙体积，即粗集料在压实混合料中处于"悬浮"状态。该类混合料中的粗集料含量一般在50%左右，压实混合料的抗弯拉性能较好，适用于各等级公路的基层和底基层。

② 骨架密实型。骨架密实型是指压实混合料中细集料体积"临界"于粗集料所形成的空隙体积，粗集料在压实混合料中有一定的"骨架"作用。该类混合料中的粗集料含量一般在80%以上，压实混合料的嵌挤强度较高，抗裂性、抗冲刷性较好，宜用于高速公路和一级公路的基层。

③ 骨架空隙型。骨架空隙型是指压实混合料中细集料体积小于粗集料所形成的空隙体积，在压实混合料中形成"骨架"的粗集料颗粒之间存在一定的空隙。与骨架密实型稳定材料相比，该类型的混合料具有较高的空隙率，适用于有较高路面内部排水要求的基层。

（3）按结合料品种分类

按照所用结合料品种，无机结合料稳定材料可分为：水泥稳定材料、石灰稳定材料、综合稳定材料、工业废渣稳定材料等。

① 水泥稳定材料。水泥稳定材料是指在松散的土、砂砾或其他集料中加入适量水泥和水经拌和均匀后的混合物。将此混合物经摊铺、碾压和养生后，可作为路面的基层或底基层。包括水泥稳定级配碎石、水泥稳定级配砾石、水泥稳定石屑、水泥稳定土和水泥稳定砂等。

② 石灰稳定材料。石灰稳定材料是指在松散状的土中或土与其他集料的混合物中加入适量消石灰和水，经拌和均匀后的混合物。采用石灰稳定细粒土（如黏土或粉土）得到的混合料简称为石灰土。采用石灰土稳定碎石或砾石得到的混合料简称为石灰碎石土、石灰砾石土。

③ 综合稳定材料。综合稳定材料是指以两种以上材料为结合料，通过加水与被稳定材料共同拌和形成的混合料。主要类型有石灰粉煤灰稳定材料、水泥石灰稳定材料及水泥粉煤灰稳定材料等。

当采用水泥、石灰综合稳定，水泥质量占结合料总质量不小于30%时，应按水泥稳定材料的技术要求进行设计，水泥和石灰的比例宜取60：40、50：50或40：60；水泥质量占结合料总质量小于30%时，应按石灰稳定材料进行设计。

④ 工业废渣稳定材料。工业废渣稳定材料是指以水泥或石灰为结合料，以煤渣、钢渣、矿渣等工业废料为主要被稳定材料，通过加水拌和形成的混合料，如水泥粉煤灰稳定钢渣混合料、石灰粉煤灰稳定钢渣混合料等。在这类工业废渣中均含有较多的活性氧化硅和活性氧化铝，这些化合物可与饱和的氢氧化钙溶液发生火山灰反应，生成的化合物具有水硬性特征。

2. 无机结合料稳定材料的技术性能

在道路工程路面结构中，基层是位于沥青面层或水泥混凝土面板下的结构层，主要承受面层传来的车轮荷载的垂直压力作用，并将其向下面的结构层扩散，同时起到调节和改善路基路面水温状况的作用，并为施工提供稳定而坚实的工作面。为此，用于基层或底基层的稳定类材料应具有足够的强度和稳定性，在冰冻地区应具有一定的抗冻性，同时应具有较小的收缩（温缩及干缩）变形以及较强的抗冲刷能力。对无机结合料稳定材料技术性质的要求主要包括强度、抗疲劳开裂性、收缩特性和抗冲刷性等。

（1）强度

无机结合料稳定材料的强度指标有无侧限抗压强度、弯拉强度等，前者用于无机结合料稳定材料的配合比设计，后者用于无机结合料稳定类基层结构的疲劳开裂验算。按照《公路路面基层施工技术细则》（JTG/T F20—2015）中的规定，无机结合料稳定材料的7d龄期无侧限抗压强度标准 R_d 应符合表4-1中的要求。

表4-1　无机结合料稳定材料的7d龄期无侧限抗压强度标准 R_d　　单位：MPa

混合料类型	交通载荷等级	高速公路和一级公路		二级及二级以下公路	
		基层	底基层	基层	底基层
水泥稳定材料	极重、特重交通	5.0 ～ 7.0	3.0 ～ 5.0	4.0 ～ 6.0	2.5 ～ 4.5
	重交通	4.0 ～ 6.0	2.5 ～ 4.5	3.0 ～ 5.0	2.0 ～ 4.0
	中、轻交通	3.0 ～ 5.0	2.0 ～ 4.0	2.0 ～ 4.0	1.0 ～ 3.0
水泥粉煤灰稳定材料	极重、特重交通	4.0 ～ 5.0	2.5 ～ 3.5	3.5 ～ 4.5	2.0 ～ 3.0
	重交通	3.5 ～ 4.5	2.0 ～ 3.0	3.0 ～ 4.0	1.5 ～ 2.5
	中、轻交通	3.0 ～ 4.0	1.5 ～ 2.5	2.5 ～ 3.5	1.0 ～ 2.0
石灰粉煤灰稳定材料	极重、特重交通	≥1.1	≥0.8	≥0.9	≥0.7
	重交通	≥1.0	≥0.7	≥0.8	≥0.6
	中、轻交通	≥0.9	≥0.6	≥0.7	≥0.5
石灰稳定材料	—	—	≥0.8	≥0.8	0.5 ～ 0.7

（2）抗疲劳开裂性

在车轮荷载的反复作用下，路面基层结构层层底多处处于反复受拉的状态，可能会在结构应力远小于无机结合料稳定材料弯拉强度的情况下出现裂缝或发生断裂破坏。为此，在我国现行《公路沥青路面设计规范》（JTG D50—2017）中规定，应根据路面结构应力分析结果，验算无机结合料稳定层（基层或垫层）的疲劳开裂寿命，结构层的疲劳开裂寿命应大于设计使用年限，设计车道的当量设计轴载累计作用次数。

（3）收缩特性

无机结合料稳定材料的收缩主要表现为因温度变化而造成的温缩、因含水率变化而造成的干缩。当收缩量达到一定程度时，会在结构中出现收缩裂缝。如果将这类材料用于道路的基层结构，而上面的沥青面层较薄，在温度变化与车辆荷载的综合作用下。基层结构中裂缝会扩展至面层，形成反射裂缝，易致路面结构的损坏。

描述材料干缩特性的主要指标有：失水率、干缩应变及干缩系数等。失水率表征试件失水量，干缩应变表征试件失水收缩产生的变形量，干缩系数表征干缩应变对失水率的敏感性。干缩系数越大，表明干缩应变对失水率越敏感。描述材料温缩特性的主要指标有温缩应变和温缩系数。温缩应变表征试件在温度降低过程中的变形量，温缩系数表征温缩应变对降温幅度的敏感性。温缩系数越大，表明材料对降温越敏感。

稳定类材料的收缩特性受到被稳定材料类型、结合料类型与剂量、含水率、养护条件等因素的影响。

（4）抗冲刷性

抗冲刷性通常是指在动水压力的作用下材料抵抗水流冲击所表现出的性能，是稳定类材料重要的使用性能之一。在半刚性基层沥青路中，路表水会通过面层的缝隙、边缘等部位向下渗入，若不能及时排出，水分将滞留于基层与面层的结合处。在行车荷载尤其是在重载车辆作用下，这些水分会产生相当大的水压力，对基层表面产生冲刷作用，致使稳定类材料中的细料剥落，在基层与面层之间形成细料浆。在行车荷载的重复作用下，细料浆将会不断增多，并逐渐被行车荷载由面层的裂缝中唧出，形成唧泥现象。当面层裂缝是基层的反射裂缝时，由于面层裂缝与基层裂缝相互贯通，路表水将进入基层内部，对基层内部的稳定类材料产生冲刷作用，唧泥情况将更为严重。基层一旦受到冲刷，将导致面层与基层之间形成脱空状态，这将加剧路面的损坏。

因此，稳定类基层材料不仅应满足强度要求，还应检验其抗冲刷性能。稳定类材料的抗冲刷性常用抗冲刷试验进行评价。现行规范方法是将标准试件养生至指定龄期（水泥稳定类材料为28d，石灰粉煤灰稳定类材料为90d），以冲击力峰值0.5MPa，冲刷频率10Hz，在冲刷桶中进行冲刷，以30min时的累计冲刷质量或冲刷质量损失表征稳定类材料的抗冲刷性能。

3. 水泥稳定材料的性质

水泥能够稳定的材料范围很广，除有机质或硫酸盐含量较高的土以外，各种砂砾土、砂土、粉土和黏土以及天然砂砾、碎石均可用水泥稳定。其中用水泥稳定砂性土、粉性土、黏性土以及其他细粒土得到的混合料简称为水泥土；水泥稳定级配碎石或未筛分的碎石简称为水泥碎石；水泥稳定天然砂砾简称为水泥砂砾。

（1）水泥稳定类混合料的强度

① 强度形成机理。水泥稳定材料的强度主要取决于水泥水化硬化离子交换反应和火山灰反应过程。水泥颗粒分散于土中，经水化反应以及火山灰反应生成的水化硅酸钙等系列水化物，在土粒的孔隙中形成骨架，使水泥土硬化。此外，水泥水化产物氢氧化钙溶液中的钙离子与土中的钠、钾离子进行吸附交换，降低了黏性土的亲水性和塑性，使分散土粒形成较大的土团。在氢氧化钙强烈的吸附作用下，使这些较大的土团进一步结合起来形成水泥土的链条结构，并封闭土团之间的孔隙，形成稳定的结构。这个过程与水泥混凝土强度形成的机理相同。

② 材料组成对强度的影响。影响水泥稳定类混合料强度的主要因素有水泥剂量、土质、集料颗粒组成等。

水泥稳定类的强度会随水泥剂量的增加而增长，但过高的水泥用量在提高水泥稳定类混合料强度的同时，可能会导致使用过程中收缩量的增加，且在经济上不合理。水泥稳定材料强度增长规律见图4-1。

除有机质或硫酸盐含量较高的土以外，各种砂类土、砾类土、粉土和黏土均可用水泥稳定，但是稳定效果不同。其中以稳定粉土质黏土的强度最高，而稳定重黏土的强度最低。由于黏性土的分散度极高，它能强烈地与水泥的水化物发生各种反应，从而破坏水泥正常水化与硬化条件，致使水泥不能充分发挥自身应有的作用，需要较多的水泥进行稳定而使得经济不合理，所以塑性较大的重黏土不宜用水泥稳定。水泥稳定不同土质得到的稳定材料的强度情况见图4-2。

因此，为了改善水泥在黏性土中的硬化条件，提高稳定效果，可以在水泥土中掺加少量添加剂。石灰是水泥稳定类材料中最常用的添加剂之一。在用水泥稳定之前，先掺入少量石灰，使之与土粒进行离子交换和化学反应，为水泥在土中的水化和硬化创造良好的条件，从而加速水泥的硬化，并减少水泥用量。

改善集料级配和加工技术可以明显增加水泥稳定材料的强度。试验研究和工程实践表明，采用骨架密实型的集料级配可以最大限度提高水泥稳定碎石的强度，并减少水泥用量。对于级配不良的天然砂砾，要用6%～8%的水泥稳定，才能达到规定的强度。而添加部分细料使混合料达到最佳级配后，只要掺加3%～5%的水泥即可达到规定的强度。在相同的水泥剂量下，水泥稳定最佳级配砂砾的强度比水泥稳定天然砂砾的强度高50%～100%。

水泥稳定材料的压实密度对其强度和抗变形能力影响较大，而压实密度与成型时的含水率和压实度有关。在压实度一定时，稳定类材料存在着最佳含水率，在此含水率时进行压实可以获得较为经济的压实效果，

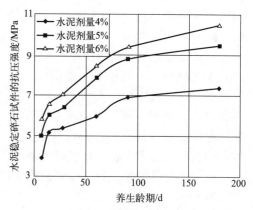

图4-1　水泥稳定碎石抗压强度与养生龄期、水泥剂量的关系曲线

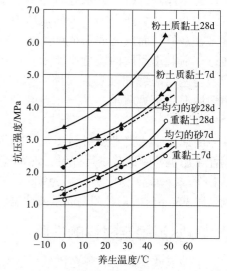

图4-2　水泥稳定材料抗压强度与养生温度、土质的关系曲线

即达到最大密实度。稳定类材料的最佳含水率取决于压实度、被稳定材料以及水泥剂量。通常，所施加的压实度越大，被稳定材料中的细料含量越少，最佳含水率越低，最大密实度越高。

在击实数一定时，当含水率较低时，击实后的干密度随着含水率的增加而增大；而当含水率达到某一值时，干密度达到最大值，此时含水率继续增加反而导致干密度的减小。干密度的这一最大值称为最大干密度，与它对应的含水率称为最佳含水率。

③ 外界条件对强度的影响。养生温度直接影响水泥水化进程，因而对水泥稳定类材料的强度有明显影响。在相同龄期时，养生温度越高，水泥稳定类材料的强度也越高。

施工延迟时间是指水泥稳定材料施工过程中，从加水拌和开始至碾压结束所经历的时间。延迟时间越长，水泥稳定砂砾的强度和密度的损失就越大。图4-3为水泥稳定砂砾强度和干密度与施工延迟时间的关系曲线。

延迟时间对水泥稳定材料强度的影响取决于两个因素，即水泥品种和土质。在土质不变的

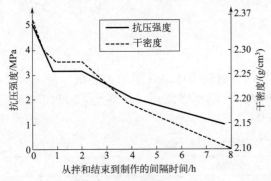

图4-3 水泥稳定砂砾强度和干密度与延迟时间的
关系曲线

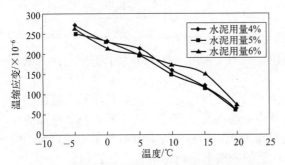

图4-4 水泥稳定碎石温缩应变与温度的关系曲线

情况下，用终凝时间短的水泥时，延迟时间对混合料强度损失的影响大。在水泥用量一定的情况下，延迟时间为2h时，用黏土或砾质砂等配制的水泥稳定材料强度损失为60%，而用一些原状砂砾或粗石灰石集料等制得的稳定材料的强度损失可能只有20%左右，水泥稳定中砂的强度甚至没有损失。为此，应根据水泥品种、土质特征来控制水泥稳定材料的施工速度。

（2）收缩特性及影响因素

水泥稳定类材料在使用过程中会出现温度收缩和干燥收缩。较大的收缩变形会导致基层开裂。

水泥稳定类材料的温度收缩，主要因外界温度变化引起。混合料中塑性土含量对其温缩系数的影响较大，因此，细料成分越多收缩现象越明显。水泥稳定类材料的温缩系数随温度降低的变化幅度越来越大，水泥土变化幅度最大，而水泥稳定粒料在不同负温度时的温缩系数变化较小。水泥稳定类材料的温度收缩变形随着水泥用量的增加明显增大，例如水泥碎石、水泥砂砾的水泥剂量在小于6%时，其温度收缩系数较小，超过

6%后，混合料的收缩系数明显增大。因此，为减少混合料的收缩性，应控制水泥剂量不超过6%。图4-4为水泥稳定碎石温缩应变与温度的关系曲线。

水泥稳定类材料的干燥收缩主要因水分变化而引起，其干缩系数受粒料含量及矿物成分的影响，混合料中的黏粒含量越高，土的塑性指数越大，混合料的干缩现象越严重。粗颗粒粒料的比表面积小，活性低，与水的相互作用极其微弱，对水泥稳定类材料混合料的干缩有抑制作用。水泥土的干缩系数和干缩应变都显著大于水泥碎石或水泥砂砾。水泥用量也会影响水泥稳定类材料的干缩性质。当水泥剂量降低、粒料含量增多时，水泥稳定砂砾的干缩系数减小。图4-5为水泥稳定类材料干缩系数与水泥剂量的关系曲线。

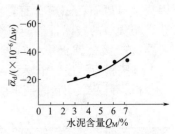

图4-5 水泥稳定类材料干缩系数与水泥剂量的关系曲线

（3）水泥稳定混合料的适用性

水泥稳定类材料中的水泥碎石、水泥砂砾具有较高的强度、刚度和稳定性，可适用于各种交通类别道路的基层和底基层。但是水泥土的干缩系数和温缩系数都明显大于水泥碎石、水泥砂砾，容易产生严重的收缩裂缝，并影响沥青面层，使沥青路面增加不少裂缝。此外，水泥土的抗冲刷能力明显小于水泥碎石、水泥砂砾。当表面水由沥青面层的裂缝或由水泥混凝土面板的接缝透入，容易产生冲刷现象。在沥青面层较薄的情况下，冲刷成的浆被唧出到表面，冲刷唧浆的结果是裂缝下陷和路面变形，裂缝两侧产生新裂缝。在水泥混凝土面板下，冲刷唧浆会引起混凝土板边角断裂。因此，水泥稳定土不能用作高等级公路路面基层。

4. 水泥稳定类混合料的组成设计

（1）材料组成设计要求

水泥稳定类材料主要用于路面基层、底基层。目前，材料组成设计中的主要指标是无侧限抗压强度，同时要考虑收缩特性和抗冲刷能力。根据《公路沥青路面设计规范》（JTGD 50—2017），水泥稳定类材料，7d无侧限抗压强度应符合表4-2要求。

表4-2　水泥稳定类材料压实度及7d无侧限抗压强度

层位	稳定类型	特重交通		重、中交通		轻交通	
		压实度/%	抗压强度/MPa	压实度/%	抗压强度/MPa	压实度/%	抗压强度/MPa
基层	集料	≥98	3.5～4.5	≥98	3～4	≥97	2.5～3.5
	细粒土	—	—	—		≥96	
底基层	集料	≥97	≥2.5	97	≥2.0	≥96	≥1.5
	细粒土	≥96		96		≥95	

压实度又称夯实度，指的是土或其他筑路材料压实后的干密度与标准最大干密度之比，以百分率表示。

路基路面压实质量是道路工程施工质量管理最重要的内在指标之一。只有对路基、路面结构层进行充分压实，才能保证路基路面的强度、刚度、稳定性以及平整度，从而延长路基路面的使用寿命。对于路基土及路面基层，压实度是指工地实际达到的干密度与室内标准击实试验所得的最大干密度的比值；对沥青路面，其是指现场实际达到的密度与室内标准密度的比值。

① 水泥。普通硅酸盐水泥、矿渣硅酸盐水泥和火山灰质硅酸盐水泥，都可用于水泥稳定类材料，但应选用终凝时间较长（宜在6h以上）的水泥，并可采用强度等级较低（如32.5级、42.5级）的水泥。但快硬水泥、早强水泥及已受潮变质的水泥不应使用。

② 集料。粗集料可以是采用各种硬质岩石或砾石加工的级配碎石、未筛分碎石，也可采用天然砂砾石，不应含有黏土块、有机物等。高速公路基层用碎石，应采用反击破碎的加工工艺。粗集料的技术性能应符合《公路路面基层施工技术细则》（JTG/T F20—2015）规定。高速公路和一级公路极重、特重交通在和道路基层用粗集料应采用单一粒径的集料。

细集料应洁净、干燥、无风化、无杂质，并有适当的颗粒级配。

粗集料及细集料的技术要求详见表4-3、表4-4。

表4-3　粗集料的技术要求

指标	层位	高速公路和一级公路		二级及二级以下公路
		极重、特重交通	重、中交通	
压碎值/%	基层	≤22	≤26	≤35
	底基层	≤30	≤30	≤40
针片状含量/%	基层	≤18	≤22	—
	底基层	—	—	—
0.075mm以下粉尘含量/%	基层	≤1.2	≤2	—
	底基层	—	—	—
软石含量/%	基层	≤3	≤5	—
	底基层	—	—	—
最大粒径	基层	≤31.5		≤37.5
	底基层	≤37.5		≤53

表4-4　细集料的技术要求

项目	水泥稳定	石灰稳定	石灰粉煤灰	水泥粉煤灰
塑性指数	≤17	15～20	12～20	—
有机质含量/%	<2	≤10	≤10	<2
硅酸盐含量/%	≤0.25	≤0.5	—	≤0.25

（2）水泥稳定材料的目标配合比设计

稳定类混合料配合比设计目的为：根据强度指标和使用性能要求，确定各项组成材料的比例；根据击实试验，确定混合料的最大干密度和最佳含水率。主要设计步骤如下：

① 确定混合料级配。根据当地材料特点和技术要求，确定混合料的目标级配曲线与合理的变化范围。级配曲线可以按道路等级、交通荷载等级、结构层位以及被稳定材料类型等确定。详见表4-5、表4-6。

表4-5　水泥稳定级配碎石土或砾石土的推荐级配范围　　　　单位：%

适用的道路类型	级配编号	通过下列筛孔的质量分数										
		53mm	37.5mm	31.5mm	26.5mm	19mm	9.5mm	4.75mm	2.36mm	1.18mm	0.6mm	0.075mm
高速、一级公路的底基层或二级公路的基层	C-A-1	—	100	90～100		69～90	45～68	29～50	18～38		8～22	0～7
高速公路和一级公路的底基层	C-A-2	—	100					50～100			17～100	0～30
二级及以下公路的基层	C-A-3	100	90～100		66～100	54～100	39～100	28～84	20～70	14～57	8～47	0～30
二级及二级以下公路的底基层	C-A-4	100	100					50～100			17～100	0～50

表4-6　水泥稳定级配碎石或砾石的推荐级配范围　　　　单位：%

适用的道路类型	级配编号	通过下列筛孔的质量分数										
		37.5mm	31.5mm	26.5mm	19mm	9.5mm	4.75mm	2.36mm	1.18mm	0.6mm	0.3mm	0.15mm	0.075mm
高速公路和一级公路	C-B-1	—	—	—	100	59～72	35～45	22～31	13～22	8～15	5～10	3～7	2～5
	C-B-2	—	—	100	82～86	53～62	35～45	22～31	13～22	8～15	5～10	3～7	2～5
	C-B-3	—	100		68～86	38～58	22～32	16～28		8～15			0～3
二级及二级以下公路	C-C-1	100	90～100	81～94	67～83	45～64	30～50	19～36	12～26	8～19	5～14	3～10	2～7
	C-C-2		100	90～100	73～87	47～66	30～50	19～36	12～26	8～19	5～14	3～10	2～7
	C-C-3		—	100	90～100	52～71	30～50	19～36	12～26	8～19	5～14	3～10	2～7

② 水泥剂量以水泥质量占全部干燥被稳定材料的质量分数表示，推荐用量见表4-7。同时，水泥的最小剂量不宜过小，其最小剂量应满足表4-8的要求。

表4-7　水泥剂量推荐范围　　　　　　　　　　　　　单位：%

土的类型	结构层位	
	基层	底基层
中粒土和粗粒土	3, 4, 5, 6, 7	3, 4, 5, 6, 7
塑性指数＜12的土	5, 7, 8, 9, 11	4, 5, 6, 7, 9
其他细粒土	8, 10, 12, 14, 16	6, 8, 9, 10, 12

表4-8　水泥最小剂量　　　　　　　　　　　　　　单位：%

被稳定材料类型	拌和方法	
	路拌法	厂拌法
中粒、粗粒材料	4	3
细粒材料	5	4

③ 确定最大干密度和最佳含水率。参考试验手册4.1，完成无机结合料稳定材料的击实试验，将结果填在试验手册附表4.1中。

④ 性能检验。通过试验得到的最大干密度和最佳含水率，按工地要求压实制作试件，在规定条件下保湿养生6d，浸水养生1d，进行7d无侧限抗压强度试验（见试验手册4.2无机结合料稳定材料的无侧限抗压强度试验，结果填在试验手册附表4.2中）。验证不同水泥剂量条件下混合料的技术性能，确定满足设计要求的最佳水泥剂量。

根据强度试验结果，计算混合料的强度代表值 R_d^0。

$$R_d^0 = \bar{R}(1 - Z_a C_v) \tag{4-1}$$

式中　$\bar{R}$——一组试件的强度平均值，MPa；

　　　C_V——一组试件的强度变异系数，%；

　　　Z_α——标准正态分布表中随保证率或执行度α而变的系数，高速公路和一级公路保证率95%，$Z_\alpha=1.645$；二级及二级以下公路应取保证率90%，即 $Z_\alpha=1.282$。

强度代表值 R_d^0 应不小于强度标准值 R_d，若几组混合料试件的强度代表值 R_d^0 均小于 R_d，则应重新进行配合比设计。

$$R_d^0 \geqslant R_d \tag{4-2}$$

三、任务实施

步骤1：确定设计指标

根据道路条件，查表4-1可知，水泥稳定碎石的7d龄期无侧限抗压强度标准值 R_d 为2.5～4.5MPa，取中值3.5MPa。

查表4-7，选定水泥剂量为3%～7%。

步骤2：确定水泥稳定碎石的最佳含水率和最大干密度。

根据经验选定水泥剂量4.0%、4.5%、5.0%、5.5%和6.0%，对五种不同水泥剂量的混合料做标准击实试验，确定出不同水泥剂量混合料最佳含水率和最大干密度，试验结果见表4-9第2列和第3列。

表4-9 水泥稳定碎石击实试验及7d抗压强度强度检验结果

水泥剂量/%	最佳含水率 ω_0/%	最大干密度 γ_{max}/（g/cm³）	计算干密度 $\gamma_{l,max}$/（g/cm³）	抗压强度平均值 $\bar{R}$/MPa	变异系数 C_v/%	抗压强度代表值 R_d^0/MPa
4.0	5.5	2.141	2.055	2.7	6.1	2.4
4.5	5.7	2.148	2.062	3.0	6.9	2.7
5.0	5.9	2.160	2.073	4.7	8.9	4.0
5.5	6.7	2.202	2.114	5.3	4.0	5.0
6.0	7.1	2.230	2.141	5.8	5.8	5.2

步骤3：强度试验

根据已知条件压实度为96%。以96%乘以表4-9中最大干密度，计算出不同水泥剂量下试件的干密度，计入计算干密度。按此干密度和最佳含水率配置混合料并制备强度试件。试件在标准条件下养生，进行7d无侧限抗压强度试验，每一组试件的强度平均值和变异系数列入表4-9相应栏目中。

按《公路路面基层施工技术细则》（JTG/T F20—2015）要求，依据本配合比试验数据配制的水泥稳定混合料，进行了混合料延时成型试验；在延时3h情况下强度和干密度损失均满足设计要求。

步骤4：确定水泥剂量

一级公路保证率95%，此时Z_α=1.654，按式（4-1）计算得到各组试件的强度代表值，列入表4-9对应列中，并绘制成图4-6。图4-6纵坐标上确定与强度标准值R_d=5.0MPa对应的位置，作水平线与强度代表值曲线相交，再由交点作垂线与横坐标相交，交点即为所确定的水泥剂量5.8%。

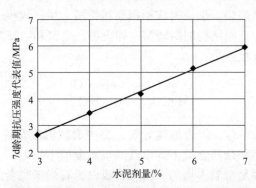

图4-6 试件7d龄期无侧限抗压强度代表值与水泥剂量的关系曲线图

根据表4-9中的数据内插，该水泥稳定碎石的最佳含水率为6.7%、最大干密度为2.389g/cm³。

任务 二

设计石灰稳定类混合料的配合比并检测工程适用性

一、任务情境

江苏某地区二级公路路面底基层设计为30cm石灰稳定土，要求7d无侧限饱水抗压强度为0.8MPa；沿线土质为轻亚黏土，石灰材料采用Ⅲ级以上钙质消石灰，有效钙加氧化镁含量测得结果为74.8%，未熟化残渣含量测得结果为9.6%；石灰土混合料生产采用集中厂拌法，分两层铺筑，要求施工压实度为95.0%。

请按现行部颁技术规范的要求设计石灰稳定混合料配合比；分析掺用石灰的有效氧化钙氧化镁含量；测定现场压实度，并确定石灰土中石灰的含量有没有达到设计要求。

二、知识导入

1. 石灰稳定材料的性质

（1）石灰的性质

石灰是人类较早发现并使用的胶凝材料之一，距今已有800～1400年的历史，这一古老胶凝材料与砖瓦、木材统称古代三大建筑材料，它们共同铸就了历代辉煌建筑。

由于石灰原料来源广泛，生产工艺简单且成本低廉，石灰在建筑上应用得非常广泛。

① 石灰的原料与制备。石灰的原料是以碳酸钙（$CaCO_3$）为主要成分的天然岩石，最常用的是石灰石、白云质石灰石。

生产石灰的主要工艺是煅烧。煅烧时应根据原料性质、生产规模、燃料的种类以及对石灰质量的要求，选用不同形式、不同结构的煅烧窑，如土窑、立窑和回转窑等。

制备石灰的化学反应方程式是：

$$CaCO_3 = CaO + CO_2$$
$$MgCO_3 = MgO + CO_2$$

分解温度一般是900℃左右。但为加速分解，窑内煅烧温度常控制在1000～1100℃。由于原料的致密程度、块形大小和杂质含量不同以及煅烧温度的不均匀，生产过程中常出现欠火石灰或过火石灰。欠火石灰主要是窑温不均匀，石灰石或白云石尚未完全分解而得到的石灰。过火石灰主要是窑温过高，原料中SiO_2和Al_2O_3等杂质产生玻化现象而得到的难以水化的石灰。欠火石灰和过火石灰都属石灰的废品，特别是过火石灰，水化速度缓慢，会使硬化的灰浆或石灰制品产生局部膨胀而引起崩裂或隆起，影响工程质量。

② 石灰的分类。根据《建筑生石灰》（JC/T 479—2013）规定，按氧化镁含量的多少，建筑生石灰可分为钙质和镁质生石灰两类。当石灰中 MgO 含量小于或等于5%时，称为钙质石灰；当 MgO 含量大于5%时，称为镁质石灰。将煅烧成块状的生石灰经过不同的加工方法，还可得到石灰的另外几种产品。

a. 生石灰粉：由块状生石灰磨细而得的细粉，主要成分仍为 CaO。

b. 消石灰：将生石灰用适量的水经熟化和干燥而成的粉末，主要成分为 $Ca(OH)_2$，也称熟石灰。

c. 石灰浆（石灰膏）：将块状生石灰用大量水（为石灰体积的3～4倍）熟化或将消石灰粉和水拌和，所得的有一定稠度的可塑性浆体，主要成分为 $Ca(OH)_2$ 和水。

d. 石灰乳：生石灰加较多的水熟化而得的白色悬浮液，主要成分为 $Ca(OH)_2$ 和水。

③ 石灰的熟化和硬化。

a. 石灰的熟化。通常将生石灰转化为熟石灰的过程称为石灰的熟化。熟化过程是剧烈的放热反应，同时伴有显著的体积膨胀（体积增大1～2.5倍）。为防止熟石灰中过火石灰颗粒的危害，石灰浆应在熟化容器中静置14d以上，称为"陈伏"。陈伏时石灰浆表面应保持一层水，以防止石灰膏碳化（即石灰膏与二氧化碳发生反应生成 $CaCO_3$ 的过程）。

b. 石灰的硬化。石灰浆体的硬化包括干燥、结晶和碳化三个交错进行的过程。石灰浆蒸发失水过程就是干燥过程。干燥过程中水分蒸发形成孔隙网，而孔隙中自由水因表面张力作用，在孔隙最窄处产生毛细管压力，使石灰颗粒更加紧密而获得强度。由于水分蒸发还引起 $Ca(OH)_2$ 溶液过饱和而析晶。潮湿状态下 $Ca(OH)_2$ 与空气中的 CO_2 反应生成碳酸钙结晶，晶体相互交叉连生并与氢氧化钙晶体共生、构成紧密交织的结构网，从而使硬化浆体获得强度。

由于浆体表面碳化形成较致密的 $CaCO_3$ 膜层，CO_2 不易深入内部，使碳化过程大大减慢，也使内部水分不易蒸发，$Ca(OH)_2$ 结晶的速度变慢，因而石灰的硬化过程进行得非常缓慢。

④ 石灰的应用。

a. 石灰砂浆。石灰砂浆主要用于地面以上部分的砌筑工程，并可用于抹面等装饰工程。

b. 石灰土和三合土。将消石灰粉与黏土拌和，称为石灰土（灰土），若再加入砂石或炉渣、碎砖等即成三合土。石灰常占灰土总质量的10%～30%，即俗称的"一九灰土""二八灰土"及"三七灰土"。石灰量过高，往往导致强度和耐水性降低。施工时，将灰土或三合土混合均匀并夯实，可使彼此黏结为一体，同时黏土等成分中含有的少量活性 SiO_2 和活性 Al_2O_3 等酸性氧化物，在石灰长期作用下反应，生成不溶性的水化硅酸钙和水化铝酸钙，使颗粒间的黏结力不断增强，灰土或三合土的强度及耐水性能也不断提高。因此，灰土和三合土在一些建筑物的基础和地面垫层及公路路面的基层中被广泛地应用。

c. 加固软土地基。在软土地基中打入生石灰桩，可利用生石灰吸水产生膨胀对桩周围土壤产生挤密作用，利用生石灰和黏土矿物间产生的胶凝反应使周围的土固结，从而达到提高地基承载力的目的。

d. 在公路工程中，随着半刚性基层在高等级路面中的应用，石灰稳定土、石灰粉煤灰稳定土及其稳定碎石等广泛用于路面基层。在桥梁工程中，石灰砂浆、石灰水泥砂浆、石灰粉煤灰砂浆广泛用于圬工砌体。

⑤ 石灰的储存。块状生石灰在放置过程中，会缓慢吸收空气中的水分而自动熟化成消石灰粉，再与空气中的二氧化碳作用生成碳酸钙，失去胶结能力。因此储存石灰应注意防潮，储存期不宜过久。最好是将石灰运到工地立即熟化成石灰膏，把储存期变成陈伏期。由于石灰熟化过程中，放出大量的热并伴随着体积膨胀，所以储存和运输生石灰时应注意安全。

（2）石灰的强度特征

石灰稳定混合料包括石灰土和石灰稳定集料。用石灰稳定细粒土得到的混合料简称石灰土。石灰稳定集料包括用石灰稳定天然砂砾土或级配砂砾（无土）得到的混合料简称石灰砂砾土。用石灰稳定天然碎石土和级配碎石（包括未筛分碎石）得到的混合料，简称为石灰碎石土。

① 石灰的强度形成机理。石灰土强度的形成与发展是通过机械压实、离子交换反应、氢氧化钙结晶和碳化反应，以及火山灰反应等一系列复杂、交织的物理、化学作用过程完成的。

离子交换反应是指石灰浆中的游离钙离子和氢氧根离子与细粒土黏土矿物中的钠离子、氢离子发生离子交换，从而减薄黏土颗粒吸附水膜厚度，促使土粒凝集和凝聚，并形成稳定团粒结构。离子交换反应是石灰土获得初期强度的主要原因。在石灰硬化过程中得到的氢氧化钙和碳酸钙晶体相互结合，并把土粒结成整体，从而使石灰土的稳定性得到提高。黏土颗粒表面少量的活性氧化硅、氧化铝在石灰的碱性激发作用下，与氢氧化钙发生火山灰反应，生成不溶于水的水化硅酸钙和水化铝酸钙等。这些物质遍布于黏土颗粒之间，形成凝胶、棒状及纤维状晶体结构，将土粒胶结成整体。随着时间的推移，棒状和纤维状晶体不断增多，致使石灰土的刚度不断增大，强度与水稳性不断提高。由于火山灰反应是在不断吸收水分的情况下逐渐发生的，速度较慢；石灰中氢氧化钙的碳化反应缓慢且过程较长，所以石灰硬化及火山灰反应是石灰土后期强度增长的主要原因。

在石灰稳定集料中。粒状集料颗粒与石灰或石灰土构成一种复合材料，其强度主要取决于集料颗粒间的内摩擦阻力和嵌挤作用。经压实成型后，集料颗粒相互靠拢，相互嵌锁，形成骨架结构。石灰和细集料起填充骨架空隙、包裹并黏结集料颗粒的作用。在石灰稳定集料中，由于石灰土的胶结能力比较弱，要特别注意发挥集料的集料嵌锁作用。

② 强度的影响因素。

a.石灰的细度与剂量。石灰细度越大，在相同剂量下与土粒的作用越充分，反应进行得越快，稳定效果越好。直接使用磨细生石灰粉可利用其在消解时放出的热能，促进石灰与土之间物理、化学反应的进行，有利于与土中的黏性矿物发生离子交换及火山灰反应，加速石灰土的硬化。

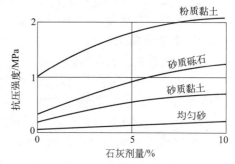

图4-7　土质对石灰稳定类材料抗压强度的影响

由于石灰起稳定作用，使土的塑性、膨胀性和吸水性降低，因而随着石灰剂量的增加，石灰土的强度和稳定性提高，但超过一定剂量后，强度的增长就不明显了。图4-7给出了几种土用石灰稳定后强度与石灰剂量的关系。

b.土与集料。石灰的稳定效果与土中的黏土矿物成分及含量有显著关系。一般来说，黏土矿物化学活性强，比表面积大，当掺入石灰等活性材料后，所形成的离子交换、结晶作用和火山灰反应都比较活跃，稳定效果好。所以石灰土的强度随土中黏土矿物含量的增多和塑性指数的增大而提高。图4-7中几种石灰稳定类材料的强度曲线表明，石灰对粉质黏土稳定效果明显优于对砂质黏土的稳定效果，而石灰对均质砂的稳定效果较差。

c.养生期和龄期。石灰稳定类材料的强度是在一系列复杂的物理、化学反应过程中逐渐形成的，而这些反应需要一定的温度和湿度条件。当养生温度较高时，可使各种反应过程加快，对石灰土的强度形成是有利的。适当的湿度为火山灰反应提供了必要的结晶水，但湿度过大会影响石灰中氢氧化钙的结晶硬化，从而影响石灰土强度的形成。

石灰稳定类材料强度随着龄期的增大而增长，甚至到180d时，石灰稳定类材料的强度还会继续增长。所以7d或28d龄期的强度试验结果，并不能代表石灰稳定类材料的最终强度。石灰土的强度随龄期的增长大体符合指数规律。

（3）收缩特性及影响因素

石灰稳定类材料的体积收缩特性，主要表现为因温度变化而造成的温缩和因含水率变化而造成干缩。

石灰稳定类材料中的固体矿物组成包括原材料和新生矿物。一般情况下，各原材料矿物的热胀缩性较小，但其中黏土矿物的热胀缩性较大，而新生矿物如氢氧化钙、氢氧化镁、水化硅酸钙和水化铝酸钙均有着较大的热胀缩性。所以，就石灰稳定类材料而言，含粒料的石灰稳定集料比石灰土的温缩系数低得多。此外，随着龄期的增长，各类新生矿物不断增多，导致石灰稳定类材料的温度收缩系数随龄期的增加而有所增加，初期增长速率较快，后期较慢。

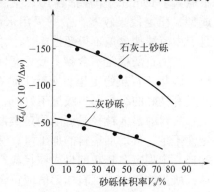

图4-8 干缩系数与砂砾含量关系

石灰稳定类材料中粒料增加时，将降低整体材料的比表面积和需水量，并对水化凝胶物的收缩产生一定的抑制作用，从而可较大幅度降低干燥收缩性。图4-8为石灰稳定砂砾干缩系数与砂砾体积率之间的关系曲线，随着砂砾含量的增多，石灰稳定砂砾的干缩系数将降低。

（4）石灰稳定材料的作用

以细粒土为主的石灰土中含有较多黏土矿物、分散度大、比表面积大，其干缩系数及温缩系数都明显大于石灰稳定集料，容易产生严重的收缩裂缝。

在冰冻地区，用于潮湿路段的石灰土层中可能产生聚冰现象，从而导致石灰土结构的破坏，强度明显下降。在非冰冻地区，如石灰稳定材料经常处于过分潮湿状态，也不易形成较高强度的板体。

此外，石灰土的水稳定性明显小于石灰稳定集料。在石灰土的强度没有充分形成时，若路表水渗入，石灰土表层数毫米以上就会软化，在沥青面层较薄的情况下，即使是几毫米的软化层也会导致沥青路面龟裂破坏。若路表水对石灰土表层产生冲刷作用，所形成的浆体会被滚动的车轮唧出至路表，导致裂缝处沥青层下陷和变形，裂缝两侧将产生新的裂缝。

由于上述原因，为了路面结构强度和使用质量，石灰材料禁止用作高等级路面的基层，只能作为高等级路面的底基层，或一般交通量道路路面的基层或底基层。

2. 石灰稳定材料的组成设计

（1）材料组成要求

根据《公路工程无机结合料稳定材料试验规程》（JTG E51—2009），石灰稳定类材料7d无侧限抗压强度应符合表4-10规定。

表4-10 石灰稳定类材料压实度及7d无侧限抗压强度

层位	类型	重、中交通		轻交通	
		压实度/%	抗压强度/MPa	压实度/%	抗压强度/MPa
基层	集料	—	—	≥97	≥0.8
	细粒土	—		≥95	
底基层	集料	≥97	≥0.8	≥96	≥0.7
	细粒土	≥95		≥92	

① 高速公路和一级公路用石灰不应低于Ⅱ级技术要求，二级公路用石灰不应低于Ⅲ级技术要求，二级以下公路宜不低于Ⅲ级技术要求，高速公路和一级公路的基层，宜采用磨细消石灰，二级以下公路适用等外石灰时，有效氧化钙含量应在20%以上，且混合料强度满足要求。石灰堆放在野外无覆盖时，遭受风吹雨淋和日晒，其有效氧化钙和氧化镁含量很快降低，放置3个月时氧化钙和氧化镁可从原来的大于80%降至40%左右，放置半年则可能降至30%左右。

② 石灰稳定类材料所用集料与土。土中的黏土矿物越多，土颗粒越细，塑性指数越大，用石灰稳定的效果就越好。为了提高稳定效果，塑性指数偏大的黏性土，要使粉碎后土块最大尺寸不应大于15mm。塑性指数10以下的亚黏土和砂土，需要采用较多的石灰进行稳定，且难以碾压成型，稳定效果较差，最好采用水泥进行稳定。用石灰稳定的土的塑性指数范围宜为15～20，且土中硫酸盐含量不得超过0.8%，有机质含量不超过30%。

当用石灰稳定不含黏土或无塑性指数的集料时，需要添加15%左右的黏性土，以增加稳定效果。因此，石灰稳定集料实际上是石灰土稳定集料，在该类混合料中，集料含量应在80%以上，并具有良好的级配；当级配不好时，宜外加其他集料改善其级配。

集料的最大粒径是影响稳定类混合料质量最为关键的因素之一。集料的最大粒径太小，则稳定性不足，且增加集料的加工量。综合考虑，我国《公路路面基层施工技术细则》（JTG /T F20—2015）中规定，集料的最大粒径应符合表4-11中的要求。为了保证石灰稳定类材料的强度和稳定性，所用的碎石或砾石压碎值应符合表4-11的规定。

表4-11　石灰稳定类材料用集料的最大粒径和压碎值要求

公路等级	高速公路、一级公路		二级和二级以下公路	
结构层位	底基层	基层	底基层	基层
最大粒径/mm	≤37.5	≤37.5	≤53	≤37.5
压碎值/%	≤35	—	≤40	≤30/35

③ 石灰剂量。石灰土配合比以石灰剂量表示，石灰剂量=石灰质量/干土质量。石灰剂量与土的种类、石灰品种关系甚大，石灰剂量范围可参考表4-12中的推荐值。

表4-12　石灰剂量推荐范围　　　　　　　　　　　单位：%

稳定类材料	结构层位	
	基层	底基层
砂砾土和碎石土	3，4，5，6，7	—
黏性土（塑性指数＞12）	10，12，13，14，16	8，10，11，12，14
黏性土（塑性指数＜12）	5，7，9，11	5，7，8，9，11

（2）石灰稳定材料的目标配合比设计

石灰稳定土设计参考《公路路面基层施工技术细则》（JTG/T F20—2015），具体为以下几点。

① 按表4-12石灰剂量配制同一种土样、不同石灰剂量的混合料。

② 确定混合料的最佳含水量和最大干（压实）密度，至少应做三个不同石灰剂量混合料的击实试验，即最小剂量、中间剂量和最大剂量，其余两个混合料的最佳含水量和最大干密度用内插法确定。

③ 按规定的压实度，分别计算不同石灰剂量的试件应有的干密度。

④ 按最佳含水量和计算的干密度制备试件。进行强度试验时，作为平行试验的最少试件数量应不小于相关规定。如试验结果的偏差系数大于规定的值，则应重做试验，并找出原因，加以解决。如不能降低偏差系数，则应增加试件数量。

⑤ 试件在规定温度下保湿养生6d，浸水24h后，按《公路工程无机结合料稳定材料试验规程》进行无侧限抗压强度试验。

⑥ 计算试验结果的平均值和偏差系数。

⑦ 根据表4-10的强度标准，选定合适的石灰剂量，此剂量试验件室内试验结果的平均抗压强度$\overline{R}$应符合式（4-1）的要求。

⑧ 工地实际采用的石灰剂量应比室内试验确定的剂量多0.5%～1.0%。采用集中厂拌法施工时，可只增加0.5%；采用路拌法施工时，宜增加1.0%。

⑨ 石灰稳定不含黏性土的级配碎石、未筛分碎石和级配砂砾用作高级沥青路面的基层时，碎石和砂砾的颗粒组成应符合级配范围，并应添加黏性土。石灰和所加土的总质量与碎石或砂砾的质量比宜为1∶4～1∶5，即碎石或砾石在混合料中的质量应不小于80%。

三、任务实施

步骤1：原材料检验及选定

① 石灰材料：该路段沿线盛产钙质石灰，经试验检测各项技术指标均满足现行有关技术指标要求，（CaO+MgO）含量平均值为74.8%，未熟化残渣含量平均值为9.6%。石灰的化学成分分析见试验手册试验4.3石灰的化学分析，并将结果填写在试验手册附表4.6中。

② 土料：该路土场的土质为轻亚黏土，通过试验土料的各项技术指标符合现行技术规范要求。土的击实试验见试验手册4.4土的击实试验，并将结果填写在试验手册附表4.3中。

步骤2：确定石灰剂量的掺配范围：

参照经验，石灰土的石灰剂量按8%、10%、12%、14%、16%五种比例配制。

步骤3：确定最佳含水量和最大干密度

用重型击实试验法确定各种不同石灰剂量的石灰土混合料最佳含水量和最大干密度的结果列在表4-13中。

表4-13　石灰土的击实试验结果

石灰剂量/%	最佳含水量/%	最大干密度/（g/cm³）
0	11.7	1.95
8	14.1	1.84
10	14.7	1.82
12	15.6	1.81
14	16.1	1.80
16	16.3	1.79

步骤4：测试7d无侧限抗压强度

（1）计算每个试件的石灰土质量

采用ϕ50mm×50mm的试件，每个体积为95cm³。施工中对石灰土底基层的压实度要求为

95%，每个试件需要的石灰土干质量为

$$Q_d = V\gamma_{max}K_c \qquad (4\text{-}3)$$

式中　Q_d——试件的干质量，g；

　　　V——试件的体积，cm^3；

　　　γ_{max}——混合料的最大干密度，g/cm^3；

　　　K_c——现场压实度，%。

将上述各有关数值代入式（4-3）计算得每个试件需用的不同石灰土混合料的干重列在表4-14中。

表4-14　每个试件需用混合料的质量

石灰剂量/%	8	10	12	14	16
干混合料/g	171.3	169.4	168.5	167.6	166.6
湿混合料/g	195.5	194.3	194.8	194.6	193.8

试件的湿质量是由试件的干质量和最佳含水量计算得来的。

压实度检测见试验手册4.5挖坑灌砂测试压实度方法，将检测结果填在试验手册附表4.4中，取出的土进行石灰含量的检测，见试验手册4.6水泥或石灰稳定土中水泥或石灰剂量的测定方法（EDTA滴定法），标准曲线填写在试验手册附表4.5中，结果填在试验手册附表4.6中。

（2）准备混合料

首先需要测定风干土和消石灰粉的原始含水量。现假定风干土的含水量为3%，消石灰粉的含水量为2%。

称5份各重1236g的素土（每份干土质量1200g），分别放在5个长方盘内，并在盘边上贴一标签，各自写明8%、10%、12%、14%、16%。根据不同的石灰剂量，计算每盘土中应加的干石灰和含水石灰的质量，得到不同石灰剂量时应加的含水石灰的质量在表4-15中。

表4-15　每盘土中应加的石灰质量

石灰剂量/%	8	10	12	14	16
干石灰质量/g	96.0	120.0	144.0	168.0	192.0
湿石灰质量/%	97.9	122.4	146.9	171.4	195.8

按表4-15，称5份含水石灰并分别放在贴有相应标签的已存有土的方盘内，计算每种石灰土混合料中应加的水量并记录在表4-16中。

表4-16　石灰土混合料中应加的水量

石灰剂量/%	8	10	12	14	16
应加水量/g	144.8	152.1	163.3	169.3	171.4

按表4-16中的值，用量筒逐次量取应加的水量，应将量得的水分别倒在贴有相应标签的已存有土和石灰的盘内（宜事先将盘内土和石灰初步拌匀并摊平，然后将水均匀倒在混合料上）。将混合料拌和均匀后，放在密封容器内浸润备用。

（3）制作试件和保温保湿养生

按《公路工程无机结合料稳定材料试验规程》制作试件和保温保湿养生试件。

（4）测试7d龄期的无侧限饱水抗压强度。

经过6d养生、1d浸水后，测得试件的7d龄期抗压强度列在表4-17中。

表4-17　不同石灰土7d龄期的饱水无侧限抗压强度

石灰剂量/%	8	10	12	14	16
抗压强度/MPa	0.82	0.90	1.09	1.16	1.23
偏差系数/%	7.0	9.2	6.3	7.8	6.4

表4-17中的抗压强度均为平均值，就8%石灰土的抗压强度而言，其标准差为0.08MPa，偏差系数为7%，满足表4-17规定的要求。

步骤5：最佳石灰剂量确定

取$Z_\alpha = 1.282$，保证率为90%，按式（4-1）将石灰土的平均抗压强度进行计算并填在表4-18中。

表4-18　抗压强度计算结果判断

石灰剂量/%	8	10	12	14	16
抗压强度/MPa	0.82	0.90	1.09	1.16	1.23
抗压强度均值/MPa	0.88	0.71	0.74	0.72	0.73
判断结果	否	是	是	是	是

由表4-18计算结果看来，采用大于10%的石灰剂量去稳定这种亚黏土，就能满足现行技术规范要求的强度指标，以技术经济观点分析，最终石灰剂量应取10%比较合理。

检测钢材的技术性能

钢和铁的主要成分都是铁和碳，用含碳量的多少加以区分，含碳量大于2%的为生铁，小于2%的为钢。2020年全国生铁、粗钢和钢材产量分别为8.88亿t、10.53亿t和13.25亿t，位居世界前列。

钢材是指建筑工程中使用的各种钢材，包括钢结构用各种形状材料（如圆钢、角钢、工字钢、管钢等）、板材以及混凝土结构用钢筋、钢丝、钢绞线等。

钢材是在严格的技术条件下生产的材料，它有如下的优点：材质均匀，性能可靠，强度高，具有一定的塑性和韧性，具有承受冲击和振动荷载的能力，可焊接、铆接或螺栓连接，便于装配；此外还有如下缺点：耐久性差、易锈蚀、维修费用大等。

钢材的这些特性就决定了它是经济建设部门的重要材料之一。建筑上由各种型钢组成的钢结构安全性大，自重较轻，适用于大跨及多层结构。但由于各部门都需要大量的钢材，据我国的国情，建筑上应尽量节约使用钢材，所以钢结构用途受到了限制。而钢筋混凝土结构尽管存在着自重大、用钢量大等缺点，但克服了钢筋因易锈蚀而维修费用大的缺点，所以钢筋混凝土结构在工业与民用建筑中得到了广泛的应用。

值得注意的是多年后世界将进入超级钢时代，所谓超级钢或称微晶钢是指普通的碳素结构钢的铁素体晶粒细化，而获得高强度和低成本的钢材。它是20世纪90年代为改进传统钢材强度和寿命不足，减少材料消耗，减低能耗而研制的新材料。超级钢可减少对铁矿石的依赖，实现钢铁材料可循环再利用。

钢桥和钢筋混凝土桥是现代桥梁的主要桥型。在钢结构和钢筋混凝土结构中，都要应用钢材。在学习钢桥和钢筋混凝土桥设计之前，必须掌握常用钢材的规格、性能和应用等材料方面的基础知识。

桥梁工程中所使用的钢材主要包括钢结构中使用的各种型钢、钢板、钢管以及钢筋混凝土结构所用的各种钢筋和钢丝。

任务 一
编制进场钢筋的技术交底

一、任务情境

某路桥工地采购一批用于预制梁施工的钢筋，主筋受力筋以及构造筋架立筋采用钢筋型号为HRB400，直径ϕ25mm；箍筋为HPB235，直径ϕ8mm。要求符合《钢筋混凝土用钢第2部分：热轧带肋钢筋》（GB/T 1499.2—2018）、《钢筋混凝土用钢第1部分：热轧光圆钢筋》（GB/T 1499.1—2017）质量验收标准及工程施工图纸设计要求，所有钢筋均为带E标准。（牌号带"E"的钢筋在强屈比、超强比和均匀伸长率方面均满足相关规定，在抗震结构的关键部位及重要构件宜优先选用。）请项目经理部出具进场钢筋的技术交底。

二、知识导入

1. 钢材的分类

（1）按化学成分分

① 碳素钢。其主要成分是铁和碳，还有少量的硅、锰、磷、硫、氧、氮等。碳素钢中的含碳量较多，且对钢的性质影响较大。根据含碳量的不同，碳素钢又分为三种：低碳钢（A），含碳量小于0.25%；中碳钢（B），含碳量为0.25%～0.6%；高碳钢（C），含碳量大于0.6%。

② 合金钢。《钢分类　第1部分：按化学成分分类》（GB/T 13304.1—2008），规定钢材按化学成分分成非合金钢、低合金钢和合金钢。

《钢分类　第2部分：按主要质量等级和主要性能或使用特性的分类》（GB/T 13304.2—2008）对钢材按主要质量等级和主要性能或使用特性，进行了进一步分类。

a. 非合金钢。按主要质量等级，非合金钢可分为普通质量非合金钢、优质非合金钢和特殊质量非合金钢三类。

b. 低合金钢。按主要质量等级，低合金钢可分为普通质量低合金钢、优质低合金钢和特殊质量低合金钢三类。

c. 合金钢。按主要质量等级，合金钢可分为优质合金钢和特殊质量合金钢两类。

合金钢中除含有铁、碳和少量不可避免的硅、锰、磷、硫外，还有一定量（有意加入的）硅、锰、钼、矾、铬、镍、硼中的一种或多种合金元素，其目的是改善钢的性能，或使其获得某些特殊性能。合金钢按合金元素总含量分为三种：低合金钢（A），合金元素总含量小于5%；中合金钢（B），合金元素总含量为5%～10%；高合金钢（C），合金元素总含量大于10%。

（2）钢材的化学成分对钢材性能的影响

① 碳。钢材主要是铁碳合金。碳是钢中的最重要的元素，对钢材的性能影响很大。当含碳量小于0.8%时，碳含量增加将使抗拉强度及硬度提高；但塑性与韧性降低，焊接性能、耐腐蚀性能也下降。当含碳量大于0.8%时，钢材的抗拉强度随碳量的增加而逐渐下降。此外，碳含量增加，会使钢的冷弯性能、焊接性能和抗腐蚀性能下降。图5-1为含碳量对钢的机械性能的影响。

② 硅。硅是在钢的精炼过程中为了脱氧而有意加入的元素。由于硅与氧的结合力强，所以能夺取氧化铁中的氧形成二氧化硅进入钢渣中而被排除，使钢的质量提高。当硅含量小于1%时，可提高钢的强度，但对塑性和韧性无明显影响，且可提高抗腐蚀能力。

硅是我国钢筋用钢的主加合金元素，其主要作用是提高钢材的强度。

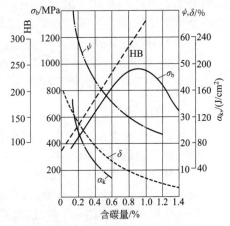

图5-1　含碳量对钢的机械性能的影响

σ_b—抗拉强度；α_k—冲击韧性；δ—伸长率；
ψ—断面收缩率；HB—硬度

③ 氧。氧是钢中的有害杂质，主要存在于非金属夹杂物内，少量溶于铁素体中。非金属夹杂物会使钢的机械性能特别是韧性下降，氧化物所造成的低熔点使钢的可焊性变差。

④ 硫。硫也是钢的有害杂质，来源于炼钢原料，以硫化铁夹杂物的形式存在于钢中，会降低钢的各种力学性能。由于硫化铁的熔点低，当钢在红热状态下进行热加工或焊接时，易使钢材内部产生裂纹，引起钢材断裂，这种现象称为热脆性。热脆性将大大降低钢的热加工性能与可焊性能。硫还会降低钢的冲击韧性、疲劳强度和抗腐蚀性。因此，碳素钢中对硫的含量有严格限制。

⑤ 氮。氮是在炼钢过程中随空气进入钢水中而存留下来的元素。它可以提高钢的屈服点、抗拉强度和硬度，但会使其塑性特别是韧性显著降低。氮还会加剧钢材的时效敏感性和冷脆性，降低可焊性，也会使冷弯性能变差，故应限制其含量。若在钢中加入少量铝、钒、铁等元素，并使其变为氮化物，可减少氮的不利影响，得到强度较高的细粒结构钢。

⑥ 磷。磷是碳素钢的有害杂质，主要来源于炼钢用的原料。钢的含磷量提高时，钢的强度提高，塑性和韧性显著下降。温度越低，对塑性和韧性的影响越大。此外，磷在钢中的分布不均匀，偏析严重，使钢的冷脆性显著增大，焊接时容易产生冷裂纹，使钢的可焊性显著降低。因此，在碳素钢中对磷的含量有严格要求。

磷可提高钢的耐磨性和耐蚀性，在普通低合金钢中，可配合其他元素加以利用。

⑦ 钛。钛是强脱氧剂，且能使晶粒细化，故可显著提高钢的强度，而塑性略有降低。同时，因晶粒细化，可改善钢的韧性，还能提高可焊性和抗大气腐蚀性。因此，钛是常用的合金元素。

（3）按冶炼时脱氧成分

在炼钢过程中，为了除去碳和杂质必须供给足够的氧气，这也使钢液中一部分金属铁被氧化，使钢的质量降低。为使氧化铁重新还原成金属铁，通常在冶炼后期，加入硅铁、锰铁或铝锭等脱氧剂进行精炼。按脱氧程度不同，可将钢分为以下几种。

① 沸腾钢，脱氧不充分的钢。脱氧后钢液中还剩余一定数量的氧化铁（FeO），氧化铁和碳继续作用放出一氧化碳气体，因此钢液在钢锭模内呈沸腾状态，故称沸腾钢。这种钢的优点是钢锭无缩孔，轧成的钢材表面质量和加工性能好。缺点是化学成分不均匀，易偏析，钢的致密程度较差，故其抗蚀性、冲击韧性和可焊性较差，尤其在低温时冲击韧性降低更显著。沸腾钢只消耗少量脱氧剂，缩孔少，成品率较高，故成本较低，代号为"F"。

② 镇静钢，脱氧充分的钢。由于钢液中氧已很少，当钢液浇铸后在锭模内呈静止状态，故称镇静钢。其优点是化学成分均匀，机械性能稳定，焊接性能和塑性较好，抗蚀性亦较强。其缺点是钢锭中有缩孔，成材率低。它多用于承受冲击荷载及其他重要结构上，代号为"Z"。

③ 半镇静钢，其脱氧程度和性能均介于沸腾钢和镇静钢之间，并兼有两者的优点，代号为"b"。

④ 特殊镇静钢，比镇静钢脱氧程度更充分彻底的钢，代号为"TZ"。特殊镇静钢的质量最好，适用于特别重要的结构工程。

（4）按品质分类

普通钢：含硫量≤0.050%，含磷量≤0.045%。

优质钢：含硫量≤0.035%，含磷量≤0.035%。

高级优质钢：含硫量≤0.025%，含磷量≤0.025%。

特级优质钢：含硫量≤0.015%，含磷量≤0.025%。

桥梁工程用钢材的主要钢种是普通低碳钢和普通低合金钢。

（5）钢材的分级

① 按品质分类：

碳素钢：A—低碳钢（C≤0.25%）；B—中碳钢（0.25%≤C≤0.60%）；C—高碳钢（C≥0.6%）

合金钢：A—低合金钢（合金元素总含量＜5%）；B—中合金钢（5%≤合金元素总含量≤10%）；C—高合金钢（合金元素总含量＞10%）。

② 按成形方法分类：

A—锻钢；B—铸钢；C—热轧钢；D—冷拉钢。

③ 按金相组织分类：

退火状态的：A—亚共析钢（铁素体+珠光体）；B—共析钢（珠光体）；C—过共析钢（珠光体+渗碳体）；D—莱氏体钢（珠光体+渗碳体）。

正火状态的：A—珠光体钢；B—贝氏体钢；C—马氏体钢；D—奥氏体钢。

④ 按用途分类：

工程用钢：A—普通碳素结构钢；B—低合金结构钢；C—钢筋钢。

渗碳钢：A—渗氮钢；B—表面淬火用钢；C—易切结构钢；D—冷塑性成形用钢（包括冷冲压用钢、冷镦用钢）。

碳素工具钢：A—合金工具钢；B—高速工具钢。

特殊性能钢：A—不锈耐酸钢；B—耐热钢（包括抗氧化钢、热强钢、气阀钢）；C—电热合金钢；D—耐磨钢。

2. 钢材的工艺性能

（1）钢材的冷加工强化及时效处理

将钢材于常温下进行冷拉、冷拔或冷轧，使之产生塑性变形，从而提高机械强度，相应降低塑性和韧性的过程，称为冷加工强化或冷加工硬化处理。

冷加工强化的原因是钢材经冷加工变形后，钢材内部分晶粒沿某些滑移面产生滑移，晶格扭曲，晶粒的形状也相应改变，即晶粒被拉长（拉伸时）或被压扁（压缩时），滑移面上的晶粒甚至破碎；当继续加大荷载或重新加载时，已经变形的晶粒对继续进行的滑移将产生巨大阻力，使已经滑移过的区域增加了对塑性变形的抗力，因而强度与硬度提高。原来已经滑移过的晶粒也不再进行滑移，新的滑移将在其他区域内发生。换言之，要使钢材重新产生变形（即滑移），就必须增加外力，所以表现为屈服点的提高。钢的塑性、韧性则由于塑性变形后滑移减少而降低，脆性增大。由于塑性变形中产生内应力，故钢材的弹性模量降低。

建筑工地或预制构件厂常对钢筋或低碳钢盘条按一定要求进行冷拉或冷拔加工，提高屈服点以达到节约钢材的目的。

为了消除精密量具或模具、零件在长期使用中尺寸、形状发生变化，常在低温回火后（低温回火温度150～250℃）精加工前，把工件重新加热到100～150℃，保持5～20h，这种为稳定精密制件质量的处理，称为时效。

时效处理指合金工件经固溶处理，冷塑性变形或铸造，锻造后，在较高的温度或室温放置，其性能、形状、尺寸随时间而变化的热处理工艺。时效处理的目的是消除工件的内应力，稳定组织和尺寸，改善机械性能等。将工件加热到较高温度，并在较短时间内进行时效处理的时效处理工艺，称为人工时效处理。将工件放置在室温或自然条件下长时间存放而发生的时效现象，称为自然时效处理。第三种时效方式是振动时效，从80年代初起逐步进入使用阶段，振动时效处理在不加热也不像自然时效那样费时的情况下，给工件施加一定频率的振动使其内应力得以释放，从而达到时效的目的。

钢材产生时效的原因是其晶体组织中的碳原子、氮原子有向缺陷处移动、集中的倾向，甚至呈碳化物或氮化物微粒析出。钢材受冷加工变形以后或者在使用中受到反复振动，则碳、氮原子的移动、集中会大大加快。这将使缺陷处碳原子、氮原子富集，阻碍晶粒发生滑移，增加了对塑性变形的抗力，因而强度提高，塑性和韧性降低。

钢筋冷拉后，不仅可提高屈服点和抗拉强度20%～25%，而且还可简化施工工艺：圆盘钢筋可使开盘、矫直、冷拉三道工序一次完成；直条钢筋则可使矫直、冷拉一次完成，并使钢筋锈皮自行脱落。

一般桥梁工程中，应通过试验选择合理的冷拉应力和时效处理措施。强度较低的钢筋可采用自然时效，而强度较高的钢筋则应采用人工时效。

（2）钢材的热处理

热处理是将钢在固态下加热到预定的温度，并在该温度下保持一段时间，然后以一定的速度冷却到室温的一种加工工艺。其目的是改变钢的内部组织结构，改善其性能。通过适当的热处理，可以显著提高钢的力学性能，延长工件的使用寿命。土木工程所用钢材一般在生产厂家进行热处理并以热处理状态供应。在施工现场，有时需对焊接件进行热处理。

钢材热处理的方法有以下几种。

① 退火，是将钢材加热到一定温度，保温后缓慢冷却（随炉冷却）的一种热处理工艺，有低温退火和完全退火之分。低温退火的加热温度在基本组织转变温度以下，完全退火的加热温度在800～850℃。退火目的是细化晶粒，改善组织，减少加工中产生的缺陷、减轻晶格畸变，降低硬度、提高塑性，消除内应力和加工硬化，防止变形、开裂。

② 正火，是退火的一种特例，正火是在空气中冷却，两者仅冷却速度不同。与退火相比，正火后钢材的硬度、强度较高，而塑性减小。处理目的是消除组织缺陷等。

③ 淬火，是将钢材加热到基本组织转变温度以上（一般为900℃以上），保温使组织完全转变，随即放入水或油等冷却介质中快速冷却，使之转变为不稳定组织的一种热处理操作，目的是得到高强度、高硬度的组织。但淬火会使钢材的塑性和韧性显著降低。

④ 回火，是将钢材加热到基本组织转变温度以下（150～650℃选定），保温后在空气中冷却的一种热处理工艺，通常和淬火是两道相连的热处理过程。其目的是减少或消除淬火应力，保证相应的组织转变，提高钢的韧性和塑性，获得硬度、强度、塑性和韧性的适当配合，以满足各种用途工件的性能要求。

（3）钢材的冷弯性能

冷弯性能是指钢材在常温条件下，承受弯曲变形的能力，是反映钢材缺陷的一种重要工艺性能。冷弯性能以试件弯曲角度和弯心直径对试件厚度（或直径）的比值来表示。

钢材的冷弯试验是通过直径（或厚度）为a的试件，采用标准规定的弯心直径d（$d=na$），弯曲到规定的弯曲角（180°或900°）时，试件的弯曲处不产生裂缝、裂断或起层，即认为冷弯性能合格。钢材弯曲时的弯曲角度越大，弯心直径越小，则表示其冷弯性能越好。

通过冷弯试验更有助于暴露钢材的某些内在缺陷。相对于伸长率而言，冷弯是对钢材塑性更严格的检验，它能揭示钢材是否存在内部组织不均匀、内应力和夹杂物等缺陷。冷弯试验对焊接质量也是一种严格的检验，能揭示焊件在受弯表面是否存在未熔合、微裂纹及夹杂物等缺陷。

（4）钢材的焊接性能

各种型钢、钢板、钢筋及预埋件等通常需用焊接加工，90%以上钢结构是焊接结构。焊接的质量取决于焊接工艺、焊接材料及钢的焊接性能。

钢材的可焊性是指钢材是否适应通常的焊接方法与工艺的性能。可焊性好的钢材指用一般焊接方法和工艺施焊，焊口处不易形成裂纹、气孔、夹渣等缺陷，焊接后钢材的力学性能，特别是强度不低于原有钢材，硬脆倾向小的钢材。钢材可焊性能的好坏，主要取决于钢的化学成分。含碳量高将增加焊接接头的硬脆性，含碳量小于0.25%的碳素钢具有良好的可焊性。

（5）钢材的腐蚀与防止

① 钢材的腐蚀。钢材表面与周围环境接触，在一定条件下，可发生相互作用使钢材表面腐蚀。钢筋腐蚀导致混凝土结构性能劣化，它具体表现在以下三个方面：一是由于钢筋腐蚀使钢筋有效截面减小、钢筋与混凝土黏结力下降，从而降低了结构的承载能力；二是由于钢筋腐蚀体积膨胀，使得混凝土产生顺筋胀裂，从而降低了结构的刚度，增大了变形，甚至使混凝土保护层剥落，影响结构的正常使用；三是由于钢筋腐蚀在混凝土中产生了相当大的拉应力，使混凝土承受双向或三向的应力。另外由于钢筋应力腐蚀，降低了结构的延性，改变了破坏形态。

总之，由于环境因素导致钢筋与混凝土基体的化学黏结力消失、摩擦膨胀力增大以及机械咬合力降低而造成结构破坏，特别是这种腐蚀的不均匀性使得混凝土结构局部开裂。

根据钢材与周围介质的不同作用，腐蚀可分为以下几类。

a. 化学腐蚀。化学腐蚀是指钢材与周围介质（如氧气等非电解质中的氧化剂）发生化学反应，生成疏松的氧化物而引起的腐蚀损伤。腐蚀产物生成于发生腐蚀反应的钢材表面，当其较牢固地覆盖在钢材表面时，会减缓进一步的腐蚀。在干燥环境中化学腐蚀速度缓慢，但在温度和湿度较大的情况下，这种腐蚀进展加快。腐蚀反应过程中不伴随电流产生。

b. 电化学腐蚀。钢材与电解质溶液接触而产生电流，形成原电池从而引起腐蚀。钢材本身含有铁、碳等多种成分，由于它们的电极电位不同，形成许多原电池。当凝聚在钢材表面的水分中溶入CO_2、SO_2等气体后，就形成电解质溶液。铁较碳活泼，因而铁成为阳极，碳成为阴极，阴阳两极通过电解质溶液相连，使电子产生流动。在阳极，铁失去电子成为Fe^{2+}后进入水膜；在阴极，溶于水的氧被还原为OH^-。同时Fe^{2+}与OH^-结合成为$Fe(OH)_2$，并进一步被氧化成为疏松的红色铁锈，使钢材受到腐蚀。电化学腐蚀是钢材在使用及存放过程中发生腐蚀的主要形式。

c. 应力腐蚀。将屈服点以上的张拉应力或残余应力施于钢材上，在特定的腐蚀环境中，将发生应力腐蚀裂纹或氢脆裂纹。应力腐蚀裂纹是由于钢表面的覆膜在特定的腐蚀环境中，受到张拉应力而破坏，露出的新钢材表面最先发生溶离，从而发生仅限于微观路径的腐蚀，直至开裂，所以它又称为活性路径裂纹；氢脆裂纹是腐蚀反应产生的氢浸入处于应力状态的钢中，引起氢脆而发生的裂纹。在纯金属中，不易产生应力腐蚀裂纹，而杂质对产生应力腐蚀裂纹有较大的影响；对于氢脆裂纹，硬度是重要的因素，通常硬度越高，越容易产生氢脆裂纹。对于预应力的混凝土结构要更加注意这种腐蚀。

② 钢材腐蚀的防止。

a.钢结构用钢材防腐措施。

（a）涂覆保护层。在钢材表面施加保护层，使其与周围介质隔离，从而防止腐蚀。保护层可分为两类：金属保护层和非金属保护层。

金属保护层是用耐蚀性较强的金属以电镀或喷镀的方法覆盖在钢材表面，如镀锌、镀锡、镀铬等。

非金属保护层是用有机或无机物质作为保护层。常用的是在钢材表面涂刷各种防锈涂料，此法简单易行但不耐久。此外还可采用塑料保护层、沥青保护层及搪瓷保护层等。

（b）制成合金钢。钢材的化学成分对耐腐蚀性有很大的影响。如在钢中加入合金元素铬、镍、钛、铜等制成不锈钢，可以提高耐腐蚀的能力。

（c）电化学保护法。电化学防腐包括阳极保护和阴极保护，适用于不易或不能涂覆保护层的钢结构。如蒸汽锅炉、地下管道、港口工程结构等。

阳极保护是在钢结构附近安放一些废钢铁或其他难熔金属，如高硅铁、铝、银合金等，外加直流电源。将负极接在被保护的钢结构上，正极接在难熔的金属上。通电后难熔金属成为阳极而被腐蚀，钢结构成为阴极而得到保护。阳极保护也称外加电流保护法。

阴极保护是在被保护的钢结构上接一块较钢铁更为活泼（电极电位更低）的金属，如锌、镁等，使锌、镁成为腐蚀电池的阳极被腐蚀，钢结构成为阴极而得到保护。

b. 钢筋混凝土中钢筋的腐蚀与防护方法。普通混凝土由于其组成材料之一的水泥在水化过程中产生 $Ca(OH)_2$，而且还含有少量 Na_2O、K_2O，会形成高碱性环境（pH值约为12或更高），使钢筋的表面形成一层钝化膜，对腐蚀环境有一定的抵抗作用，可防止钢筋氧化腐蚀。有关研究表明，当pH小于9.88时，钢筋表面的氧化物是不稳定的，即对钢筋没有保护作用；当pH为9.88～11.5时，钢筋表面的氧化膜不完整，即不能完全保护钢筋免受腐蚀；只有当pH大于11.5时，钢筋才能完全处于钝化状态。

普通混凝土制作的钢筋混凝土有时也发生钢筋腐蚀现象，主要原因是：混凝土不够密实，环境中的水和空气能进入混凝土内部；混凝土保护层厚度小或发生了严重的碳化（使钢筋位置的pH值降低）或足够浓度的游离 Cl^- 扩散到钢筋表面使钝化膜"溶解"等。

为防止钢筋腐蚀，通常采用以下措施：提高混凝土的密实性；减少混凝土的裂缝和增大钢筋的保护层厚度；给钢筋混凝土结构喷刷防腐涂层；减少混凝土中氯盐含量；添加阻锈剂。

3. 道路桥梁结构工程中常用建筑钢材的技术要求

建筑钢材可分为钢结构用钢和钢筋混凝土结构用钢两类。前者主要是型钢和钢板，后者主要是钢筋、钢丝、钢绞线等。各种型钢和钢筋的性能主要取决于所用钢种及其加工方式。建筑钢材的原料多为碳素钢和低合金钢。

我国桥梁工程中常用钢种主要有碳素结构钢和合金钢两大类，其中合金钢中使用较多的是普通低合金结构钢。

（1）碳素结构钢

碳素结构钢适用于一般工程的结构中，可加工成各种型钢、钢筋和钢丝。按国家标准《碳素结构钢》（GB/T 700—2006）的规定，碳素结构钢的牌号由代表屈服点的字母、屈服点数值、质量等级符号、脱氧方法等四部分按顺序组成。其中以"Q"代表屈服点；屈服点数值分为195MPa、215MPa、235MPa和275MPa四种；质量等级按硫、磷等杂质含量由多到少，分别用"A"、"B"、"C"、"D"表示；脱氧程度以"F"表示沸腾钢，"Z"表示镇静钢，"TZ"表示特殊镇静钢（"Z"，"TZ"符号可省略）。例如"Q235—BF"，即表示屈服点为235MPa的B级沸腾钢。

随着牌号的增大，其含碳量增加、强度提高，塑性和韧性降低，冷弯性能和可焊性逐渐变差。同一钢号内质量等级越高，钢材的质量越好，如Q235C级优于Q235A和Q235B级。碳素结构钢的化学成分和力学性能应符合表5-1和表5-2的规定，钢材冷弯性能符合表5-3的规定。

表5-1　碳素结构钢的化学成分

牌号	等级	脱氧方法	化学成分（质量分数）/%				
			C	Si	Mn	P	S
Q195	—	F、Z	≤0.12	≤0.30	≤0.50	≤0.035	≤0.040
Q215	A	F、Z	≤0.15	≤0.35	≤1.2	≤0.045	≤0.050
	B						≤0.045

续表

牌号	等级	脱氧方法	化学成分（质量分数）/%				
			C	Si	Mn	P	S
Q235	A	F、Z	≤0.22	≤0.35	≤1.40	≤0.045	≤0.050
	B		≤0.20				≤0.045
	C	Z	≤0.17			≤0.040	≤0.040
	D	TZ				≤0.035	≤0.035
Q275	A	F、Z	≤0.24	≤0.35	≤1.50	≤0.045	≤0.050
	B	Z	≤0.21			≤0.045	≤0.045
			≤0.22				
	C	Z	≤0.20			≤0.040	≤0.040
	D	TZ				≤0.035	≤0.035

表5-2　碳素结构钢的力学性能

牌号	等级	屈服强度/MPa						抗拉强度/MPa	断后伸长率/%				
		厚度或直径/mm							厚度或直径/mm				
		≤16	>16~40	>40~60	>60~100	>100~150	>150~200		≤40	>40~60	>60~100	>100~150	>150~200
Q195	—	≥195	≥185	—	—	—	—	315~430	≥33	—	—	—	—
Q215	A	≥215	≥205	≥195	≥185	≥175	≥165	335~450	≥31	≥30	≥29	≥27	≥26
	B												
Q235	A	≥235	≥225	≥215	≥215	≥195	≥185	370~550	≥26	≥25	≥24	≥22	≥21
	B												
	C												
	D												
Q275	A	≥275	≥265	≥255	≥245	≥225	≥215	410~540	≥22	≥21	≥20	≥18	≥17
	B												
	C												
	D												

表5-3　钢材冷弯性能

牌号	试样方向	冷弯试验180°，$B=2a$	
		钢材厚度（或直径）≤60mm	钢材厚度（或直径）>60~100mm
Q195	纵	弯曲压头直径$D=0$	
	横	弯曲压头直径$D=0.5a$	
Q215	纵	弯曲压头直径$D=0.5a$	弯曲压头直径$D=1.5a$
	横	弯曲压头直径$D=a$	弯曲压头直径$D=2a$
Q235	纵	弯曲压头直径$D=a$	弯曲压头直径$D=2a$
	横	弯曲压头直径$D=1.5a$	弯曲压头直径$D=2.5a$
Q275	纵	弯曲压头直径$D=1.5a$	弯曲压头直径$D=2.5a$
	横	弯曲压头直径$D=2a$	弯曲压头直径$D=3a$

从上面表格中可知，随着碳素结构钢牌号由Q195增至Q275，钢的含碳量逐渐增多，强度提高，塑性降低，冷弯性能下降。质量等级由A增至D，钢中有害杂质的含量逐渐减小。

不同牌号的碳素钢在土木工程中有不同的应用：

Q195——强度不高，塑性、韧性、加工性能与焊接性能较好，主要用于轧制薄板和盘条等；

Q215——与Q195钢基本相同，其强度稍高，大量用作管坯、螺栓等；

Q235——强度适中，有良好的承载性，又具有较好的塑性和韧性，可焊性和可加工性也较好，大量用于制作钢结构用型钢、钢筋和钢板等；

Q275——强度高，但塑性较差，有时轧成带肋钢筋用于混凝土中。

（2）低合金结构钢

低合金高强度钢是在碳素结构钢的基础上加入总量小于5%的合金元素而形成的钢种。它改善了原钢材的塑性和韧性，提高了钢材强度。其中合金元素主要有锰、硅、钒、钛、镍和铜等十多种。

按GB/T 1591—2018《低合金高强度结构钢》的规定，低合金高强度结构钢按含碳量和合金元素种类含量不同来划分牌号，共有八个牌号，即Q345、Q390、Q420、Q460、Q500、Q560、Q620、Q690。牌号由屈服点的汉语拼音字母"Q"、屈服点的数值及质量等级（A, B, C, D, E五级）三个部分组成。如Q420A，表示屈服强度不小于420MPa、质量等级为A级的低合金高强度结构钢。

合金元素加入钢以后，便与铁和碳共同作用，改变了钢材的组织、性能。以相近含碳量（0.18% ~ 0.20%）的Q345低合金结构钢与Q235A碳素结构钢相比，屈服点提高了约47%，同时具有良好的塑性、冲击韧性、可焊性及耐低温、耐蚀性等。在相同使用条件下，可比碳素结构钢节省用钢量20% ~ 30%。

对钢材进行合金化，一般是利用铁矿石或废钢中原有的合金元素如铌、铬等；或者加入一些廉价的合金元素如硅、锰等；但当需要使钢材具有特殊组织和更高的强度时，也可以加入少量的贵重合金元素如钛、钒等，其加入量是很少的。冶炼设备也基本上与生产碳素钢的设备相同。因此，其成本增加不多。

采用低合金结构钢可减轻结构重量、延长使用寿命，特别是大跨度、大柱网结构，采用较高强度的低合金结构钢，技术经济效果更显著。

钢结构采用上述两类钢材的品种主要有：型钢、钢板和钢管；型钢中的角钢、工字钢和槽钢以及钢板中的厚钢板。

三、任务解析

预制梁钢筋的技术交底

1. 钢筋的检验

（1）进场检验

钢筋到达现场后，必须检查产品合格证、附件清单和有关材质报告单或检查报告，同时需要进行外观检查，并必须对其质量指标进行全面检查，按批抽取试件做屈服强度、抗拉强度、伸长率和冷弯试验。

检验数量：以同牌号、同炉罐号、同规格、同交货状态的钢筋，每60t为一批，不足60t也按一批计。施工单位每批抽检一次；监理单位见证取样检测或平行检验抽检次数为施工单位抽检次数的20%或10%，但至少一次。

检验方法：施工单位全部检查质量证明文件并按批进行抽样，在经过外观检查合格的每批钢筋中任选出2根钢筋，在其上各取1套试样，每套试样各制2根试件，分别做拉伸试验（含抗拉强度、屈服点、伸长率和冷弯试验）。当试样中有1个试验项目不符合要求时，应另取双倍数量的试件对不合格项做第二次试验；当仍有1根试件不合格时，则该批钢筋应判为不合格。

监理单位全部检查质量证明文件、试验报告并随机抽样进行见证取样检测或平行检验。

（2）外观质量检验

钢筋应平直、无损伤，表面无裂纹、油污、颗粒状或片状老锈。检验数量：施工单位全部检查。检验方法：观察。

（3）进场后的管理

钢筋材料须经过计量登记后方可进场，进场后钢材应存放在钢筋棚内，按指定位置分类码放，并挂牌标示，以免混杂。并采用必要的保护措施，由专人负责保管。钢筋码放要整齐、条理，码放时不得直接放在地上，离地面高度应不少于20cm，并加以覆盖，防止钢筋锈蚀。

2.钢筋的加工

钢筋的施工工艺流程图如图5-2所示。

（1）钢筋的冷弯

钢筋在加工弯制前应调直，钢筋弯曲成型前，要根据配料表要求长度分别截断，通常宜用钢筋切断机进行。在缺乏设备时，可用断丝钳（剪断钢丝）、手动液压切断（切断不大于16mm钢筋）。

钢筋根据不同长短搭配、统筹排料；一般先断长料，后断短料，以减少短头和损耗。避免用短尺量长料，防止产生累计误差，丈量要在工作台上标出尺寸、刻度，并设置控制断料尺寸用的挡板。切断过程中如发现劈裂、缩头或严重的弯头等，必须切除。切断后钢筋断口不得有马蹄形或起弯等现象，钢筋长度偏差不要大于±10mm。

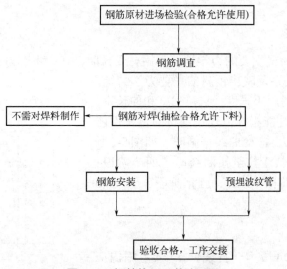

图5-2　钢筋施工工艺流程图

钢筋宜在常温状态下加工，不宜加热。弯制钢筋宜从中部开始，逐步弯向两端，弯钩应一次弯成。

钢筋的切断应按规定的级别、直径、尺寸等进行。弯制钢筋应弯成平滑的曲线，其曲率半径 r 不宜小于钢筋直径的10倍（光圆钢筋）或12倍（带肋钢筋）。

（2）钢筋的焊接

热轧钢筋的接头宜采用闪光对焊或电弧焊连接，并以闪光焊为主。一般钢筋接头宜用电焊焊接，并以闪光接触对焊为主。主筋接头，必须采用闪光接触对焊。跨度大于10m的梁，不得采用搭接接头。

冬期闪光对焊时，钢筋棚内的温度不宜低于10℃，钢筋应提前运入钢筋棚，焊毕的钢筋应待完全冷却后才能使用和运往钢筋棚外。冬期电弧焊接时，应有防寒、防风及保温措施，并应选用韧性较好的焊条。

在同条件下（指钢筋生产厂、批号、级别、直径、焊工、焊接工艺和焊机等均相同）完成并经外观检查合格的焊接接头，以200个为一批（不足200个，也按一批计），从中切取6个试件，3个做拉力试验，3个做冷弯试验，进行质量检验。

任务 二
检测钢材的工程适用性

一、任务情境

请项目部试验室从钢筋加工场将任务一选取出的钢筋带回试验室进行检测并报送监理。

二、知识导入

1. 钢材抗拉性能

抗拉性能是建筑钢材最重要的力学性能。钢材受拉时，在产生应力 σ 的同时，也相应地产生应变 ε，应力和应变的关系反映出钢材的主要力学特征。通过拉伸试验，可以测得屈服强度、抗拉强度和伸长率，这些是钢材的重要技术性能指标。建筑钢材的抗拉性能可用低碳钢受拉时的应力-应变曲线来阐明，如图5-3所示。由图可见，低碳钢从受拉至拉断经历了四个阶段：弹性阶段（OA）、屈服阶段（AB）、强化阶段（BC）和颈缩阶段（CD）。

（1）弹性阶段（OA）

应力-应变曲线在OA段为一直线。在OA范围内力和应变保持线性关系。曲线上和A点对应的应力称为

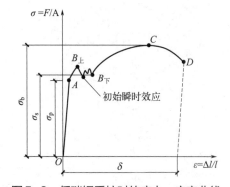

图5-3 低碳钢受拉时的应力-应变曲线

弹性极限，常用σ_P表示。弹性阶段所产生的变形称为弹性变形。在OA线上任一点的应力与应变的比值为一常数，称为弹性模量，用E表示，即$E=\sigma/\varepsilon$。弹性模量说明产生单位应变时所需应力的大小，它反映钢材的刚度大小。弹性模量是钢材在受力条件下计算结构变形的重要指标。工程中常用Q235钢的弹性极限σ_P为180～200MPa，弹性模量E为（2.0～2.1）×10^5MPa。

（2）屈服阶段（AB）

在屈服阶段，钢材在静载荷作用下，开始丧失对变形的抵抗能力，并产生大量塑性变形。如图5-3，在屈服阶段，锯齿形的最高点所对应的应力称为上屈服点（$B_上$）；最低点所对应的应力称为下屈服点（$B_下$）。因上屈服点不稳定，所以国家标准规定以下屈服点的应力作为钢材的屈服强度，用σ_s表示。中、高碳钢没有明显的屈服点，通常以残余变形为原长0.2%时的应力为屈服强度，称为条件屈服强度，用$\sigma_{0.2}$表示。

屈服强度对钢材的使用有着重要意义，当构件的实际应力达到屈服点时，将产生不可恢复的永久变形。这在结构上是不允许的。因此，屈服强度是确定钢结构容许应力的主要依据。

（3）强化阶段（BC）

钢材在拉力作用下能承受的最大拉应力，用σ_b表示，如图5-3所示曲线从$B_下$点开始上升，直至最高点C。抗拉强度虽然不能直接作为计算的依据，但屈服强度和抗拉强度的比值即屈强比（σ_s/σ_b）在工程上很有意义，此值越小，结构的可靠性越高，即防止结构破坏的潜力越大。但此值过小时，钢材的强度有效利用率太低。合理的屈强比，一般在0.6～0.75之间。所以屈服强度和抗拉强度是钢材力学性质的主要检测指标。

（4）颈缩阶段（CD）

应力超过C点以后，钢材抵抗塑性变形的能力大大降低，塑性变形急剧增加，在薄弱处断面显著减小，出现"颈缩"现象，并很快断裂，如图5-4所示。试件拉断后，将其拼合，测出标距内的长度L_1，即可按下式计算其伸长率δ：

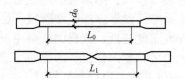

图5-4　试件拉伸前和断裂后标距的长度

$$\delta = \frac{L_1-L_0}{L_0}\times100\% \tag{5-1}$$

式中　L_0——试件原标距长度，mm；

$\quad\quad L_1$——试件拉断后标距间的长度，mm；

$\quad\quad \delta$——试件伸长率，%。

应当指出，由于出现颈缩，塑性变形在试件标距内的分布是不均匀的，而且颈缩处的伸长较大。因而原标距与直径之比n越大，则颈缩处伸长值在整个伸长值中的比重越小，结果计算出的伸长率则小些。通常以δ_5表示$L_0=5d_0$（称为短试件）时的伸长率；以δ_{10}表示$L_0=10d_0$（称为长试件）时的伸长率。d_0为试件的原直径。对于同一钢材，$\delta_5 > \delta_{10}$。某些钢材的伸长率是采用定标距试件测定的，如果标距$L_0=100$mm或200mm，则伸长率用δ_{100}或δ_{200}表示。塑性变形还可用断面收缩率Z表示，计算公式为

$$Z=\frac{S_0-S_1}{S_0}\times100\%$$

（5-2）

式中　S_0——原始横截面面积，mm^2；

　　　S_1——试样拉伸断裂处断面面积，mm^2；

　　　Z——断面收缩率，%。

伸长率是表示钢材塑性大小的指标，在工程中具有重要意义。伸长率过大，钢质软，在荷载作用下结构易产生较大的塑性变形，影响实际使用；伸长率过小，钢质硬脆，当结构受到超载作用时，钢材易断裂；塑性良好（伸长率在一定范围内）的钢材，即使在承受偶然超载时，钢材通过产生塑性变形而使其内部应力重新分布，从而克服了因应力集中而造成的危害。此外，对塑性良好的钢材，可以在常温下进行加工，从而得到不同形状的制品，并使其强度和塑性得到一定程度的改善。因此，在实际使用中，尤其受动荷载作用的结构，对钢材的塑性有较高的要求。

2. 钢材的冲击韧性

冲击韧性是指钢材抵抗冲击荷载而不破坏的能力，规范规定以有刻槽的标准试件在冲击试验的摆锤冲击下破坏后，缺口处单位面积上所消耗的功来表示，符号 a_k，单位 J/cm^2。a_k 越大，冲断试件消耗的能量越多，或者说钢材断裂前吸收的能量越多，说明钢材的韧性越好。图5-5所示为钢材冲击韧性试验示意。

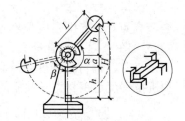

图5-5　冲击韧性试验示意

钢材的冲击韧性对钢的化学成分、组织结构以及生产质量都较敏感，如钢中 P、S 含量较高、存在偏析、非金属夹杂物和焊接中的微裂纹等都会使冲击韧性显著降低，除此之外还受温度和时间的影响。

试验表明，冲击韧性受温度的影响较大，随温度的降低而下降，开始时下降缓慢，当达到一定温度范围时，a_k 值急剧下降，从而可使钢材出现脆性断裂，这种性质称为钢材的冷脆性，相应的温度称为脆性转变温度。脆性转变温度越低，钢材的低温冲击韧性越好。因此在负温下使用的结构，应当选用脆性转变温度低于使用温度的钢材。脆性转变温度的测定较复杂，规范中通常是根据气温条件规定 −20℃ 或 −40℃ 的负温冲击值指标。

冷加工时效处理也会使钢材的冲击韧性下降。钢材的时效是指钢材随时间的延长，钢材强度逐渐提高，而塑性、韧性下降的现象。完成时效的过程可达数十年，但钢材如经过冷加工或使用中受振动和反复荷载作用，时效可迅速发展。因时效导致钢材性能改变的程度称为时效敏感性。时效敏感性大的钢材，经过时效处理后，冲击韧性显著降低。

3. 钢材的疲劳性能

钢材在承受交变荷载的反复作用时，可在低于其屈服强度时突然发生断裂，称为疲劳破坏。一般规定钢材试样的疲劳失效判据是试验断裂或达到额定的循环周次，在一些特殊应用中，可采用其他判据，例如，可见的疲劳裂纹的出现，试验的塑性变形或者裂纹的传播速率等。疲劳寿命（持续时间）是指达到疲劳失效判据的实际循环数，如结构钢的 10^7 周次和其他钢种的 10^8 周次等。

疲劳强度是指钢材在无限多次交变载荷作用下而不破坏的最大应力，又称为疲劳极限。

设计承受反复荷载作用且需要做疲劳验算的工程结构时，应当掌握所用钢材的疲劳性能。

一般钢材的疲劳破坏是由拉应力引起的。首先从局部开始产生细小裂纹，随后由于裂纹尖角处的应力集中再使其逐渐扩大，直至疲劳破坏。疲劳引发的裂纹往往在应力最大的区域形成，也即在应力集中的地方形成，所以钢材的疲劳性能不仅取决于其内部组织状态和各种缺陷，也取决于其应力最大处的表面质量及内应力大小等因素。一般讲，钢材的抗拉强度高，其疲劳极限也较高。

4. 钢材的硬度

钢材的硬度是指其表面抵抗硬物压入产生局部变形的能力。测定钢材硬度的方法有布氏法、洛氏法和维氏法等，建筑钢材常用布氏硬度表示，其代号为HB。布氏法的测定原理是利用直径为 D（mm）的淬火钢球，以荷载 P（N）将其压入试件表面，经规定的持续时间后卸去荷载，得到直径为 d（mm）的压痕，以压痕表面面积 A（mm^2）除以荷载 P 即得到布氏硬度值（HB），此值无量纲。图5-6所示为布氏硬度测定示意。

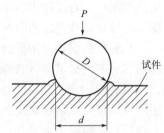

图5-6　布氏硬度测定示意

在测定前，应根据试件厚度和估计的硬度范围，按试验方法的规定选定钢球直径、所加荷载及荷载持续时间。布氏法适用于 HB≤450 的钢材，测定时所得压痕直径应在 $0.25D<d<0.6D$ 范围内，否则测定结果不准确。当被测材料硬度HB>450时，钢球本身将发生较大变形甚至破坏，应采用洛氏法测定其硬度。布氏法比较准确，但压痕较大，不宜用于成品检验，而洛氏法压痕小，后者是以压头压入试件的深度来表示硬度值的，常用于判断工件的热处理效果。

材料的硬度是材料弹性、塑性、强度等性能的综合反映。试验证明，碳素钢的HB值与其抗拉强度 σ_b 之间存在较好的相关性，当 HB<175 时，$\sigma_b≈3.6HB$；当 HB≥175 时，$\sigma_b≈3.5HB$。根据这些关系，可以在钢结构原位上测出钢材的HB值，来估算钢材的抗拉强度。

5. 钢材的选用及选用原则

（1）钢材的选用

道路建筑用钢主要有钢结构用钢材和钢筋混凝土结构用钢材两大类。前者主要指桥梁结构用钢，后者主要包括钢筋、钢丝、钢绞线等。

① 热轧钢筋。热轧钢筋由碳素结构钢和低合金高强度结构钢轧制而成，是建筑工程中用量最大的钢材品种之一，主要用于钢筋混凝土结构和预应力钢筋混凝土结构的配筋。不仅要求有较高的强度，而且应有良好的塑性、韧性和可焊性能。热轧钢筋主要有Q235轧制的光圆钢筋和由合金钢轧制的带肋钢筋两类。其中光圆钢筋需符合《钢筋混凝土用钢第1部分：热轧光圆钢筋》（GB/T 1499.1—2017）的规定，带肋钢筋需符合《钢筋混凝土用钢第2部分：热轧带肋钢筋》（GB/T 1499.2—2018）的规定。热轧钢筋的力学性能和工艺性能要求见表5-4。

表5-4　热轧钢筋的力学性能和工艺性能

表面性质	牌号	公称直径/mm	屈服强度/MPa	抗拉强度/MPa	断后伸长率/%	弯曲试验弯心直径
光圆	HPB300	6～22	≥300	≥420	≥25	d
带肋	HRB400 HRBF400 HRB400E HRBF400E	6～25 28～40 >40～50	≥400	≥540	≥16 —	4d 5d 6d

续表

表面性质	牌号	公称直径/mm	屈服强度/MPa	抗拉强度/MPa	断后伸长率/%	弯曲试验弯心直径
带肋	HRB500 HRBF500 HRB500E HRBF500E	6～25 28～40 >40～50	≥500	≥630	≥15 —	6d 7d 8d
	HRB600	6～25 28～40 >40～50	≥600	≥730	≥14	6d 7d 8d

热轧光圆钢筋按照强度等级分类为Ⅰ级钢筋，其强度等级代号为R235，用Q235碳素结构钢轧制而成。它的强度较低，但具有塑性好、伸长率高、便于弯曲成型、容易焊接等特点。它的使用范围很广，可用作中、小型钢筋混凝土结构的主要受力钢筋、构件的箍筋，还可作为冷轧带肋钢筋和冷拔低碳钢丝的原材料。

热轧带肋钢筋采用低合金钢热轧而成，横截面通常为圆形，且表面带有两条纵肋和沿长度方向均匀分布的横肋，其含碳量为0.17%～0.25%，主要合金元素有硅、锰、钒、铌、钛等，有害元素硫和磷的含量应控制在0.045%以下。热轧带肋钢筋具有较高的强度，塑性和可焊性也较好。钢筋表面带有纵肋和横肋，从而加强了钢筋与混凝土之间的握裹力。可用于钢筋混凝土结构的受力钢筋以及预应力钢筋。

② 冷轧带肋钢筋。冷轧带肋钢筋是用热轧圆盘条经冷轧后，在其表面带有沿长度方向均匀分布的三面或二面横肋的钢筋。其牌号有CRB550、CRB650、CRB800、CRB970四个牌号。C、R、B分别为冷轧（coldrolled）、带肋（ribbed）、钢筋（bar）三个词的英文首字母。CRB550为普通钢筋混凝土用钢筋，其他牌号为预应力混凝土用钢筋。CRB650及以上牌号钢筋的公称直径为4mm、5mm、6mm。

钢筋的各项性能应符合表5-5的规定。当进行弯曲试验时，受弯曲部分表面不得产生裂纹。

表5-5　冷轧带肋钢筋的力学性能和工艺性能

牌号	$R_{p0.2}$	R_m	伸长率		弯曲试验	反复弯曲试验	应力松弛 初始应力应相当于公称抗拉强度的70%，1000h松弛率
			$A_{11.3}$	A_{100}			
CRB550	≥500	≥550	≥8.0	—	3d	—	≤8
CRB650	≥585	≥650	—	≥4.0		3	≤8
CRB800	≥720	≥800	—	≥4.0		3	≤8
CRB970	≥875	≥970	—	≥4.0		3	≤8

屈服强度（$\sigma_{0.2}$）指因金属材料的屈服点极不明显，在测量上有困难，为了衡量材料的屈服特性，规定产生永久残余塑性变形等于一定值（一般为原长度的0.2%）时的应力。

冷轧带肋钢筋由于带有月牙形横肋，与混凝土的黏结强度较光面钢筋增大2倍以上，在预应力混凝土构件中，是冷拔低碳钢丝的更新换代产品；在现浇混凝土结构中，则可代替Ⅰ级钢筋，以节约钢筋。

③ 冷拉热轧钢筋。将热轧钢筋在常温下拉伸至超过屈服点小于抗拉强度的某一应力，然后卸荷，即成了冷拉钢筋。冷拉可使屈服点提高17%～27%、材料变脆、屈服阶段缩短、伸长率降低，

冷拉时效后强度略有提高。实际操作中可将冷拉、除锈、调直、切断合并为一道工序，这样简化了流程，提高了效率。冷拉既可以节约钢材，又可制作预应力钢筋，是钢筋加工的常用方法之一。

④ 热处理钢筋。预应力混凝土用热处理钢筋是用热轧中碳低合金钢钢筋，经淬火、回火调质处理的钢筋。通常有直径为6mm、8.2mm、10mm等三种规格，抗拉强度 $\sigma_b \geqslant 1500MPa$，屈服点 $\sigma_{0.2} > 1350MPa$，伸长率 $\delta_{10} \geqslant 6\%$。为增加与混凝土的黏结力，钢筋表面常轧有通长的纵筋和均布的横肋。一般卷成直径为1.7～4.0m的弹性盘条供应，开盘后可自行伸直。使用时应按所需长度切割，不能用电焊或氧气切割，也不能焊接，以免引起强度下降或脆断。热处理钢筋的设计强度取标准强度的0.8，先张法和后张法预应力的张拉控制应力分别为标准强度的0.7和0.65。

⑤ 冷拔低碳钢丝。冷拔低碳钢丝是用6.5～8mm的碳素结构钢Q235或Q215盘条，通过多次强力拔制而成的直径为3mm、4mm、5mm的钢丝，其屈服强度可提高40%～60%。但其变得硬脆，属硬钢类钢丝。冷拔低碳钢丝按力学强度分为甲乙两级：甲级为预应力钢丝；乙级为非预应力钢丝。混凝土工厂自行冷拔时，应对钢丝的质量严格控制，对其外观要求分批抽样，表面不准有锈蚀、油污、伤痕、皂渍、裂纹等，逐盘检查其力学、工艺性质，凡伸长率不合格者，不准用于预应力混凝土构件中。

⑥ 预应力钢筋混凝土用钢丝。预应力混凝土用钢丝是以优质碳素结构钢盘条为原料，经冷加工及时效处理或热处理制成的用作预应力混凝土骨架的钢丝，其技术要求应符合《预应力混凝土用钢丝》（GB/T 5223—2014）。

预应力混凝土用钢丝按表面状态不同可分为光圆钢丝（代号为P）、螺旋肋（代号为H）和刻痕钢丝（代号为I）。

预应力混凝土用钢丝直径为3～12mm，钢丝的抗拉强度比钢筋混凝土用热轧光圆钢筋、热轧带肋钢筋高许多。在构件中采用预应力钢丝可节省钢材、减小构件截面面积和节省混凝土，主要用于桥梁、吊车梁、大跨度屋架、管桩等预应力钢筋混凝土构件中。

⑦ 预应力混凝土用钢绞线。《预应力混凝土用钢绞线》（GB/T 5224—2014）规定了适用于由冷拉光圆钢丝及刻痕钢丝捻制的用于预应力混凝土结构的钢绞线的类别、品质和性能。钢绞线按结构分为五类：用两根钢丝捻制的钢绞线、用三根钢丝捻制的钢绞线、用三根刻痕钢丝捻制的钢绞线、用七根钢丝捻制的标准型钢绞线、用七根钢丝捻制又经模拔的钢绞线。其中标准型钢绞线是指由冷拉光圆钢丝捻制成的钢绞线。与钢筋混凝土中的其他配筋相比，预应力钢绞线具有强度高、柔性好、质量稳定、成盘供应无需接头等优点，适用于大型屋架、薄腹梁、大跨度桥梁等负荷大、跨度大的预应力结构。

（2）选用原则

① 荷载性质。经常承受动力或振动荷载的结构，易产生应力集中，引起疲劳破坏，需选用材质高的钢材。

② 使用温度。经常处于低温状态的结构，钢材容易发生冷脆断裂，特别是焊接结构，冷脆倾向更加显著，故要求钢材具有良好的塑性和低温冲击韧性。

③ 连接方式。当温度变化和受力性质改变时，容易导致焊接结构焊缝附近的母体金属出现冷、热裂纹，促使结构早期破坏。因此，焊接结构对钢材化学成分和机械性能要求较高。

④ 钢材厚度。钢材力学性能一般随厚度增大而降低，故一般结构用钢材厚度不宜超过40mm。

⑤ 结构重要性。选择钢材要考虑结构使用的重要性，如大跨度结构、重要的建筑物结构，需选用质量更好的钢材。

三、任务实施

步骤1：试验计划编写

根据技术交底，确定试验内容及试验样品的数量。

步骤2：钢筋抗拉性能的检测

学习钢筋拉伸的内容，参考试验手册试验5.1钢筋拉伸试验，扫码学习试验5.2钢筋焊接拉伸试验，完成样品抗拉性能的检测，并将结果记录在附表5.1中。

试验 5.2

步骤3：钢筋韧性及疲劳特性的检测

学习钢筋冷弯及疲劳性能的内容，参考试验手册试验5.3钢筋弯曲试验，扫码学习试验5.4钢筋焊接弯曲试验，完成样品韧性及疲劳特性检测，并将结果记录在附表5.1中。

试验 5.4

步骤4：完成钢筋检测试验报告并填写报告单

整理步骤1～步骤3的试验内容，完成钢筋的检测报告并填写工程项目报验单（见试验手册附表5.2，附表5.3）

检测沥青、沥青混合料技术性能及编制沥青混凝土配合比计算书

项目六

任务 一
检测沥青的工程适用性

一、任务情境

安徽某高速公路项目采购沥青，其中用于面层施工的道路石油沥青120t，交付沥青的质量及技术须符合《沥青路面施工及验收规范》（GB 50092—1996）、《公路工程沥青及沥青混合料试验规程》（JTG E20—2011）的标准要求。材料具体要求如下所列。

沥青：采用某公司生产的SBSI-C型改性沥青，技术检测结果见表6-22；

集料：集料为玄武岩，规格分别为1#料10～15mm、2#料5～10mm、3#料3～5mm、4#料0～3mm，各项检测结果见表6-23、表6-24；

矿粉：石灰岩石粉，各项检测结果见表6-25。

请项目部试验室对进场沥青进行检测并出具检测报告。

二、知识导入

1. 沥青的基本性质

沥青是一种有机胶凝材料，是一种复杂的高分子碳氢化合物及其非金属（O、S、N等）衍生物的混合物。在常温下，沥青呈固态、半固态或液态，颜色由黑色至黑褐色，是一种憎水性材料，几乎不溶于水，且构造密实，是一种良好的防水材料。同时作为一种重要的战略资源，在公路、铁路、桥梁等交通基础设施及水利工程、防水防腐工程等各个领域得到广泛应用。

（1）沥青的分类

沥青的品种很多，广义的沥青主要包括天然沥青、焦油沥青及石油沥青三大类，而狭义的沥青主要是指石油沥青。

① 天然沥青。天然沥青是石油在自然界长期受地壳挤压并与空气、水接触逐渐变化而形成的，以天然形态存在的石油沥青，其中常混有一定比例的矿物质。

② 焦油沥青。煤焦油初馏时留下的残渣称为焦油沥青，是由5000多种三环以上多环芳香族化合物和少量与炭黑相似的高分子物质组成的多相体系和高碳物料，含碳92%～94%，是制取

各种碳元素材料不可替代的原料。焦油沥青分为两类。

  a. 煤沥青，由煤焦油蒸馏后的残留物加工而得；

  b. 页岩沥青，为油页岩炼油工业的副产品。

  ③ 石油沥青。石油沥青是原油加工过程中的一种产品，在常温下是黑色或黑褐色的黏稠液体、半固体或固体，主要含有可溶于三氯乙烯的烃类及非烃类衍生物，其性质和组成随原油来源和生产方法的不同而变化。

  在工程中采用的沥青绝大多数是石油沥青，原因是石油沥青无毒性，且具有良好的技术性能，产量较高且价格较低。另外还使用少量的煤沥青。

  在道路中，应用的沥青种类主要有：道路石油沥青、乳化沥青、液体石油沥青、煤沥青、改性沥青、改性乳化沥青等。

（2）石油沥青的组成和结构

  石油沥青是由石油经蒸馏、吹氧、调和等工艺加工得到的残留物。《公路工程沥青及沥青混合料试验规程》（JTG E20—2011）规定对其有三组分和四组分两种分析法。化学组分分析是将沥青分离为几个化学性质相近而且与路用性质有一定联系的组，这些组就称为"组分"。

  ① 三组分分析法。三组分分析法将石油沥青分离为油分、树脂和沥青质等三组分，其状态、色泽、密度等特性见表6-1。

表6-1 石油沥青三组分特性

组分	状态	染色	相对密度	分子量	含量/%
油分	油状液体	淡黄至红褐色	＜1	300～500	40～60
树脂	黏稠状物体	黄至黑色	略大于1	600～1000	15～30
沥青质	无定形固体粉末	深褐至黑色	＞1	＞1000	10～30

  a. 油分能溶于石油醚、二硫化碳、三氯甲烷、苯、四氯化碳和丙酮等有机溶剂中，但不溶于酒精。油分赋予沥青以流动性，其含量越高，则沥青的软化点越低，从而直接影响沥青的柔软性、抗裂性及施工难度。

  b. 树脂中绝大部分属于中性树脂，中性树脂能溶于三氯甲烷、汽油和苯等有机溶剂，但在酒精和丙酮中难溶解或溶解度很低，它赋予沥青良好的黏结性、塑性和可流动性。中性沥青含量增加，石油沥青的延度和黏结力等品质变得更好。

  c. 沥青质不溶于酒精、正戊烷，但溶于三氯甲烷和二硫化碳，染色力强，对光的敏感性强，感光后就不能溶解。沥青质决定着沥青的黏结力、黏度和温度稳定性，其含量越多，软化点越高，黏性越大，但越硬脆。

  以上三组分之间的比例关系，往往决定着石油沥青的性质。如液体沥青中油分、树脂多时，沥青的流动性好；固体沥青中树脂、沥青质多时，沥青的黏结力和温度稳定性好。

  ② 四组分分析法。四组分分析法是将沥青分离为饱和分、芳香分、胶质和沥青质等四组分。沥青质和胶质的含量较高，则其针入度值较小（稠度较高），软化点较高；饱和分含量较高，则其针入度值较大（稠度较低），软化点较低；芳香分含量对针入度、软化点无影响，但极性芳香分含量高，对其黏附性有利；胶质对沥青延度贡献较大。

  另外在石油沥青中还含有2%～3%的沥青碳和似碳物，为无定形的黑色固体粉末，是在高温裂化、过度加热或深度氧化过程中脱氢而生成的，是石油沥青中分子量最大的，它能降低石油沥青的黏结力。石油沥青中还含有蜡，是石油沥青的有害成分，它会降低石油沥青的黏结性和塑性，使温度稳定性变差。蜡存在于石油沥青的油分中，可采用氯盐处理法、高温吹氧法、减压蒸馏法和溶剂脱蜡法等处理多蜡石油沥青，使蜡被氧化和蒸发，从而提高石油沥青的软化点、降低针入度，改善石油沥青的性质。

沥青四组分分析法参考"沥青化学组分试验（T0618—1993）（四组分法）"，本书略。

（3）石油沥青的胶体结构

如图6-1所示，石油沥青的结构是以沥青质为核心，周围吸附部分树脂和油分的互溶物构成的胶团，无数胶团分散在油分中而形成的胶体结构。

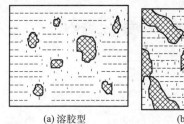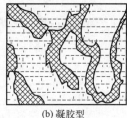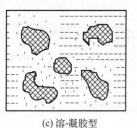

(a) 溶胶型　　　　　　　(b) 凝胶型　　　　　　　(c) 溶-凝胶型

图6-1　石油沥青的胶体结构图

根据沥青中各组分的相对比例不同，胶体结构可分为溶胶型、凝胶型和溶-凝胶型三种类型。

① 溶胶型结构。沥青质含量较少，胶团间完全没有引力或引力很小，在外力作用下随时间发展的变形特性与黏性液体一样。直馏沥青的结构多为溶胶结构（直馏沥青是石油原油提炼出汽油、煤油、中油、重油等产品后剩余的残渣）。

② 凝胶型结构。沥青质含量很多，胶团间有引力，形成立体网状结构，沥青质分散在网格之间，在外力作用下弹性效应明显。氧化沥青多属于凝胶结构（氧化沥青是直馏沥青在氧化釜内加温注氧后形成的，氧化沥青和直馏沥青除含氧量不同外，在常温下氧化沥青无挥发性物质逸出，但黏滞性提高）。

③ 溶-凝胶型结构。介于溶胶与凝胶之间，并有较多的树脂，胶团间有一定吸引力，在常温下受力变形的最初阶段呈现出明显的弹性效应，当变形增加到一定数值后，则变为有阻尼的黏性流动。大部分优质道路沥青均配成溶-凝胶型结构，具有黏弹性和触变性，故亦称弹性溶胶。

2. 沥青的技术指标

（1）沥青的密度

密度是沥青在规定温度下（15℃）单位体积所具有的质量，单位为kg/m³或g/cm³。沥青密度随着沥青中各组分含量不同而不同，其中沥青质使沥青密度增大，其他都使得沥青密度变小。因此沥青密度是衡量沥青优劣的一个指标，密度越大性能越好。

相对密度是指在规定条件下，15℃的沥青质量与25℃同体积水的质量之比。通常道路石油沥青的密度和相对密度按式（6-1）换算。

$$沥青与水的相对密度（15℃/25℃）＝沥青的密度（15℃）×0.996 \qquad (6-1)$$

（2）沥青的热胀系数

通常沥青的密度测定温度为15℃，由于沥青具有热胀冷缩的性质，温度上升时沥青材料的体积会发生膨胀。这对于沥青储罐的设计和沥青作为填缝、密封材料是十分重要的。沥青的体膨胀系数与沥青路面的路用性能有密切关系，体膨胀系数越大，夏季沥青路面越容易泛油，冬季又容易出现收缩开裂。一般来说，沥青的体膨胀系数在$2×10^{-4}℃^{-1}\sim6×10^{-4}℃^{-1}$范围内。

（3）沥青的黏滞性

黏滞性又称黏性，是指沥青材料在外力作用下沥青粒子间产生相互位移而抵抗剪切变形的能力。沥青作为胶结材料，应将松散的矿质材料胶结为一个整体而不产生位移。因此，黏滞性是沥青材料的重要性质。如图6-2所示，在金属板中夹一沥青层，当其受到简单剪切变形时，沥青在高温时表现为牛顿流状态，按牛顿黏度公式表征沥青层抵抗移动的抗力由式（6-2）表示：

$$F = \eta A \frac{\mathrm{d}v}{\mathrm{d}y} \tag{6-2}$$

式中　F——引起沥青层移动的力（亦即等于沥青抵抗移动的抗力），N；

$\dfrac{\mathrm{d}v}{\mathrm{d}y}$——速度变化梯度（即剪变率），$s^{-1}$；

　　　A——沥青层的面积，m^2；

　　　η——沥青的内摩阻系数（沥青黏度，Pa·s）。

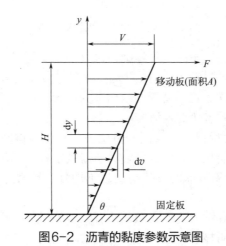

图6-2　沥青的黏度参数示意图

将 $\dfrac{F}{A} = \tau$，和 $\dfrac{\mathrm{d}v}{\mathrm{d}y} = \gamma$ 带入（6-2），沥青的动力黏度由式（6-3）表示：

$$\eta = \frac{\tau}{\gamma} \tag{6-3}$$

式中　τ——剪应力，N/m^2；

　　　γ——剪变率，s^{-1}。

由式（6-3）可知，沥青的动力黏度，即在流体内每米长度上，在1m/s的速度梯度时，与该速度梯度方向相垂直的面上，在速度方向上产生$0.1N/m^2$应力时的黏度，计量单位采用"帕·秒"（Pa·s）。

我国现行《公路工程沥青及沥青混合料试验规程》（JTG E20—2011）规定：测定液体石油沥青、煤沥青和乳化沥青等黏度，采用道路标准黏度计法，试验示意见图6-3。

试验方法是：在标准试样中，于规定的温度下，从标准黏度计的泄油孔流出50mL所需的时间，以S表示，测定试样的黏滞度，以划分试样的标号。按上述方法，在相同的温度和相同的流孔条件下，流出时间越长，表示沥青黏度越大。

（4）沥青的针入度

针入度试验是国际上普遍采用测定黏稠沥青稠度的一种方法，也是划分沥青标号采用的一项

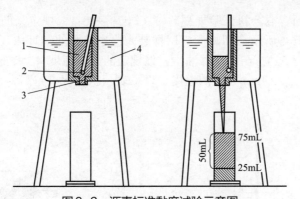

图6-3　沥青标准黏度试验示意图

1—试样；2—钢球；3—流孔；4—恒温浴

指标。所谓针入度，是指在规定温度25℃下，以规定质量100g的标准针，在规定时间5s内贯入沥青试样中的深度（1/10mm为1度）表示。针入度越大，表示沥青越软，黏度越小。针入度试验示意见图6-4。

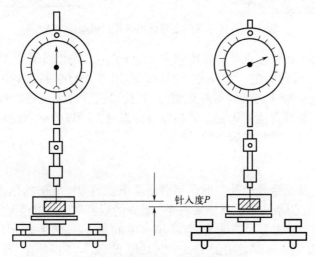

图6-4　沥青针入度试验示意图

针入度以$P_{T,m,t}$表示，P表示针入度，脚标表示试验条件，其中T为试验温度，m为标准针（包括连杆及砝码）的质量，t为贯入时间。我国现行《公路工程沥青及沥青混合料试验规程》（JTG E20—2011）规定：常用的试验条件为$P_{25℃,\,100g,\,5s}$。此外，在计算针入度指数时，针入度试验温度常为5℃、15℃、25℃、35℃等，但标准针质量和贯入时间仍为100g和5s。

按上述方法测定的针入度值越大，表示沥青越软（稠度越小），实际上针入度是测量沥青稠度的一种指标。通常稠度高的沥青，其黏度亦高。但是由于沥青胶体结构的复杂性，将针入度换算为黏度的一些方法，均不能获得良好的相关关系。

（5）沥青的软化点

沥青材料是一种非晶质高分子材料，它由液态凝结为固态，或由固态熔化为液态时，没有明确的固化点或液化点，通常采用条件的硬化点和滴落点来表示，沥青材料在硬化点至滴落点之间的温度阶段时，是一种黏滞流动状态。在工程实际中，为保证沥青不致由于温度升高而产生流动的状态，取滴落点和硬化点之间温度间隔的87.21%作为软化点。

《公路工程沥青及沥青混合料试验规程》（JTG E20—2011）规定，沥青软化点一般采用环球法软化点仪测定，如图6-5所示，即将沥青试样装入规定尺寸的铜环内（内径18.9mm），试样上放置标准钢球（质量为3.5g），在水或甘油中，以规定的升温速度（5℃/min）加热，使沥青软化下垂至规定距离（垂度为25.4mm）时的温度，以℃表示。软化点越高，表明沥青的耐热性越好，即高温稳定性越好。

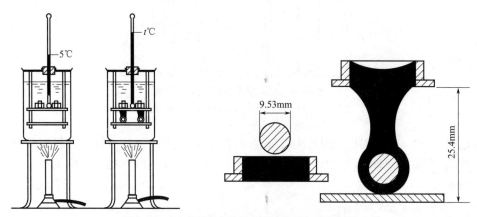

图6-5　环球法测定软化点装置及试验示意图

研究认为：多种沥青在软化点时的黏度约为1200Pa·s，或相当于针入度值为800（0.1mm）。软化点试验实际上是测量沥青在一定外力（钢球）作用下开始产生流动并达到一定变形时的温度，可以认为软化点是一种人为的"等黏温度"。由此可见，针入度是在规定温度下测定沥青的条件黏度，而软化点则是沥青达到规定条件黏度时的温度。所以软化点既是反映沥青材料热稳定性的一个指标，也是沥青条件黏度的一种量度。

（6）沥青的延性

沥青的延性是指当其受到外力的拉伸作用时所能承受的塑性变形的总能力，是沥青的黏聚力的衡量，通常是用延度作为条件延性指标来表征。沥青的延度采用延度仪测定（图6-6）。

延度是将沥青试样制成"∞"形标准试模（中间最小截面为1cm²），在规定速度（5cm/min±0.25cm/min）和温度（通常采用25℃、15℃、10℃或5℃）下拉伸至断时的长度，以cm表示。《公路沥青路面施工技术规范》（JTG F 40—2004）规定，A、B级沥青采用10℃延度，C级沥青采用15℃延度来分别评定沥青的低温塑性。

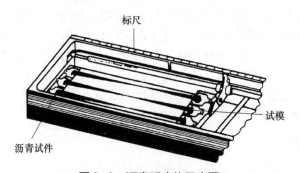

图6-6　沥青延度仪示意图

沥青的延度与沥青的流变特性、胶体结构及化学组分等有密切的关系。研究表明当沥青化学组分不协调、胶体结构不均匀、含蜡量增加时，都会使沥青的延度值相对降低。

（7）其他沥青

① 煤沥青。煤焦油加工过程中，经过蒸馏去除液体馏分以后的残余物称之为煤沥青，煤沥青是煤焦油的主要成分，约占总量的50%～60%，一般认为其主要成分为多环、稠环芳烃及其衍生物，具体化合物组成十分复杂，且原煤煤种和加工工艺的不同也会导致成分的差异，现行的方法主要是根据其表现出的软化温度进行区分的。

一般室温下，煤沥青为黑色脆性块状物，有光泽、臭味，熔融时易燃烧，并有毒。煤沥青的温度稳定性较低，与矿质集料的黏附性较好，气候稳定性较差（冷热变化大），以及含对人体有害的成分较多，尤以苯并芘等致癌性多环芳烃居多，是环境中该类污染物的主要来源之一。

② 乳化沥青。乳化沥青就是将沥青热融，经过机械的作用，以细小的微滴状态分散于含有乳化剂的水溶液之中，形成水包油（O/W）状的沥青乳液。乳化沥青不仅可用于路面的维修与养护，并可用于铺筑表面处治、贯入式、沥青碎石、乳化沥青混凝土等各种结构形式的路面，还可用于旧沥青路面的冷再生、防尘处理。

③ 改性沥青。改性沥青是掺加橡胶、树脂、高分子聚合物、磨细的橡胶粉或其他填料等外掺剂（改性剂），或采取对沥青轻度氧化加工等措施，使沥青或沥青混合料的路用性能得以改善制成的沥青结合料。

通过对沥青材料的改性，可以改善以下几方面的性能：提高高温抗变形能力可以增强沥青路面的抗车辙性能；提高沥青的弹性性能，可以增强沥青的抗低温和抗疲劳开裂性能；改善沥青与石料的黏附性，提高沥青的抗老化能力，可以延长沥青路面的寿命。

（8）沥青的使用

《城镇道路工程施工与质量验收规范》（CJJ 1—2008）规定：城镇道路路面层宜优先采用A级沥青（即能适用于各种等级、任何场合和层次），不宜使用煤沥青。

A级沥青品种有道路石油沥青、软煤沥青和液体石油沥青、乳化石油沥青等。各种沥青在使用时，应根据交通量、气候条件、施工方法、沥青面层类型、材料来源等情况选用。多层面层选用沥青时，一般上层宜用较稠的沥青，下层或连接层宜用较稀的沥青。乳化石油沥青根据凝固速度可分为快凝、中凝和慢凝三种，适用于沥青表面处治、沥青贯入式路面，常温沥青混合料面层以及透层、黏层与封层。

用于沥青混合料的沥青应具有下述性能：

① 具有较大的稠度：表征黏结性大小，即一定温度条件下的稠度；

② 具有较大的塑性：以延度表示，即在一定温度和外力作用下变形而不开裂的能力；

③ 具有足够的温度稳定性：即要求沥青对温度敏感度低，夏季不软，冬季不脆裂；

④ 具有较好的大气稳定性：抗热、抗光老化能力较强；

⑤ 具有较好的水稳性：抗水损害能力较强。

三、任务实施

《公路工程沥青及沥青混合料试验规程》（JTG E20—2011）中关于沥青的检测内容有54项（T 0601～T 0665），现按照施工单位试验室常规检测项目进行来料的检测并报送监理，工作步骤如下：

步骤1：试验计划编写

编写试验计划，确定试验内容及试验样品的数量。

步骤2：沥青样品取样

采购的第一批沥青已运至工地搅拌站，请扫码学习试验6.1，完成沥青试样的取样。

试验 6.1

步骤3：沥青密度的检测

在老师指导下查找"沥青密度与相对密度试验"（T 0603—2011），学习沥青样品密度的检测，并将结果填入试验手册附表6.2中。

步骤4：沥青黏度的检测

参考试验6.2，完成沥青样品标准黏度的检测，并将结果填入试验手册附表6.2中。

试验 6.2

步骤5：沥青三大指标的检测

参考试验手册试验6.3、6.4、6.5，完成沥青样品三大指标的检测，并将结果填入试验手册附表6.1中。

步骤6：完成沥青的检测记录并填写检测报告

整理步骤1～步骤5的试验内容，完成沥青的检测报告。（见试验手册附表6.2）

任务 二
检测沥青混合料的工程适用性

一、任务情境

根据项目六任务一任务情境的条件，请试验室对配置完成的SUP-13沥青混凝土进行检测并出具检测报告。

二、知识导入

1. 沥青混合料的物理性质

（1）常见沥青混合料分类

沥青混合料是一种复合材料，主要由沥青、粗集料、细集料、矿粉组成，有的还加入聚合物和木纤维素，这些不同质量和数量的材料混合形成不同的结构，并具有不同的力学性质。沥青混合料是由矿料与沥青结合料拌和而成的混合料的总称。

工程上最常用的沥青混合料有两类：其一是沥青混凝土混合料，是由适当比例的粗集料、细集料及填料组成的符合规定级配的矿料与沥青结合料拌和、压实后剩余空隙率小于10%的混合料，简称沥青混凝土，以AC表示。其二是沥青碎石混合料，是由适当比例的粗集料、细集料及填料（或不加填料）与沥青拌和、压实后剩余空隙率在10%以上的混合料，简称沥青碎石混合料，以AM表示。

沥青混合料的分类还可以从不同角度进行，下面介绍常用的几种分类方式：

① 按胶结材料种类分。

a. 石油沥青混合料。沥青混合料的结合料为黏稠石油沥青，乳化石油沥青或液体石油沥青等。

b. 煤沥青混合料。沥青混合料的结合料为煤沥青。

② 按施工温度分。

a. 热拌热铺沥青混合料。即沥青与矿质集料（简称矿料）在热态下拌和，热态下铺筑。

b. 常温沥青混合料。即采用乳化沥青或稀释沥青与矿料在常温下拌和、铺筑。

③ 按集料级配类型分。

a. 连续级配沥青混合料。即混合料中的矿质集料是按级配原则，从大到小各级粒径按比例搭配组成的。

b. 间断级配沥青混合料。即混合料中是由两个或两个以上并不连续的粒径组成的沥青混合料。

④ 按混合料密实度分。

a. 密级配沥青混合料。指连续级配、相互嵌挤密实的集料与沥青拌和、压实后剩余空隙率小于10%的混合料。

b. 开级配沥青混合料。指级配主要由粗集料组成，细集料较少，集料相互拨开，压实后剩余空隙率大于15%的开式混合料。

c. 半开级配沥青混合料。指粗、细集料及少量填料（或不加填料）与沥青拌和、压实后剩余空隙率在10%～15%的半开式混合料，也称为沥青碎石混合料。

⑤ 按集料公称最大粒径分

矿料的最大粒径是指通过率为100%的最小标准筛的筛孔尺寸，矿料的公称最大粒径是指全部通过或允许少量不通过（一般容许筛余量不超过10%）的最小标准筛的筛孔尺寸，通常比矿料最大粒径小一个粒级。例如，某种矿料在19mm筛孔的通过率为100%，在16mm筛孔上的筛余量小于10%，则此矿料的最大粒径为19mm，公称最大粒径为16mm。

a. 粗粒式沥青混合料。指集料最大粒径等于或大于26.5mm的混合料（圆孔筛30mm）。

b. 中粒式沥青混合料。指集料最大粒径为16mm或19mm的混合料（圆孔筛20mm或25mm）。

c. 细粒式沥青混合料。指集料最大粒径为9.5mm或13.2mm的混合料（圆孔筛10mm或15mm）。

d. 砂粒式沥青混合料。指集料最大粒径等于或小于4.75mm的混合料（圆孔筛5mm）。

（2）热拌沥青混合料主要类型

① 普通沥青混合料。即AC型沥青混合料，适用于城镇次干道、辅路或人行道等场所。

② 改性沥青混合料。改性沥青混合料是指掺加橡胶、树脂、高分子聚合物、磨细的橡胶粉或其他填料等外加剂（改性剂），使沥青或沥青混合料的性能得以改善制成的沥青混合料。

改性沥青混合料与AC型沥青混合料相比具有较高的高温抗车辙能力，良好的低温抗开裂能力，较高的耐磨耗能力和较长的使用寿命。

改性沥青混合料面层适用城镇快速路、主干路。

③ 沥青玛琋脂碎石混合料（简称SMA）。SMA混合料是一种以沥青、矿粉及纤维稳定剂组成的沥青玛琋脂结合料，填充于级配集料骨架中所形成的混合料。SMA是一种间断级配的沥青混合料，5mm以上的粗集料比例高达70%～80%，矿粉用量达7%～13%（粉胶比超出通常值1.2的限制），沥青用量较多，高达6.5%～7%。SMA是当前国内外使用较多的一种抗变形能力强，耐久性较好的沥青面层混合料；适用于城镇快速路、主干路。SMA混合料的特点包括：

a. 使用改性沥青，材料配比采用SMA结构形式。

b. 有非常好的高温抗车辙能力，低温抗变形性能和水稳定性，且构造深度大，抗滑性能好、耐老化性能及耐久性都有较大提高。

c. 适用于交通流量和行使频度急剧增长，客运车的轴重不断增加，严格实行分车道单向行驶的城镇快速路、主干路。

（3）沥青混合料的组成

① 沥青。工程上需要根据路面的类型、施工条件、地区气候条件、施工季节和矿料性质等因素来确定沥青的标号。一般来说，气候寒冷矿料粒径小时宜采用稠度较低的沥青材料；夏季施工时，可采用稠度较高的沥青；路拌类沥青路面应采用稠度较低的沥青材料。另外，煤沥青不宜用作沥青面层，一般仅作透层沥青使用。选用乳化沥青时，阳离子型适用于酸性石料、潮湿石料和低温季节施工，阴离子型适用于碱性石料或掺有石灰、粉煤灰、水泥的石料。适用于各类沥青路面的沥青材料标号如表6-2所示。

表6-2　各类沥青路面选用的沥青标号

气候分区	沥青种类	沥青路面类型			
		沥青表面处治	沥青贯入式	沥青碎石	沥青混凝土
寒冷地区	石油沥青	A-140 A-180	A-140 A-180	AH-90 AH-110 AH-130 AH-100	AH-90 AH-110 AH-100
温和地区		A-100 A-140 A-180	A-140 A-180	AH-90 AH-110 AH-100	AH-70 AH-90 A-60 A-100
热带地区		A-60 A-100 A-140	A-60 A-100 A-140	AH-50 AH-70 AH-90 A-100 A-60	AH-50 AH-70 A-100 A-60

② 粗集料。沥青路面用粗集料包括碎石、砾石、矿渣等。碎石是由坚硬岩石破碎而成。沥青路面碎石要求洁净、坚硬和无风化，小于0.075mm的颗粒不大于2%，吸水率2% ～ 3%，颗粒形状接近立方体并多有棱角，针片状含量不大于15%，压碎值不大于20% ～ 30%。根据路面类型和使用条件选定石料的等级，见表6-3。

表6-3　沥青面层粗集料质量要求

指标	高速公路、一级公路	其他等级公路
石料压碎值 /%	≤ 28	≤ 30
洛杉矶磨耗损失 /%	≤ 30	≤ 40
视密度 /（g/cm³）	≥ 2.5	≥ 2.45
吸水率 /%	≤ 2.0	≤ 3.0
对沥青的黏附性	≥ 4 级	≥ 3 级
坚固性 /%	≤ 12	—
细长扁平颗粒含量 /%	≤ 15	≤ 20

指标	高速公路、一级公路	其他等级公路
水洗法＜0.075mm颗粒含量/%	≤1	≤1
软石含量/%	≤5	≤5
石料磨光值/mm	≥42	实测
石料冲击值/%	≤28	实测
拌和的沥青混合料路面表面层	90	40
拌和的沥青混合料路面中下面层	50	40
贯入式路面	—	40

为提高沥青混合料的强度和水稳性，应优先选用同沥青材料有良好黏附性的碱性碎石。碎石与沥青材料的黏附性用水煮法测定时，一般公路不小于3级，高等级公路应不小于4级。

筛选砾石仅适用于交通量较小的路面面层下层、基层或联结层的沥青混合料，不宜用于防滑面层。在交通量大的沥青路面面层中使用沥青砾石混合料时，应在砾石中至少掺有50%（按质量计算）大于5mm的碎石或经轧制的砾石。砾石用于沥青贯入式路面时，主层矿料中亦应掺有30%～40%以上的碎石或轧制砾石。

轧制砾石要求大于5mm颗粒中40%（按质量计）以上至少有一个破碎面。用于沥青贯入式面层时，主层矿料中要有30%～40%（按质量计）以上颗粒至少有两个破碎面。

高速公路、一级公路沥青路面表面层及各类抗滑表层的粗集料应符合规定的石料磨光值要求，不得使用筛选砾石、矿渣及软质集料。酸性岩石的石料用于高速公路、一级公路和城市快速路、主干路时，宜使用针入度较小的沥青，必要时可在沥青中掺加抗剥离剂，或用干燥的磨细消石灰或生石灰粉、水泥作为填料的一部分，或将粗集料用石灰浆处理后使用。

③ 细集料。沥青面层用细集料需要有适当颗粒大小的洁净、干燥、无风化的天然砂、机制砂或石屑组成。天然砂的具体规格见表6-4。

表6-4　沥青面层天然砂规格

方孔筛/mm	圆孔筛/mm	通过各筛孔的质量分数/%		
		粗砂	中砂	细砂
9.5	10	100	100	100
4.75	5	90～100	90～100	90～100
2.36	2.5	65～95	75～100	85～100
1.18	1.2	35～65	50～90	75～100
0.6	0.6	15～29	30～59	60～84
0.3	0.3	5～20	8～30	15～45
0.15	0.15	0～10	0～10	0～10
0.075	0.075	0～5	0～5	0～5
细度模数m_x		3.7～3.1	3.0～2.3	2.2～1.6

热拌沥青混合料的细集料宜采用优质的天然砂或机制砂，在缺砂地区也可以用石屑。但用于高速公路、一级公路沥青混凝土面层及抗滑表层的石屑用量不宜超过天然砂及机制砂的用量。细集料应与沥青有良好的黏结能力，与沥青黏结差的天然砂及用花岗岩、石英岩等酸性石料破碎的机制砂或石屑不宜用于高速公路、一级公路沥青面层，必须使用时，应有抗剥落措施。

④ 填料。沥青混合料的矿粉填料由石灰岩或岩浆岩中的强基性岩石等憎水性石料磨细得到，应干燥、洁净无杂质，各项指标应符合表6-5的技术要求。

表6-5　沥青面层用矿粉质量技术要求

指标		高速公路、一级公路	其他等级公路
视密度/（t/m³）		≥2.50	≥2.45
含水量/%		≤1	≤1
粒度范围/%	＜0.6mm	100	100
	＜15mm	90～100	90～100
	＜0.075mm	75～100	70～100
外观		无团粒结块	
亲水系数		＜1	

（4）沥青混合料的结构

沥青混合料是由粗集料、细集料、矿粉、沥青组成并添加了外加剂的一种复合材料，粗、细集料分别分布在沥青砂浆及沥青胶浆中，形成具有一定内摩擦阻力和黏结力的多级网络结构。受组成材料、级配类型、沥青用量等因素的影响，沥青混合料形成不同的组成结构并表现出不同的力学特性。按照沥青混合料的矿料级配组成特点，将沥青混合料分为悬浮-密实结构、骨架-空隙结构及骨架-密实结构，如图6-7所示。

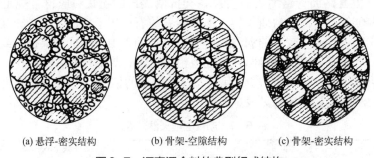

(a) 悬浮-密实结构　　(b) 骨架-空隙结构　　(c) 骨架-密实结构

图6-7　沥青混合料的典型组成结构

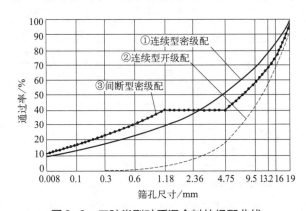

图6-8　三种类型矿质混合料的级配曲线

① 悬浮-密实结构。采用连续密级配矿料（如图6-8曲线①）配置的沥青混合料中，矿料颗粒没有间断并呈现一定的比例关系，这种由次级集料填充前级集料（较次级集料粒径稍大）空隙

的沥青混合料，具有很大的密度，但由于前级集料被次级集料和沥青胶浆所分隔，不能直接互相嵌锁形成骨架，互相分离悬浮于较小颗粒和沥青胶浆之间，形成了所谓的悬浮-密实结构［见图6-7（a）］，因此该结构具有较大的黏聚力，但内摩擦角较小，高温稳定性较差。我国常用的AC型沥青混合料是按照连续密级配原理设计的、典型的悬浮-密实结构。

路用性能特点：由于压实后密实度大，该类混合料水稳定性、低温抗裂性和耐久性较好；但其高温性能对沥青的品质依赖性较大，由于沥青黏度降低，往往导致混合料高温稳定性变差。

② 骨架-空隙结构。采用连续开级配矿料（如图6-8曲线②）与沥青组成沥青混合料时，此结构粗集料所占比例大，细集料很少甚至没有。粗集料可互相嵌锁形成骨架；但细集料过少容易在粗集料之间形成空隙，压实后混合料中的空隙较大，形成了所谓的骨架-空隙结构［见图6-7（b）］。这种结构内摩擦角较高，黏聚力较低，耐久性差。沥青碎石混合料（AM）及开级配排水式磨耗层沥青混合料（OGFC）均属于典型的骨架-空隙结构。

路用性能特点：粗集料的骨架作用，使之高温稳定性好；由于细集料含量少，空隙未能充分填充，耐水害、抗疲劳和耐久性能较差，所以一般要求采用高黏稠沥青，以防止沥青老化和剥落

③ 骨架-密实结构。采用间断型密级配矿料（如图6-8曲线③）与沥青组成沥青混合料，既有较多数量的粗集料形成空间骨架，又有相当数量的细集料及沥青胶浆填充骨架间的空隙，形成了较高密度的骨架结构［见图6-7（c）］。这种结构不仅内摩擦角较高，黏聚力也较高，但施工和易性较差。沥青玛琋脂碎石混合料（SMA）即是一种典型的骨架-密实型结构。

路用性能特点：该类混合料高低温性能均较好，具有较强的疲劳耐久特性；但间断级配在施工拌和过程中易产生离析现象，施工质量难以保证，使得混合料很难形成骨架-密实结构。

三种结构的沥青混合料由于密度、空隙率、矿料间隙率不同，使它们在稳定性上亦有显著差别。

（5）沥青混合料类型的选择

通常，沥青面层采用双层式或三层式结构，基层采用单层或双层式结构。各层所用沥青混合料类型应根据道路交通荷载等级与所处结构层位的使用要求进行选择。各层沥青混合料不仅应满足道路结构的技术要求，还应满足所在层位的功能性要求，且便于施工，不易离析。沥青面层混合料类型可按表6-6选用，对抗滑、排水或降噪有特殊要求的表面层可采用开级配沥青磨耗层混合料（OGFC）。

表6-6　沥青面层混合料类型选择《公路沥青路面设计规范》（JTG D50—2017）

混合料类型	适用的交通荷载等级	适用层位
沥青混凝土混合料（AC）	各交通荷载等级	表面层、中面层和下面层
沥青玛琋脂碎石混合料（SMA）	极重、特重和重交通荷载等级，对抗滑有特殊要求	表面层
沥青稳定基层混合料（ATB）	极重、特重和重交通荷载等级	基层
沥青稳定碎石（AM）	极重、特重和重交通荷载等级	基层
沥青稳定透水基层混合料（ATPB）	极重、特重和重交通荷载等级	基层

（6）沥青混合料公称最大粒径的选择

一般认为，沥青混合料的公称最大粒径越大，混合料抗车辙能力越强，抗滑性能越好。然而，对于设定的原材料，混合料抗车辙能力受到矿料级配组成、沥青用量和压实度等因素的影响远大于其公称最大粒径的影响。混合料抗滑性能主要受矿料级配组成、构造深度和集料抗磨光性能的影响，与公称最大粒径没有明显的相关性。同时，沥青混合料的公称最大粒径越大，施工时

越容易出现离析，沥青层发生局部水损坏的风险越大。

为了保证沥青层的压实密度，减少集料离析，便于施工和压实，沥青混合料的公称最大粒径应与结构层的设计厚度相匹配。根据我国沥青路面的工程经验，《公路沥青路面设计规范》（JTG D50—2017）规定，连续密级配沥青混凝土混合料、沥青玛蹄脂碎石混合料的结构厚度不宜小于矿料公称最大粒径的2.5倍；开级配沥青混合料的结构厚度不宜小于矿料公称最大粒径的2.0倍。此外，规定了沥青层各层沥青混合料的公称最大粒径，表面层沥青混合料不宜大于16mm，中面层和下面层沥青混合料不宜小于16mm，基层沥青碎石不宜小于26.5mm。

2. 沥青混合料的技术性质

沥青混合料作为沥青路面的面层材料，承受车辆行驶反复荷载和大气等因素的作用，其胶凝材料沥青，具有黏、弹、塑性特点。因此，沥青混合料应具有一定的力学性质（强度及变形）、高温稳定性、低温抗裂性、耐久性、抗滑性和施工和易性等各方面的性能。

（1）力学性质

① 沥青混合料受力后破坏类型。由于沥青混合料是一种多相成分的结构，从胶体理论出发可以认为它是一种多级分散体系。粗集料作为分散介质，分散在沥青砂浆分散相中，而沥青砂浆的细集料又作为分散介质，分散于沥青胶浆的分散相中成为一种胶凝结构，由沥青材料将矿质材料胶结为一个整体，受沥青特性的影响沥青混合料在温度、荷载的作用下呈现十分复杂的黏-弹-塑性综合性质。

② 沥青混合料的强度。沥青混合料的结构与黏性土相似，它们受力后呈剪切破坏。通过三轴剪切试验研究混合料的强度，发现混合料的强度与沥青的黏性、混合料中沥青的用量、矿质混合料的级配及沥青与矿料的黏结情况等因素有关。

使用针入度较大的沥青或沥青用量较多时，混合料的强度低而破坏时的应变大。采用级配良好的矿料，矿粉用量适当时，沥青用量小，可使混合料获得较高的强度。

（2）高温稳定性

高温稳定性是指沥青混合料在最高使用温度下，抵抗黏性流动的性能。当温度升至某一温度时，沥青混合料中的矿料颗粒会在自重作用下产生相互移动，使变形迅速增加，最后导致混合料丧失稳定而破坏。

影响沥青混合料高温稳定性的主要因素是沥青的性质与沥青的用量、矿料的性质与级配、填充料的用量等。使用软化点较高的沥青可提高混合料的热稳定性。沥青用量过多时，其稳定性则会降低。使用级配良好的矿料，可使混合料中的沥青用量减少，可获得较高的热稳定性。填充料用量较多时，混合料热稳定性提高，但用量过多，反因混合料的内摩擦力降低使热稳定性变差。树脂等外掺剂，可以改善沥青的感温性，提高沥青混合料的黏聚力，或采用适当的矿料级配，增加粗集料含量，以提高矿料骨架的内摩阻力。

沥青混合料高温稳定性，可通过各种方法进行评价，采用的方法有维姆稳定度法、马歇尔稳定度法、史密斯三轴试验和车辙试验等。因马歇尔试验设备和方法较简单，又可用作现场控制，故我国《沥青路面施工及验收规范》采用马歇尔稳定度作为技术指标。

（3）低温抗裂性

沥青路面的低温开裂在寒冷国家和我国北方地区普遍存在。沥青路面出现裂缝将造成路面的损坏，因此，应限制沥青路面的裂缝率，使用柔性较好的沥青混合料。

沥青路面产生裂缝的原因很复杂，一般有两种类型：其一是在重复荷载作用下产生的疲劳开裂；其二是温度引起的温度裂缝。由于沥青混合料在高温时塑性变形能力较强，而低温时较硬脆，变形能力差，所以裂缝多在低温条件下发生。因此，要求沥青混合料具有一定的低温抗裂性。低温条件下产生裂缝的原因主要是沥青混合料抗拉强度和变形能力在低温条件下变差。因此寒冷地区选取稠度较低、劲度较低的沥青，或选择松弛性能较好的橡胶类改性沥青来提高沥青混合料的低温抗裂性。

影响沥青混合料低温抗裂性的主要因素有沥青的质量、沥青的用量以及矿料级配等因素。目前世界上采用的评价沥青混凝土低温性能的试验方法主要有拉伸试验、小梁弯拉和劈裂试验等。通过这些试验可求出抗拉（或抗弯）强度、劲度模量和变形等指标。

（4）耐久性

沥青混合料的耐久性，即抵抗长时间的温度、阳光、空气和水等大气因素反复作用和行车荷载作用的能力，是一项综合技术指标。

影响沥青混合料耐久性的因素主要有沥青的化学性质、矿料的矿物成分、沥青混合料的组成结构等。沥青混合料的老化主要是由于沥青变质以及雨水等对混合料的影响，以及矿料风化破碎。提高其耐久性应采用坚固的矿料、增加沥青混合料的密实度。仅仅从耐久性考虑可选用细粒密级配的沥青混合料，并增加沥青用量，降低沥青混合料的空隙率以防止水分的渗入和减少阳光对沥青材料的老化作用。但沥青混合料必须保持一定的空隙和适当的饱和度，不然在高温条件下沥青膨胀，原有空隙容纳不下，又将对高温稳定性造成不利影响。这个矛盾的问题将在沥青混合料配合比设计中综合考虑。

评价沥青混合料耐久性的方法很多，主要有加速老化试验、剥离浸水试验和冻融试验。我国采用马歇尔试验法，通过空隙率（或饱和水率）、饱和度（沥青填隙率）和残留稳定度等指标来评价耐久性。

（5）抗滑性

随着现代高速公路的发展，使现代交通车速不断提高，而沥青路面的抗滑性对交通安全来说至关重要。沥青混合料路面的抗滑性与矿质集料的微表面性质、混合料的级配组成以及沥青用量等因素有关。为使沥青路面具有表面粗糙度，沥青混合料中应选用耐磨的矿料。对于防滑面层所用石料的磨耗率、冲击值都有一定的要求。过量的沥青用量容易使表面平滑，表面湿润时抗滑性能降低。因此，沥青用量越少越好。沥青的质量对抗滑性有一定的影响，含蜡量较高的沥青会使沥青路面抗滑性降低。因此，应限制沥青中含蜡量。另外当选用的耐磨石料为酸性石料时，为提高石料与沥青的黏附性应掺加表面活性剂。

（6）施工和易性

沥青混合料的和易性是指它在拌和、运输、摊铺及压实过程中具有与施工条件相适应，既能保证质量又便于施工的性能。和易性是一种综合的技术性质，包括流动性、黏聚性和黏结性等三个方面。

沥青混合料的和易性取决于所用材料的性质、用量及拌和质量。在沥青混合料中，若矿料级配不好，缺乏中间颗粒，会使混合料产生离析现象。矿粉用量少，混合料松散，易摊铺但难于整平压实，并使混合料的抗渗性、强度、耐久性变差。未烘干的矿粉易结块也会使混合料的和易性变差。沥青的黏滞性对混合料的和易性有较大影响，沥青的黏性过大，混合料的流动性、松散性差，不易摊铺；沥青的用量过多虽流动性好，但易泛油黏罐，难以摊铺。混合料的拌和质量也对和易性产生较大影响，一般应使用机械拌和。因此，应根据材料的性质确定拌和摊铺温度及施工方法。

（7）沥青混合料的技术标准

关于沥青混合料应具备的技术性质前面已作了介绍，目前世界上许多国家采用马歇尔稳定度试验法作为检验沥青混凝土性能的指标，并作为沥青混合料的设计方法。我国《沥青路面施工及验收规范》规定沥青混凝土技术标准以马歇尔稳定度试验确定并满足要求，技术标准见表6-7。

表6-7　热拌沥青混合料马歇尔试验技术标准（GB 50092—1996）

项目		沥青混合料类型	高速公路、一级公路、城市快速路、主干路	其他等级公路及城市道路	行人道路
击实次数/次		沥青混凝土、沥青	两面各75	两面各50	两面各35
		碎石、抗滑表层	两面各50	两面各50	两面各35
技术指标	稳定度（MS）/kN	Ⅰ型沥青混凝土	＞7.5	＞5.0	＞3.8
		Ⅱ型沥青混凝土、抗滑表层	＞5.0	＞4.0	—
	流值（FL）（0.1mm）	Ⅰ型沥青混凝土	20～40	20～45	2～5
		Ⅱ型沥青混凝土、抗滑表层	20～40	20～45	—
	沥青饱和度（VFA）/%	Ⅰ型沥青混凝土、	70～85	70～85	75～90
		Ⅱ型沥青混凝土、抗滑表层	60～75	60～75	—
	残留稳定度（MS'_0）/%	Ⅰ型沥青混凝土、	＞75	＞75	＞75
		Ⅱ型沥青混凝土、抗滑表层	＞70	＞70	—
	空隙率（VV）/%	Ⅰ型沥青混凝土	3～6	3～6	2～5
		Ⅱ型沥青混凝土、	4～10	4～10	—
		抗滑表层沥青碎石	＞10	＞10	—

注：1. 粗粒式沥青混凝土的稳定可降低1～1.5kN。
2. Ⅰ型细粒式及砂粒式混凝土的空隙率可放宽至2%～6%。
3. 沥青混凝土混合料的矿料间隙率（VMA）符合表6-8要求。

表6-8　沥青混凝土混合料的矿料间隙率（VMA）

集料最大粒径/mm		37.5	31.5	26.5	19.0	13.2	9.5	4.75
VMA/%	≥	12	12.3	13	14	15	16	18

对高速公路、一级公路的表面层和中面层的沥青混凝土做配合比设计时应进行车辙试验，以检验沥青混凝土的高温稳定性。高速公路表面层、中面层沥青混合料的动稳定度不应低于800次/mm；一级公路的表面层、中面层沥青混合料不应低于600次/mm。

高速公路、一级公路和二级公路的沥青混凝土应具有良好的水稳定性。沥青混合料的水稳性指标应符合表6-9的规定。

表6-9　沥青混合料水稳性指标（JTG F40—2004）

年降雨量/mm		＞1000	500～1000	250～500	＜250
沥青与石料的黏附性/级		≥4	≥4	≥3	≥3
浸水马歇尔试验（48h）残留稳定度/%	普通沥青混合料	≥80	≥80	≥75	≥75
	改性沥青混合料	≥85	≥85	≥80	≥80
冻融劈裂试验残留强度/%	普通沥青混合料	≥75	≥75	≥70	≥70
	改性沥青混合料	≥80	≥80	≥75	≥75

高速公路和一级公路竣工后第一个夏季应测定沥青面层横向力系数（或摆值）、路面宏观构造深度，具体数值应符合表6-10规定的竣工验收值的要求。

表6-10　竣工验收要求

公路等级	竣工验收值		
	横向力系数（SFC）	摆值（BPN）	构造深度（TC）/mm
高速公路、一级公路	≥54	≥45	≥0.55

对轮碾机成型的车辙试件进行渗水试验检验，渗水系数应符合表6-11中的要求。

表6-11　沥青混合料试件渗水系数技术要求（JTG F40—2004）

级配类型	渗水系数要求/（mL/min）
密级配沥青混凝土	≤120
SMA混合料	≤80
OGFC混合料	实测

（8）沥青混合料的密度

沥青混合料的密度是指压实沥青混合料常温条件下单位体积的干燥质量，以t/m^3表示。沥青混合料的密度计算及测试方法有理论最大密度、毛体积密度等。

① 沥青混合料的理论最大密度。理论最大密度是假设沥青混合料试件被压实至完全密实，在没有空隙的理想状态下的最大密度，即压实沥青混合料试件全部被矿料（包括矿料内部孔隙）和沥青所占有，空隙率为零时的最大密度。沥青混合料的理论最大密度可以通过实测法或计算法确定。对于普通沥青混合料来说，沥青混合料的理论最大密度可以通过实测法确定，其包括真空法和溶剂法；对于改性沥青混合料和SMA沥青混合料来说，理论最大密度可以通过计算法根据沥青混合料的配合比及组成材料密度按照下面的方法进行计算。

计算法是根据沥青混合料组成材料的相对密度和用量比例来进行计算的。在工程中沥青用量以油石比和沥青含量两种指标表示。油石比定义为沥青与矿料的质量比，而沥青含量定义为沥青质量占沥青混合料总质量的百分率。当采用油石比指标时，沥青混合料的理论最大相对密度按式（6-4）进行计算；当采用沥青含量指标时，沥青混合料的理论最大相对密度按照式（6-5）进行计算。

$$\gamma_2 = \frac{100+P_a}{\dfrac{100}{\gamma_{se}}+\dfrac{P_a}{\gamma_a}} \tag{6-4}$$

$$\gamma_2 = \frac{100+P_a}{\dfrac{100-P_b}{\gamma_{se}}+\dfrac{P_b}{\gamma_b}} \tag{6-5}$$

式中　γ_2——压实沥青混合料试件的理论最大相对密度，无量纲；

γ_{se}——矿质混合料的有效相对密度，无量纲；

P_a——沥青混合料的油石比，$P_a=[P_b/(100-P_b)] \times 100$，%；

P_b——沥青混合料的沥青含量沥青质量占沥青混合料总质量的百分比，%；

γ_a、γ_b——沥青的相对密度（25℃/25℃），在数值上相等，无量纲。

② 沥青混合料的毛体积相对密度。毛体积密度是指沥青混合料单位毛体积（含沥青混合料实体矿物成分体积、不吸收水分的闭口孔隙、能吸收水分的开口孔隙等颗粒表面轮廓所包围的全部毛体积）的干质量。在工程中，常根据试件的空隙率大小，选择用表干法、蜡封法或体积法测

定沥青混合料的毛体积相对密度。

表干法适用于较密实而吸水很少（吸水率≤2%）的试件，此时毛体积相对密度按式（6-6）计算。

$$\gamma_1 = \frac{m_a}{m_f - m_w} \tag{6-6}$$

式中　γ_1——沥青混合料试件的毛体积相对密度；

　　　m_a——沥青混合料干燥试件在空气中的质量，g；

　　　m_w——沥青混合料试件在水中的质量，g；

　　　m_f——沥青混合料饱和面干状态试件在空气中的质量，g。

试件的吸水率是指试件吸水体积占沥青混合料毛体积的百分率，按式（6-7）计算。

$$S_a = \frac{m_f - m_a}{m_f - m_w} \times 100 \tag{6-7}$$

式中　S_a——试件的吸水率，%。

③ 沥青混合料的空隙率。沥青混合料试件的空隙率是指压实状态下沥青混合料内矿料与沥青实体之外的空隙（不包括矿料本身或表面已被沥青封闭的孔隙）的体积占试件总体积的百分率。空隙率根据压实沥青混合料试件的毛体积密度与理论最大密度按式（6-8）计算。

$$VV = \left(1 - \frac{\gamma_1}{\gamma_2}\right) \times 100 \tag{6-8}$$

式中　　VV——沥青混合料试件的空隙率，%；

　　　　γ_1——沥青混合料试件的毛体积相对密度，根据试件吸水率，由表干法、蜡封法或体积法测定；

　　　　γ_2——沥青混合料的理论最大相对密度。

④ 沥青混合料的矿料间隙率。矿料间隙率是指压实沥青混合料试件中矿料实体以外的体积占试件总体积的百分率，式（6-9）计算。

$$VMA = \left(1 - \frac{\gamma_1}{\gamma_3} \times \frac{P_s}{100}\right) \times 100 \tag{6-9}$$

式中　VMA——沥青混合料试件的矿料间隙率，%；

　　　γ_1——沥青混合料试件的毛体积相对密度；

　　　γ_3——矿质混合料的合成毛体积相对密度；

　　　P_s——各种矿料占沥青混合料总质量的百分率，即 $P_s=100-P_b$，P_b 为沥青用量，%。

矿料间隙率也指试件空隙率与沥青体积分数之和，由式（6-10）表示。

$$VMA = VA + VV \tag{6-10}$$

式中　VMA——沥青混合料试件的矿料间隙率，%；

　　　VA——沥青混合料试件的沥青体积分数，%；

　　　VV——沥青混合料试件的空隙率，%。

⑤ 沥青混合料的饱和度。沥青饱和度是指压实沥青混合料试件矿料间隙中扣除被集料吸收的沥青以外的有效沥青实体体积，在矿料间隙中所占的百分率，按式（6-11）计算。

$$VFA = \frac{VMA - VV}{VMA} \times 100 \tag{6-11}$$

式中 VFA——沥青混合料试件的沥青饱和度，%；

VMA———沥青混合料试件的矿料间隙率，%。

⑥ 沥青混合料的有效相对密度。根据《公路沥青路面施工技术规范》（JTG F 40—2004）规定，集料的有效相对密度γ_{se}可以按照公式（6-12）计算。

$$\gamma_{se} = C\gamma_{sa} + (1-C)\gamma_{sb} \tag{6-12}$$

式中 C——矿质混合料的沥青吸收系数，按照矿料的合成吸水率，由式（6-13）计算；

γ_{sb}——矿质混合料的合成毛体积相对密度，按照式（6-15）计算，无量纲；

γ_{sa}——矿质混合料的合成表观相对密度，按照式（6-16）计算，无量纲。

$$C = 0.033\omega_x^2 - 0.2936\omega_x + 0.9339 \tag{6-13}$$

式中 ω_x——矿质混合料的合成吸水率，按照式（6-14）计算，%。

$$\omega_x = \frac{1}{\gamma_{sb}} - \frac{1}{\gamma_{sa}} \tag{6-14}$$

$$\gamma_{sb} = \frac{100}{\dfrac{P_1}{\gamma_1} + \dfrac{P_2}{\gamma_2} + \cdots + \dfrac{P_n}{\gamma_n}} \tag{6-15}$$

$$\gamma_{sa} = \frac{100}{\dfrac{P_1}{\gamma_1'} + \dfrac{P_2}{\gamma_2'} + \cdots + \dfrac{P_n}{\gamma_n'}} \tag{6-16}$$

式中 γ_{sb}——矿质混合料的合成毛体积相对密度，无量纲；

γ_{sa}——矿质混合料的合成表观相对密度，无量纲；

γ_1、γ_2、$\cdots$、γ_n——各档集料的毛体积相对密度，无量纲；

γ_1'、γ_2'、$\cdots$、γ_n'——各档集料的表观相对密度，无量纲；

P_1、P_2、$\cdots$、P_n——合成矿质混合料中各档集料的比例（$\sum_1^n P_i = 100$），%。

三、任务实施

步骤1：沥青混合料试样的取样

请扫码学习试验6.6，完成沥青混合料试样的取样。

步骤2：沥青混合料稳定性检测

扫码学习试验6.7沥青混合料试件制作方法，参考试验手册试验6.8沥青混合料马歇尔稳定度试验，扫码学习试验6.9沥青混合料车辙试验，制作足够数量的沥青混合料试件并完成沥青混合料稳定性检测，记录入试验手册附表6.3、6.4中。

试验 6.6

试验 6.7

试验 6.9

任务 三

编制沥青混合料的配合比计算书

沥青混合料配合比设计的主要任务是确定粗集料、细集料、矿粉和沥青等材料相互配合的最佳组成比例，使之既能满足沥青混合料的技术要求（如强度、稳定性、耐久性和平整度等），又符合经济的原则。

热拌沥青混合料的配合比设计应通过目标配合比设计、生产配合比设计及生产配合比验证三个阶段，确定沥青混合料的材料品种及配合比、矿料级配、最佳沥青用量。规范采用马歇尔试验配合比设计方法。如采用其他方法设计沥青混合料时，应按规范规定进行马歇尔试验及各项配合比设计检验。

《公路沥青路面施工技术规范》（JTG F 40—2004）规定的热拌沥青混合料配合比设计方法适用于密级配沥青混凝土及沥青稳定碎石混合料。

目标配合比设计在试验室进行，分矿质混合料配合比组成设计和沥青最佳用量确定两部分。

一、任务情境

根据项目六任务一任务情境条件，参考《公路工程集料试验规程》（JTG E42—2005）、《公路工程沥青及沥青混合料试验规程》（JTG E20—2011）、《公路沥青路面施工技术规范》（JTG F 40—2004），学习沥青混凝土目标配合比设计。

二、知识导入

1. 矿质混合料配合比设计方法

矿质混合料配合比组成设计的目的，是选配具有足够密实度并且具有较高内摩擦阻力的矿质混合料。

（1）确定沥青混合料类型

沥青混合料必须在对同类公路配合比设计和使用情况调查研究的基础上，充分借鉴成功的经验，选用符合要求的材料，进行配合比设计。热拌沥青混合料的类型，根据道路等级、路面类型和所处的结构层位选定，按表6-12选定。

表6-12 沥青混合料类型

结构层次	高速公路、一级公路、城市快速路、主干路		其他等级公路		一般城市道路及其他道路	
	三层式沥青混凝土路面	两层式沥青混凝土路面	沥青混凝土路面	沥青碎石路面	沥青混凝土路面	沥青碎石路面
上面层	AC-13 AC-16 AC-20	AC-13 AC-16	AC-13 AC-16	AC-13	AC-4 AC-10 AC-13	AM-5

续表

结构层次	高速公路、一级公路、城市快速路、主干路		其他等级公路		一般城市道路及其他道路	
	三层式沥青混凝土路面	两层式沥青混凝土路面	沥青混凝土路面	沥青碎石路面	沥青混凝土路面	沥青碎石路面
中面层	AC-20 AC-25	—	—	—	—	—
下面层	AC-25 AC-30	AC-20 AC-25 AC-30	AC-20 AC-25 AC-35 AM-25 AM-30	AM-25 AM-30	AC-20 AM-25 AM-30	AC-25 AM-30 AM-10

（2）确定矿料级配范围

沥青路面工程的混合料设计级配范围由工程设计文件或招标文件规定，密级配沥青混合料宜根据公路等级、气候及交通条件按表6-13选择采用粗型或者细型。

表6-13 粗型和细型密级配沥青混凝土的关键性筛孔通过率

混合料类型	公称最大粒径/mm	用以分类的关键性筛孔/mm	粗型级配		细型密级配	
			名称	关键性筛孔通过率/%	名称	关键性筛孔通过率/%
AC-25	26.5	4.75	AC-25C	<40	AC-25F	>40
AC-20	19	4.75	AC-20C	<45	AC-20F	>45
AC-16	16	2.36	AC-16C	<38	AC-16F	>38
AC-13	13.2	2.36	AC-13C	<40	AC-13F	>40
AC-10	9.5	2.36	AC-10C	<45	AC-10F	>45

设计级配范围应根据公路等级、工程性质、气候条件、交通条件、材料品种，通过对条件大体相当的工程的使用情况进行调查研究后调整确定，必要时允许超出规范级配范围。设计级配范围是配合比设计的依据，不得随意变更。

（3）矿质混合料配合比计算

① 级配理论和级配曲线范围。

a. 级配理论。各种不同粒径的集料，按一定比例搭配，可达到较小的空隙率或较大的内摩擦力。集料的级配有连续级配和间断级配两类。连续级配是指集料颗粒的尺寸由小到大连续分级，每一级集料都占适当比例。间断级配是指在集料中，缺少一级或几级粒径的颗粒，形成一种不连续的级配，如图6-9所示。

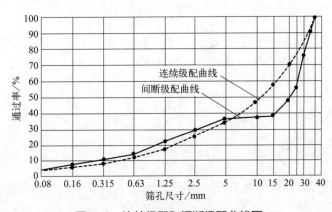

图6-9 连续级配和间断级配曲线图

b. 级配曲线范围。以通过率（或累计筛余率）为纵坐标，以粒径（mm）为横坐标配制成的曲线称为级配曲线。按级配理论公式计算集料的各级粒径通过率曲线是理论级配曲线，由于集料在轧制生产过程中的不均匀性以及配合误差等因素的影响，所配制的集料不可能与理论级配完全吻合。因此，必须允许集料配合后在适当范围内波动，即允许有一定的级配范围。

（a）连续级配。连续级配是某一矿质混合料在标准筛孔配成的套筛中进行筛分时，所得的级配曲线平顺圆滑，具有连续不间断的性质，相邻粒径的粒料之间有一定的比例关系（按质量计）。这种由大到小，逐级粒径均有，并按比例互相搭配组成的矿质混合料，称为连续级配矿质混合料。

（b）间断级配。间断级配是在矿质混合料中剔除一个或几个分级，形成一种不连续的混合料。这种混合料称为间断级配矿质混合料。

② 集料组成设计。矿质混合料的配合比设计方法有数解法和图解法两大类，两类设计方法均需要在两个已知条件的基础上进行，第一个条件是各种集料的级配参数，第二个条件是根据设计要求，技术规范或理论计算，确定矿质混合料目标级配范围。

a. 数解法。数解法一般是将几种（一般少于3种）已知级配的集料配制成某一级配要求的混合料集料，若这几种集料都有某一个粒径占优势，其他集料的此种粒径颗粒含量较低，可采用数解法确定各种集料的混合比例。确定比例时，假设混合料集料中某一粒径的颗粒是由对该粒径占优势的集料所组成，而忽略其他集料所含的这种粒径的颗粒。根据各个主要粒径去试算各种集料的大致比例并加以调整，最终达到符合混合集料的级配要求。

设有A、B、C三种集料，需配合成级配为M的混合集料，X、Y、Z为三种集料在混合料集料中的配合比例，三种集料在某一筛孔上（i）的分计筛余率分别为a_{iA}、a_{iB}、a_{iC}，混合料M在相应筛孔（i）上的分计筛余率为a_{iM}，则

$$X+Y+Z=100\% \tag{6-17}$$

$$Xa_{iA}+Ya_{iB}+Za_{iC}=a_{iM} \tag{6-18}$$

A、B、C三种集料在混合集料中的比例按如下所述计算。

（a）计算A集料在混合集料中的百分比。在A集料中选取某一占优势的粒径（i），忽略其他集料在该粒径的含量，由式（6-19）得

$$a_{iA}X=a_{iM} \tag{6-19}$$

则A集料在混合集料中的百分比为

$$X=\frac{a_{iM}}{a_{iA}}\times100\% \tag{6-20}$$

（b）计算B集料在混合料中的百分比。按上一步所述，在集料B中选取占优势的某一粒径（j），忽略其他集料在此粒径的含量，由式（6-21）得

$$a_{jB}Y=a_{jM} \tag{6-21}$$

则B集料在混合集料中的百分比为

$$Y=\frac{a_{jM}}{a_{jB}}\times100\% \tag{6-22}$$

（c）计算集料C在混合料中的百分比。求出X、Y后，按式（6-23）求出C集料的百分比Z

$$Z=100\%-(X+Y) \tag{6-23}$$

（d）合成级配的计算、校核和调整。由于数解法中各种集料用量比例是根据几个筛孔确定的，不能控制所有筛孔，所以应对合成级配进行校核。先计算矿质混合料的合成通过率，计算出的矿质混合料的合成级配应在设计要求级配范围内，并尽可能接近设计级配范围的中值。当合成级配不满足要求时，应调整各集料的比例。调整配合比后还应重新进行校核，直至符合要求为止。如经计算后确实不能满足级配要求时，可掺加单粒级集料或调换其他集料。

b. 图解法。通常采用"修正平衡面积法"确定矿质混合料的合成级配。此种方法适用于3种及3种以上的集料组成设计。在"修正平衡面积法"中，将设计要求的级配中值曲线绘制成一条直线，纵坐标和横坐标分别代表通过率和筛孔尺寸，这样当纵坐标仍为算术坐标时，横坐标的位置将由设计级配中值所确定。

（a）绘制级配曲线坐标。按照一定的尺寸绘制矩形图框，连接对角线 OO' 作为设计级配中值曲线。如图6-10。

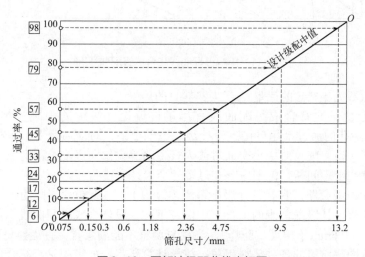

图6-10　图解法级配曲线坐标图

根据混合级配中值（见表6-14）所要求的各筛孔通过率，从纵坐标引平行线与对角线相交，再从交点作垂线与横坐标相交，其交点即为级配范围中值所对应的各筛孔（mm）位置。

表6-14　矿质混合料的设计级配范围

筛孔尺寸/mm	16.0	13.2	9.5	4.75	2.36	1.18	0.6	0.3	0.15	0.075
设计级配范围/%	100	95～100	70～88	48～68	36～53	24～41	18～30	12～22	8～16	4～8
设计级配中值/%	100	98	79	57	45	33	24	17	12	6

（b）确定集料的用量。将各类曲线通过量标注在级配曲线坐标图上（见图6-11）。实际集料的相邻级配曲线并不是均为首尾相连接的，有以下三种情况。

ⓐ两相邻级配曲线重叠。集料A曲线下部和集料B曲线上部搭接时，在两级配曲线之间引一条垂线 AA' 与对角线 OO' 交于点 M，使垂线截取两级配曲线的纵坐标值相等（即 $a=a'$），通过 M 作一水平线与纵坐标交于 P 点，OP 为集料A的用量。

ⓑ两相邻级配曲线相接。集料B曲线下端与集料C级配曲线上端在一条垂线上时，作垂线 BB' 与对角线 OO' 相交于点 N，通过 N 作一水平线与纵坐标交于 Q 点，PQ 为集料B的用量。

ⓒ两相邻级配曲线相离。集料C的级配曲线下端和集料D的级配曲线上端在水平方向上彼此离开一端距离 bb'，作一个垂直平分 bb' 的直线 CC' 与对角线 OO' 交于交点 R，通过 R 作一水平线与

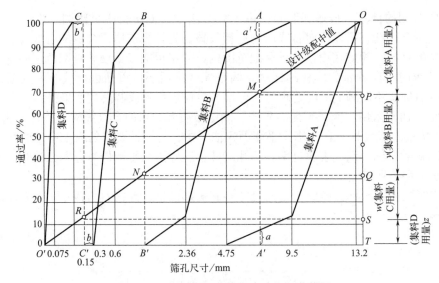

图6-11　集料级配曲线和合成级配曲线图

纵坐标交于S点，QS为集料C的用量，ST为集料D的用量。

（c）调整配合比。通常合成级配曲线宜尽量接近设计级配的中限，尤其应使0.075mm、2.36mm、4.75mm筛孔的通过率尽量接近设计级配范围中限；对交通量大、车载量重的公路，宜偏向级配范围的下（粗）限；对中小交通量或人行道路等宜偏向级配范围的上（细）限；合成级配曲线应接近连续或合理间断，但不应存在过多的"犬牙交错"。

对高速公路和一级公路，宜在设计级配范围内计算1～3组粗细不同的配比，绘制设计级配曲线，分别位于工程设计级配范围的上方、中值及下方。设计合成级配曲线不得有太多的锯齿形"交错"，且在0.3～0.6mm不出现"驼峰"。当反复调整不能满意时，宜更换材料设计。

（d）校核。按图解所得的各种集料用量，校核计算所得合成级配是否符合要求。如不能符合要求（超出级配范围），应调整各集料的用量，重新计算。

【例6-1】矿质混合料组成配合计算例题（数解法）

试计算某大桥桥面铺装用细粒式沥青混凝土的矿质混合料配合比。

【解析】

1）原始资料

① 现有碎石（A）、石屑（B）和矿粉（C）三种矿质材料，筛分结果按分计筛余率列于表6-15。

② 以细粒式沥青混凝土AC-13要求的级配范围按通过率也列于表6-15。

表6-15　原有集料的分级筛余和混合料要求级配范围

筛孔尺寸 d_i/mm	碎石分计筛余率 $a_{A(i)}$/%	石屑分计筛余率 $a_{B(i)}$/%	矿粉分计筛余率 $a_{C(i)}$/%	矿质混合料要求通过率范围 $p_{n_1-n_i}$/%
16	—	—	—	100
13.2	5.2	—	—	95～100
9.5	41.7	—	—	70～88
4.75	50.5	1.6	—	48～68
2.36	2.6	24.0	—	36～53

筛孔尺寸 d_i/mm	碎石分计筛余率 $a_{A(i)}$/%	石屑分计筛余率 $a_{B(i)}$/%	矿粉分计筛余率 $a_{C(i)}$/%	矿质混合料要求通过率范围 $p_{n_1-n_1}$/%
1.18	—	22.5	—	24～41
0.6	—	16.0	—	18～30
0.3	—	12.4	—	17～22
0.15	—	11.5	—	8～16
0.075	—	10.8	13.2	4～8
底盘	—	1.2	86.8	—

2）计算要求

① 按数解法确定碎石、石屑和矿粉在混合料中所占的比例。

② 按题给的要求，校核矿质混合料计算结果，确定其是否符合级配范围。

3）计算步骤

矿质混合料中各种集料用量配合组成可按下述步骤计算：

① 计算各筛孔分计筛余率：先将表6-15中矿质混合料要求的级配范围通过率换算为累计筛余率，然后再计算成各筛号的分计筛余率。计算结果列于表6-16。

表6-16　原材料分级筛余及混合料级配要求

筛孔尺寸 d_i/mm	碎石分级筛余率 $a_{A(i)}$/%	石屑分级筛余率 $a_{B(i)}$/%	矿粉分级筛余率 $a_{C(i)}$/%	设计级配范围中值		
				通过率中值 P_i/%	累计筛余率中值 A_i/%	分计筛余率中值 $a_{M(i)}$/%
16	—	—	—	0	0	0
13.2	5.2	—	—	97.5	2.5	2.5
9.5	41.7	—	—	79.0	21.0	18.5
4.75	50.5	1.6	—	58.0	42.0	21.0
2.36	2.6	24.0	—	44.5	55.5	13.5
1.18	—	22.5	—	32.5	67.5	12.0
0.6	—	16.0	—	24.0	76.0	8.5
0.3	—	12.4	—	19.5	80.5	4.5
0.15	—	11.5	—	12.0	88.0	7.5
0.075	—	10.8	13.2	6.0	94.0	6.0
底盘	—	1.2	86.8	0	100.0	6.0
合计	$\sum=100$	$\sum=100$	$\sum=100$	—	—	$\sum=100$

② 计算碎石在矿质混合料中用量。由表6-16可知，在4.75mm处，碎石数量占绝对优势，石屑量很少可忽略，矿粉本身就不存在。故计算碎石在混合料中的比例时，假设混合料中4.75mm的粒径全部是由碎石所组成，而 $a_{\text{B}(4.75)}$ 和 $a_{\text{C}(4.75)}$ 均等于零，由式（6-24）可得

$$a_{\text{A}(4.75)}X = a_{\text{M}(4.75)} \tag{6-24}$$

所以碎石（A）的用量为

$$X(\%) = \frac{a_{\text{M}(4.75)}}{a_{\text{A}(4.75)}} \times 100 \tag{6-25}$$

由表6-16可知，$a_{\text{M}(4.75)}(\%) = 21.0$，$a_{\text{A}(4.75)}(\%) = 50.5$ 代入式（6-25）得

$$X(\%) = \frac{21.0}{50.5} \times 100 = 41.6$$

③ 计算矿粉在矿质混合料中用量。同理，在筛孔尺寸小于0.075mm即底盘处，矿粉的数量占绝对优势，而碎石和石屑在此粒径要么很少被忽略，要么不存在，所以认为 $a_{\text{A}(<0.075)}$ 和 $a_{\text{B}(<0.075)}$ 均为零。则由式（6-26）得

$$a_{\text{C}(<0.075)}Z = a_{\text{M}(<0.075)} \tag{6-26}$$

则矿粉（C）的含量：

$$Z(\%) = \frac{a_{\text{M}(<0.075)}}{a_{\text{C}(<0.075)}} \times 100 \tag{6-27}$$

由表6-16知，$a_{\text{M}(<0.075)}(\%) = 6.0$，$a_{\text{C}(<0.075)}(\%) = 86.8$，代入式（6-27）得

$$Z(\%) = \frac{6.0}{86.8} \times 100 = 6.9$$

④ 计算石屑在混合料中用量。由式（6-17）得

$$Y = 100\% - (X+Z)$$

已求得

$$X(\%) = 41.6, Z(\%) = 6.9$$

故

$$Y(\%) = 100 - (41.6+6.9) = 51.5$$

根据以上计算得到矿质混合料的组成配合比为

碎石：$X = 41.6\%$；

石屑：$Y = 51.5\%$；

矿粉：$Z = 6.9\%$。

⑤ 校核。从表6-17的计算结果可以看出，合成矿料得到的通过率，在各筛孔上都进入要求的级配范围内，满足沥青混合料AC-13的级配要求。

表6-17　矿质混合料组成计算和校核表

筛孔尺寸 d_i/mm	粗集料（碎石）			细集料（石屑）			填料（矿粉）			合成矿质混合料			
	原来级配分计筛余率 $a_{A(i)}$/%	计算所得比例 X/%	占混合料百分率 $a_{AM(i)}$/%	原来级配分计筛余率 $a_{B(i)}$/%	计算所得比例 Y/%	占混合料百分率 $a_{BM(i)}$/%	原来级配分计筛余率 $a_{C(i)}$/%	计算所得比例 Z/%	占混合料百分率 $a_{CM(i)}$/%	分计筛余率 $a_{M(i)}$/%	累计筛余率 $A_{M(i)}$/%	通过率 $P_{M(i)}$/%	要求级配范围级配通过率 $P_{n1\sim n2}$/%
①	②	③	④＝②×③	⑤	⑥	⑦＝⑤×⑥	⑧	⑨	⑩＝⑧×⑨	⑪	⑫	⑬	⑭
16												100	100
13.2	5.2		2.2							2.2	2.2	97.8	95～100
9.5	41.7		17.4							17.4	19.6	80.4	70～88
4.75	50.5		21.0	1.6		0.8				21.8	41.4	58.6	48～68
2.36	2.6		1.0	24.0		12.4				13.4	54.8	45.2	36～53
1.18		41.6		22.5	51.5	11.6		6.9		11.6	66.4	33.6	24～41
0.6				16.0		8.2				8.2	74.6	25.4	18～30
0.3				12.4		6.4				6.4	81.0	19.0	12～22
0.15				11.5		5.9				5.9	86.9	13.1	8～16
0.075				10.8		5.6	13.2		0.9	6.5	93.4	6.6	4～8
<0.075				1.2		0.6	86.8		6.0	6.6	100	0	0～8
校核	Σ＝100		Σ＝41.6	Σ＝100		Σ＝51.5	Σ＝100		Σ＝6.9	Σ＝100			

注意：如不符合级配范围，应调整配合比再进行试算，经数次调整，逐步渐进，直到达到要求。如经计算仍不能符合级配要求，则应调换或增加集料品种。

【例6-2】矿质混合料配合比组成计算例题（图解法）

试用图解法设计某高速公路用细粒式沥青混凝土的矿料配合比。

【解析】

1）原始资料

① 现有碎石、石屑、砂和矿粉四种矿料，筛析试验得各粒径通过率列于表6-18。

表6-18　原有矿质集料级配表

材料名称	筛孔尺寸/mm									
	16.0	13.2	9.5	4.75	2.36	1.18	0.6	0.3	0.15	0.075
	通过率/%									
碎石	100	93	17	0						
石屑	100	100	100	84	14	8	4	0		
砂	100	100	100	100	92	82	42	21	11	4
矿粉	100	100	100	100	100	100	100	100	96	87

② 设计级配范围按沥青AC-13细粒式沥青混凝土混合料设计，要求级配范围和中值列于表6-19。

表6-19　矿质混合料要求级配范围和中值

项目	筛孔尺寸/mm									
	16.0	13.2	9.5	4.75	2.36	1.18	0.6	0.3	0.15	0.075
	通过率/%									
级配范围	100	95～100	70～88	48～68	36～53	24～41	18～30	12～22	8～16	4～8
级配中值	100	98	79	58	45	33	24	17	12	6

2）计算要求

① 根据该级配范围中值，绘出各粒径在横坐标上的位置。

② 将各原有矿质材料筛析结果在图上绘出级配曲线，按图解法求出各种材料在混合料中的用量。

③ 按图解法求得的各种材料用量计算合成级配，并校核合成级配是否符合技术规程的要求，如不符合应调整级配重新计算。

3）计算步骤

① 绘制级配设计图（图6-12），在纵坐标上按算术坐标绘出通过率。

② 连对角线OO'，在纵坐标上找出混合料AC-13在某筛孔要求的通过率中值，画水平线与对角线OO'相交，再从各交点作垂线交于横坐标上，相应的位置就是对应的筛孔在横坐标上的位置。

③ 将碎石、石屑、砂和矿粉的级配曲线绘于图中。

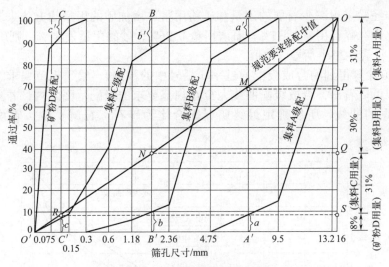

图6-12　图解法级配设计图

④ 在碎石和石屑级配曲线相重叠部分作一垂线AA'，使垂线截取两级配曲线的纵坐标值相等（即$a=a'$）。自垂线AA'与对角线交点M引一水平线，与纵坐标交于P点，OP的长度$X=31\%$，即为碎石的用量。

同理，求出石屑的用量$Y=30\%$，砂的用量$Z=31\%$，则矿粉用量$W=8\%$。

⑤ 根据图解法求得的各集料用量比例，列表进行校核计算，结果如表6-20所示。

表6-20　矿质混合料组成计算和校核表

材料名称		筛孔尺寸/mm									
		16.0	13.2	9.5	4.75	2.36	1.18	0.6	0.3	0.15	0.075
		通过率/%									
原材料粒径分布	碎石100%	100	93	17	0						
	石屑100%	100	100	100	84	14	8	4	0		
	砂100%	100	100	100	100	92	82	42	21	11	4
	矿粉100%	100	100	100	100	100	100	100	100	96	87
各原材料在混合料中的级配	碎石31% （31%）	31.0 （31.0）	28.8 （28.8）	5.3 （5.3）	0 （0）						
	石屑30% （26%）	30.0 （26.0）	30.0 （26.0）	30.0 （26.0）	25.2 （21.8）	4.2 （3.6）	2.4 （2.1）	1.2 （1.1）	0 （0）		
	砂31% （37%）	31.0 （37.0）	31.0 （37.0）	31.0 （37.0）	31.0 （37.0）	28.5 （34.0）	25.4 （30.3）	13.0 （15.5）	6.5 （7.8）	3.4 （4.1）	1.2 （1.5）
	矿粉8% （6%）	8.0 （6.0）	8.0 （6.0）	8.0 （6.0）	8.0 （6.0）	8.0 （6.0）	8.0 （6.0）	8.0 （6.0）	8.0 （6.0）	7.7 （5.8）	7.0 （5.2）
合成级配		100 （100）	97.8 （97.8）	74.3 （74.3）	64.2 （64.8）	40.7 （43.6）	35.8 （38.4）	22.2 （22.6）	14.5 （13.8）	11.1 （9.9）	8.2 （6.7）
级配范围要求		100	95～100	70～88	48～68	36～53	24～41	18～30	12～22	8～16	4～8

从表6-20可以看出，按碎石∶石屑∶砂∶矿粉=31%∶30%∶31%∶8%的计算结果，合成级配中筛孔0.075mm的通过率偏高，且合成级配曲线呈锯齿状。需要调整修正，才能达到更好的结果。

通过分析和经验采用减少石屑的用量和矿粉用量、增加砂的用量的方法来调整配合比。经调整后的配合比为：碎石用量X=31%，石屑用量Y=26%，砂的用量Z=37%，则矿粉用量W=6%。按此配比计算，见表6-20中括号内数值。

⑥ 将表6-20计算得到的合成级配通过率（括号中的数据），绘于规范要求级配曲线中，见图6-13。从图中可以看出，合成级配曲线完全在规范要求的级配范围之内，并且接近中值，基本呈一光滑平顺的曲线。所以确定最终矿料配合比为碎石：石屑：砂：矿粉=31%：26%：37%：6%。

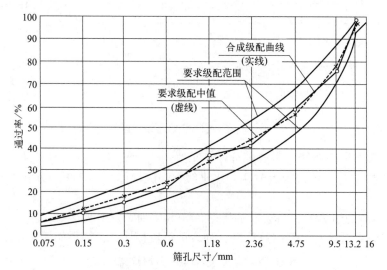

图6-13　图解法级配设计结果

2. 确定沥青混合料的最佳沥青用量

采用马歇尔试验法来确定沥青最佳用量，我国现行《公路沥青路面施工技术规范》（JTG F 40—2004）规定按以下方法确定沥青最佳用量，具体步骤如下。

（1）制备试样

① 按确定的矿质混合料配合比计算各种矿质材料的用量。

② 根据沥青用量范围的经验，预估油石比或沥青用量。

③ 以预估的油石比为中值，按一定间隔（对密级配沥青混合料通常为0.5%，对沥青碎石混合料可适当缩小间隔为0.3%～0.4%）取5个或5个以上不同的油石比分别成型马歇尔试件。每一组试件的试样数按现行试验规程的要求确定，对粒径较大的沥青混合料，宜增加试件数量。

（2）测定计算物理指标

① 测定试件的毛体积相对密度。

② 确定沥青混合料的最大理论相对密度。

③ 计算试件的空隙率、矿料间隙率、有效沥青的饱和度等体积指标。

④ 测定力学指标。测定马歇尔稳定度、流值。

（3）马歇尔试验结果分析

① 绘制沥青用量与物理-力学指标关系图。以油石比或沥青用量为横坐标，以毛体积密度、空隙率、矿料间隙率［绘制曲线时含矿料间隙率（VMA），且为下凹型曲线，但确定

$OAC_{min} \sim OAC_{max}$ 时不包括VMA]、有效沥青饱和度、稳定度、流值为纵坐标，试验结果绘制成沥青用量与各项指标的关系曲线如图6-14所示。确定的沥青用量均符合《公路沥青路面施工技术规范》（JTG F 40—2004）规定的沥青混合料技术标准的沥青用量范围$OAC_{min} \sim OAC_{max}$。

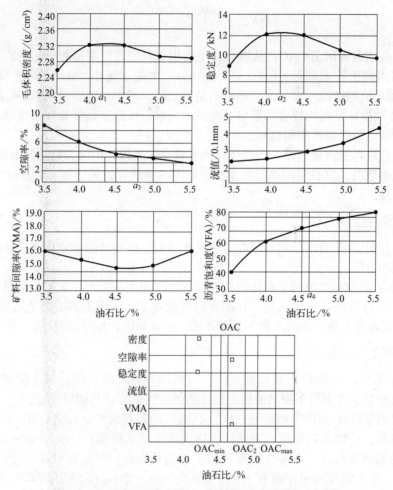

图6-14 沥青用量与马歇尔试验物理-力学指标关系图

② 确定最佳沥青用量初始值OAC_1。从图6-14中求取相应于毛体积密度最大的沥青用量、相应于稳定度最大值的沥青用量、相应于规定空隙率范围中值的沥青用量及相应于沥青饱和度范围的中值的沥青用量a_1、a_2、a_3、a_4，按式（6-28）求取四者平均值作为最佳沥青用量的初始值OAC_1。

$$OAC_1 = \frac{a_1+a_2+a_3+a_4}{4} \qquad (6-28)$$

如果所选择的沥青用量范围未能涵盖沥青饱和度的要求范围，按式（6-29）求取三者的平均值作为OAC_1，即

$$OAC_1 = \frac{a_1+a_2+a_3}{3} \qquad (6-29)$$

对所选择的试验沥青用量范围，密度或稳定度没有出现峰值（最大值经常在曲线的两端）时，可直接以目标空隙率所对应的沥青用量a_3作为OAC_1，但OAC_1须介于$OAC_{min} \sim OAC_{max}$的范

围内。否则应重新进行配合比设计。

③ 确定沥青最佳用量初始值OAC_2。以各项指标均符合沥青混合料技术标准（不含VMA）的沥青用量范围$OAC_{min} \sim OAC_{max}$的中值作为OAC_2，见式（6-30）。

$$OAC_2 = \frac{OAC_{min} + OAC_{max}}{2} \tag{6-30}$$

计算出来的最佳沥青用量OAC，从图6-14中得出所对应的空隙率和VMA值，检验是否能满足《公路沥青路面施工技术规范》（JTG F 40—2004）中关于最小VMA值的要求。OAC宜位于VMA凹形曲线最小值的贫油一侧。当空隙率不是整数时，最小VMA按内插法确定。检查图中相应于此OAC的各项指标是否均符合马歇尔试验技术标准。根据实践经验和公路等级、气候条件、交通情况，调整确定最佳沥青用量OAC。

对炎热地区公路以及高速公路、一级公路的重载交通路段，山区公路的长大坡度路段，预计有可能产生较大车辙时，宜在空隙率符合要求的范围内将计算的最佳沥青用量减小0.1% ～ 0.5%作为设计沥青用量。

（4）水稳定性检测

按最佳沥青用量OAC制作马歇尔试件进行浸水马歇尔试验（或真空饱水马歇尔试验），检验其残留稳定度是否合格。

如当最佳沥青用量OAC与两个初始值OAC_1、OAC_2相差甚大时，宜将OAC与OAC_1或OAC_2分别制作试件，进行残留稳定度试验。我国现行规范规定，Ⅰ型沥青混凝土残留稳定度不低于75%，Ⅱ型沥青混凝土不低于70%，如不符合要求，应重新进行配合比设计。

（5）抗车辙能力检验

按最佳沥青用量OAC制作车辙试验试件，按试验规程"沥青混合料车辙试验"（T 0719—2011）方法，在60℃条件下用车辙试验机对设计的沥青用量检验其动稳定度。

当最佳沥青用量OAC与两个初始值OAC_1或OAC_2相差甚大时，宜将OAC_1或OAC_2分别制作试件进行车辙试验。我国现行规范《公路沥青路面施工技术规范》（JTG F 40—2004）规定，用于上、中面层的沥青混凝土，在60℃时车辙试验的动稳定度，对高速公路、城市快速路不小于800次/mm，对一级公路及城市干路宜不小于600次/mm。如不符合上述要求，应对矿料级配或沥青用量进行调整，重新进行配合比设计。

3. 生产配合比设计及生产配合比验证

目标配合比确定之后，即可进入生产配合比设计阶段，需结合实际施工拌和机进行，以确定施工配合比。在试验前，应首先根据级配类型选择振动筛筛号，使几个热料仓的材料不致相差太多，最大筛孔应保证使超出粒径范围颗粒排出，各级筛孔的通过量要符合设计级配范围要求。试验时，按目标配合比设计的冷料比例上料、烘干、筛分，然后从各热料仓取样进行筛分，与目标配合比设计一样进行矿料级配计算，得到不同料仓及矿粉用量比例，并按该比例进行马歇尔试验。现行规范规定试验油石比可取目标配合比得出的最佳油石比及其 ±0.3%共三组油石比进行试验，通过室内试验及拌和机取样试验综合确定生产配合比的最佳油石比，供试拌试铺使用。由此确定的最佳油石比与目标配合比的差值不宜大于2%。

生产配合比验证即进行试拌试铺。按照生产配合比在试验段上试铺，观察摊铺、碾压过程和成型混合料的表面状况，判断混合料的级配和油石比是否符合要求。如不符合需适当调整，重新试拌试铺，直至满意为止。同时，试验室要密切配合现场，在拌和场、摊铺现场采集沥青混合料试样进行马歇尔试验，进行高温稳定性及水稳定性验证。在试铺试验时，试验室还应在现场取样进行抽取试验，再次检验实际级配和油石比是否合格，并且在试验路上钻取芯样测定实际空隙率，由此确定生产用的标准配合比，进入正常生产阶段。

三、任务实施

学习"Sup-13沥青上面层目标配合比设计计算书"，以此为模板完成试验手册6.10SUP-13沥青混合料生产配合比设计计算书的编写。配合比及计算过程中所涉及的材料检测及报告见试验手册附表6.5，6.6。

Sup-13沥青上面层目标配合比设计计算书

一、概述

某区公路交通工程PPP项目进行Sup-13改性沥青混合料目标配合比设计。矿料的级配要求如表6-21：

表6-21　Sup-13沥青混合料矿料级配范围

筛孔/mm	31.5	26.5	19.0	16.0	13.2	9.5	4.75	2.36	1.18	0.6	0.3	0.15	0.075
级配上限/%	—	—	—	—	100.0	90	—	58	—	—	—	—	10
级配下限/%	—	—	—	—	90.0	—	—	28	—	—	—	—	2
限制区/%	—	—	—	—	—	—	—	39.1	25.6	19.1	15.5	—	—
限制区/%	—	—	—	—	—	—	—	39.1	31.6	25.1	15.5	—	—

二、设计依据

1.《公路工程集料试验规程》（JTG E42—2005）

2.《公路工程沥青及沥青混合料试验规程》（JTG E20—2011）

3.《公路沥青路面施工技术规范》（JTG F40—2004）

4.《施工图设计》

5.《高性能沥青路面（Superpave）基础参考手册》

三、材料情况

1. 沥青

沥青采用某公司生产的SBSI-C型改性沥青，技术检测结果见表6-22。

2. 集料

集料为玄武岩，规格分别为1$^\#$料10～15mm、2$^\#$料5～10mm、3$^\#$料3～5mm、4$^\#$料0～3mm，各项检测结果见表6-23、表6-24。

3. 矿粉

矿粉为石灰岩石粉，各项检测结果见表6-25。

表6-22　SBSI-C改性沥青的主要技术要求试验结果

试验项目	规范要求	试验结果
针入度（25℃、100g、5s）（0.1mm）	50～80	69
延度（5℃、5cm/min）/cm	≥30	≥38
软化点（环球法）/℃	≥60	≥73.0
相对密度	实测	1.028

表6-23　粗集料试验结果

指标	规范要求	1#料	2#料	3#料
表观相对密度	≥2.6	2.841	2.787	2.734
毛体积相对密度	≥2.6	2.810	2.743	2.691
吸水率/%	≤2	0.39	0.57	0.57
常温压碎值/%	≤20	14.9	—	—
细长扁平颗粒含量/%	≤12	7.8	9.4	—
水洗法小于0.075mm颗粒含量/%	≤0.6	0.3	—	—
	≤0.8	—	0.4	—
	≤1.0	—	—	0.9

表6-24　细集料试验结果

技术指标	规范要求	试验结果
级配筛分	符合设计	合格
表观相对密度	≥2.6	2.715
毛体积相对密度	≥2.6	2.636
吸水率/%	≤2.0	1.25
砂当量/%	≥60	67
小于0.075mm含量/%	≤12.5	9.8

表6-25　矿粉试验结果

技术指标		规范要求	试验结果
视密度/（t/m³）		≥2.50	2.699
含水量/%		≤1	0.2
亲水系数/%		<1	0.71
外观		无团粒结块	无团粒结块
粒度范围/%	<0.60mm	100	100
	<0.15mm	90～100	98.4
	<0.075mm	85～100	89.9

四、目标配合比设计过程

1.初选级配

（1）集料筛分试配

各种集料筛分结果见表6-26。根据筛分结果计算得到的三种级配设计组成见表6-27。

表6-26　各种原材料筛分结果

材料	下列筛孔的通过率（方孔筛mm）/%												
	31.5	26.5	19.0	16.0	13.2	9.5	4.75	2.36	1.18	0.6	0.3	0.15	0.075
1#料	100	100	100	100	79.4	15.9	2.6	2.0	1.8	1.6	1.4	1.0	0.3
2#料	100	100	100	100	100	92.3	3.6	2.0	1.5	1.5	1.5	1.0	0.4
3#料	100	100	100	100	100	100	92.8	4.8	2.4	1.8	1.2	1.0	0.9
4#料	100	100	100	100	100	100	100	90.2	61.4	41.6	21.9	15.0	9.8
矿粉	100	100	100	100	100	100	100	100	100	100	100	98.4	89.9

表6-27　三种级配的设计组成

级配类型 （1# : 2# : 3# : 4# : 矿粉）	下列筛孔的通过率（方孔筛mm）/%									
	16.0	13.2	9.5	4.75	2.36	1.18	0.6	0.3	0.15	0.075
级配A （30 : 30 : 8 : 29 : 3）	100	93.8	72.5	41.3	30.8	22.0	16.2	10.4	8.1	5.8
级配B （28 : 28 : 9 : 32 : 3）	100	94.2	74.3	45.1	33.5	23.7	17.3	10.9	8.5	6.1
级配C （25 : 27 : 11 : 34 : 3）	100	94.9	76.9	48.9	35.2	25.1	18.1	11.3	8.8	6.3

三种级配曲线见图6-15。

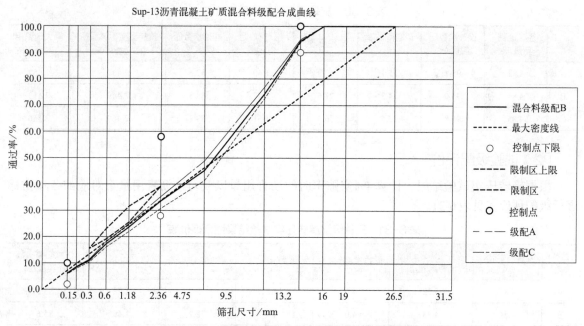

图6-15　沥青混凝土矿质混合料级配合成曲线图

（2）估算沥青用量

估算沥青用量见表6-28。

表6-28　估算沥青用量汇总表

试验级配	毛体积密度 G_{sb}/（g/cm³）	表观密度 G_{sa}/（g/cm³）	有效密度 G_{se}/（g/cm³）	集料中沥青胶结料体积 V_{ba}/cm³	有效沥青胶结料体积 V_{be}/cm³	每立方厘米混合料中集料质量 W_s/g	估算沥青用量 P_{bi}/%
A	2.774	2.725	2.762	0.200	0.1	2.434	4.82
B	2.771	2.720	2.758	0.203	0.1	2.433	4.84
C	2.767	2.715	2.754	0.206	0.1	2.433	4.85

（3）矿料的最大理论密度

按照高性能沥青路面设计要求，根据三种级配及估算沥青含量，计算沥青混合料最大理论相对密度见表6-29。

表6-29　沥青混合料最大理论相对密度计算

级配类型	沥青用量/%	最大理论相对密度
A	4.82	2.557
B	4.84	2.553
C	4.85	2.550

2. 选试验级配的评价

（1）成型试件

根据估算的沥青用量以三种级配旋转成型试件，$N_{最初}=8$次，$N_{设计}=100$次，计算结果见表6-30。

表6-30　旋转压实试验结果评价表

级配	预估沥青用量/%	设计次数压实度/%	矿料间隙率/%	饱和度/%	粉/有效沥青用量	初始次数压实度/%	旋转压实毛体积密度/（g/cm³）	最大理论相对密度
A	4.82	95.1	15.1	67.3	1.40	87.5	2.431	2.557
B	4.84	95.9	14.3	71.6	1.47	88.3	2.449	2.553
C	4.85	96.8	13.5	76.4	1.51	89.1	2.469	2.550

（2）试验级配评价

根据旋转压实试验结果，计算4%空隙率时的沥青用量以及对该沥青用量下对应的各项指标进行级配评价，见表6-31。

表6-31　三种级配旋转压实试验结果综合评价表

合成级配	试验沥青用量/%	4%空隙率时的沥青用量/%	空隙率/%	VMA/%	VFA/%	F/A	估算初使次数压实度/%
A	4.82	5.22	4.0	15.2	73.7	1.28	85.2
B	4.84	4.88	4.0	14.4	72.2	1.45	85.6
C	4.85	4.53	4.0	13.8	71.0	1.64	85.5
技术指标	—	—	—	≥14	65～75	0.6～1.2[①]	≤89

① 当级配在禁区下方通过时，粉胶比可取0.8～1.6，三个级配均应于禁区下方。

依据上表的评价指标，可以得出A、B级配均满足Superpave设计要求，根据以往经验选择B级配，沥青用量P_b为4.9%。

3. 选择设计级配的沥青用量

根据高性能沥青路面设计要求，所谓设计沥青用量就是指在设计旋转压实次数下得到空隙率为4%的沥青用量。一般选择四种沥青用量，分别为P_b、$P_b \pm 0.5\%$、$P_b+1\%$。由上表得出P_b约为4.9%，四种沥青用量分别为4.4%、4.9%、5.4%、5.9%。在进行确定选择级配沥青用量的试验时，压实次数应设定在$N_{设计}$，本次$N_{设计}=100$次。试验结果见表6-32。

表6-32　四种沥青用量沥青混合料体积性质

沥青用量/%	在压实次数时			粉胶比F/A	初始压实度/%	旋转试件毛体积相对密度	最大理论相对密度
	压实度/%	VMA/%	VFA/%				
4.4	94.2	14.8	61.1	1.64	86.7	2.431	2.572
4.9	95.8	14.4	71.3	1.44	87.5	2.447	2.553
5.4	96.6	15.0	77.6	1.29	88.0	2.444	2.529
5.9	97.0	15.8	81.1	1.17	88.4	2.433	2.508
5.0	95.9	14.7	72.2	1.41	88.4	2.442	2.546
Superpave标准	96	≥14	65～75	0.6～1.2	≤89	—	—

绘制VV、VMA、VFA、F/A与四种沥青含量的关系图，见图6-16。通过图表插值法得到空隙率4.0%时对应的沥青用量为5.02%，根据经验取设计沥青用量为5.0%。其他相关指标通过图表插值法计算得出汇总于表6-32。

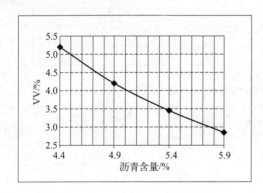
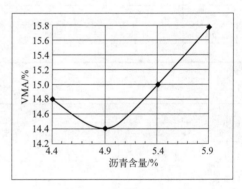
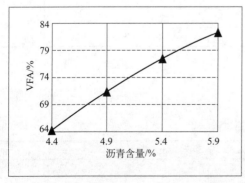
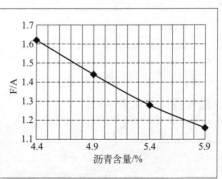

图6-16　VV、VMA、VFA、F/A与沥青用量关系图

4. 最大次数验证

采用设计沥青含量 P_b=5.0% 成型试件，压实次数设定在 $N_{最大}=160$，对应的混合料体积指标试验结果汇总于表6-33。

表6-33 设计沥青用量验证试验结果

沥青用量/%	最大次数（N最大160次）				初始压实度/%	最大压实度/%
	毛体积相对密度	最大理论相对密度	VMA/%	VFA/%		
5.0	2.442	2.546	14.7	72.2	88.4	97
Superpave标准	—	—	—	—	≤89	≤98

5. 验证试验

（1）沥青混合料抗水害试验

为了检验沥青混合料的抗水损害性能，进行了设计沥青用量下的沥青混合料的浸水马歇尔试验，试验结果见表6-34，冻融劈裂试验结果见表6-35。

表6-34 浸水马歇尔稳定度试验结果

混合料类型	非条件（0.5h）			条件（48h）			残留稳定度 MS_0/%
	空隙率/%	马歇尔稳定度/kN	流值（0.1mm）	空隙率/%	浸水马歇尔稳定度/kN	流值（0.1mm）	
Sup-13	5.2	12.31	32.1	4.8	11.53	—	91.2
	5.0	11.96	29.6	5.0	11.10	—	
	4.9	12.13	32.3	4.9	10.89	—	
	4.7	11.87	33.1	5.0	11.35	—	
	4.7	12.34	30.2	5.0	11.01	—	
	5.2	11.98	30.4	4.6	10.28	—	
平均值	5.0	12.10	31.3	4.9	11.03	—	

表6-35 冻融劈裂试验结果汇总表

混合料类型	非条件		条件		劈裂强度比 TSR/%	设计要求/%
	空隙率/%	劈裂强度/MPa	空隙率/%	劈裂强度/MPa		
Sup-13	5.5	0.627	5.7	0.518	82.0	≥80
	5.5	0.563	5.6	0.478		
	5.6	0.700	5.5	0.515		
	5.7	0.646	5.2	0.569		
平均值	5.6	0.634	5.2	0.520		

（2）高温稳定性检验

高温稳定性检验见表6-36。

表6-36 车辙试验结果

混合料类型	沥青用量/%	动稳定度/（次/mm）				
		1	2	3	平均	要求
SUP-13	5.0	4182	4289	4077	4183	≥2800

6. 室内配合比设计结论

① 矿料配合比及设计沥青用量如表6-37所示。

表6-37　矿料配合比及设计沥青用量

混合料类型	下列各种矿料所占比例/%					沥青用量/%
	1#料	2#料	3#料	4#料	矿粉	
SUP-13	28	28	9	32	3	5.0

② 设计沥青用量旋转压实体积指标如表6-38所示。

表6-38　设计沥青用量旋转压实体积指标

混合料类型	沥青用量/%	设计次数（$N_{设计}$=100次）							最大压实次数（=$N_{最大}$=160次）压实度/%
		试件毛体积相对密度	最大理论相对密度	设计次数压实度/%	矿料间隙率VMA/%	饱和度VFA/%	初始压实度/%	粉胶比F/A	
SUP-13	5.0	2.442	2.546	96.0	14.7	2.2	88.4	1.41	97.0
技术指标		实测	实测	95.9	≥14	65～75	≤89	0.6～1.2	≤98

五、结论

通过混合料级配选择和相关验证试验表明本次目标配合比设计各项指标满足规范及设计要求。设计结果为：1#料：2#料：3#料：4#料：矿粉＝28：28：9：32：3，沥青用量为5.0%。可用于Sup-13沥青混合料生产配合比设计。沥青混合料目标配合比设计检测报告见表6-39。

表6-39　沥青混合料目标配合比设计检测报告

检测单位名称：			报告编号：	
委托单位			工程名称	
工程部位/用途	路面工程		检测地点	
样品信息	来样时间：2021年11月20日； 样品名称：石屑（0～3mm）；样品编号：20211120019；样品数量：50kg；样品状态：洁净、无杂质；样品产地：山东； 样品名称：矿粉（0～0.6mm）；样品编号：20211120020；样品数量：5kg；样品状态：灰白色、均匀；样品产地：洪泽区； 样品名称：碎石（10～15mm）、（5～10mm）、（3～5mm）；样品编号：20211120021、20211120022、20211120023；样品数量：80kg、80kg、50kg；样品状态：洁净、无杂质；样品产地：山东； 样品名称：SBSI-C改性沥青；样品编号：20211120024；样品数量：20kg；样品状态：固态黑色；样品产地：上海海太工程科技有限公司			
检测依据	JTG E20—2011、《高性能沥青路面（Superpave）基础参考手册》		判定依据	JTG F 40—2004、设计文件
主要仪器设备及编号	电子天平（CK421）、马歇尔稳定度仪（CK064）、马歇尔击实仪（CK417）、游标卡尺（CK011）、电热鼓风干燥箱（CK440）、沥青混合料拌和机（CK061）、恒温水浴（CK068）、电子秤（CK324）、低温溢流水箱（CK434）、车辙成型机（CK066）、车辙试验机（CK067）、路面渗水仪（CK426）、沥青混合料拌和机（CK061-2）、旋转压实仪（CK077）、砂石标准筛（CK010）			
委托日期	2021年11月20日	检测日期	2021年11月21日—2021年12月13日	公路等级	—
委托编号	WT2021921	级配类型	密集配	沥青混合料类型	Sup-13
外掺材料名称	—	外掺量/%	—	最佳沥青用量/%	5.00
比例用量/%	1#料：2#料：3#料：4#料：矿粉=28：28：9：32：3				
委托检测项目	Sup-13沥青混合料目标配合比				

续表

序号	检测项目	技术指标	检测结果	结果判定
1	毛体积相对密度	—	2.442	实测值
2	理论最大相对密度	—	2.546	计算值
3	饱和度/%	60～80	72.2	符合要求
4	稳定度/kN	≥8	12.1	符合要求
5	流值（0.1mm）	20～50	31.3	符合要求
6	空隙率/%	3～5	4.1	符合要求
7	矿料间隙率/%	≥15	15.3	符合要求
8	冻融劈裂抗拉强度比/%	≥80	82.0	符合要求
9	残留稳定度/%	≥85	91.2	符合要求
10	动稳定度/（次/mm）	≥2800	4183	符合要求
11	弯曲检测	≥2500	—	—
12	渗水系数/（mL/min）	≤50	—	—

检测结论：经设计，Sup-13配合比最佳沥青用量为5.00%，该混合料所检毛体积相对密度为2.442，理论最大相对密度为2.546，其他指标均符合《公路沥青路面施工技术规范》（JTG F 40—2004）以及设计图纸中沥青混合料标准相应技术要求。

检测：　　　　审核：　　　　批准：　　　　　　日期：年　　月　　日（专用章）

高速公路试验检测频率

附录

项目	检验内容	采用标准	抽样频率	取样方法
土工	天然含水率	《公路土工试验规程》(JTG 3430—2020)《公路路基施工技术规范》(JTG/T 3610—2019)	每5000m³一次	先清除表层土,然后分层用四分法取具有代表性的扰动土样,土样数量按相应试验项目规定采用
	颗粒分析、界限含水率★标准击实试验CBR试验		每种土质一次,相同土质每50000m³复检一次	
矿粉	外观、粒度范围、消石灰含量	《公路沥青路面施工技术规范》(JTG F 40—2004)	每批次进场检验一次,每检验批代表数量不得超过100t	从20个以上的不同部位取等量样品作为一组试样,样品总量至少5kg
	表观密度、塑性指数、含水量、亲水系数、加热安定性		必要时做	
细集料(水泥混凝土用)	级配、含泥量、泥块含量	《公路桥涵施工技术规范》(JTG/T 3650—2020)《建设用砂》(GB/T 14684—2022)	以进场数量为一检验批,每批不得超过200m³	取样前先将取样部位表层铲除,然后由各部位抽取大致相等的砂,组成一组样品
	含水量		混凝土开盘前必做	
	表观密度与堆积密度、坚固性、三氧化硫含量、氯化物含量、碱集料反应		配合比设计时必做	
粗集料(水泥混凝土用)	级配、含泥量、泥块含量、针片状颗粒含量、压碎值	《公路桥涵施工技术规范》(JTG/T 3650—2020)《建设用卵石、碎石》(GB/T 14685—2022)	每批次进场检验一次,每检验批代表数量不得超过400m³一次	
	含水量		混凝土开盘前必做	1.从皮带运输机上取样时,应在皮带运输机停止状态下取其中一截的全部材料,或在皮带口连续接一定时间的料; 2.在料堆上取样时,先铲除堆脚等处无代表性的部分,然后在料堆的顶部、中部、底部,由均匀分布的几个不同部位,取得大致相等的若干份组成一组试样
	表观密度与堆积密度、石料抗压强度、坚固性、三氧化硫含量、氯化物含量、碱集料反应		配合比设计时必做	
粗集料(沥青混凝土用)	级配、针片状颗粒含量、含泥量、压碎值	《公路沥青路面施工技术规范》(JTG F 40—2004)	每批次进场检验一次,每检验批代表数量不得超过1000m³	
	表观相对密度、吸水率、洛杉矶磨耗、磨光值、黏附性、冲击值、软石含量、坚固性、石料岩性分析		配合比设计时必做	
细集料(沥青混凝土用)	级配、含泥量、砂当量(或亚甲蓝值)	《公路沥青路面施工技术规范》(JTG F 40—2004)	以进场数量为一检验批,每批不得超过500m³	
	表观相对密度、棱角性		配合比设计时必做	
粗集料(水泥稳定或级配碎石)	级配、塑性指数、压碎值、针片状颗粒含量	《公路路面基层施工技术细则》	每批次进场检验一次,每检验批代表数量不得超过1000m³	
	含水量		开盘前必做	
	相对毛体积密度、吸水率		配合比设计时必做	

项目	检验内容	采用标准	抽样频率	取样方法
热轧带肋钢筋热轧光圆钢筋	重量偏差、拉伸试验、冷弯试验	《钢筋混凝土用钢 第1部分：热轧光圆钢筋》（GB/T 1499.1—2017）《钢筋混凝土用钢 第2部分：热轧带肋钢筋》（GB/T 1499.2—2018）	每批次进场检验一次，每检验批代表数量不超过60t	取拉伸试样2根，长度40～50cm 取冷弯试样2根，长度20～30cm
钢筋焊接接头	拉伸、冷弯试验	《钢筋焊接及验收规程》（JGJ 18—2012）	以300个同接头形式、同钢筋级别的接头作为1批	从不同部位随机取样，闪光对焊取6根，搭接焊取3根
钢绞线	拉伸试验 弹性模量 松弛试验	《预应力混凝土用钢绞线》（GB/T 5224—2014）	拉伸、弹性模量试验：每批次进场检验一次，每检验批代表数量不得超过60t 松弛试验：同厂家同规格仅检验一次	拉伸试验：任选3盘，每盘取一根110cm长； 松弛试验：任选一盘，取一根250cm长
水泥	必做指标：细度（比表面积）、凝结时间、安定性、胶砂强度； 选择性指标：化学指标、碱含量	《通用硅酸盐水泥》（GB 175—2007）	必做指标：每批次进场检验一次，每检验批代表数量不得超过200t，散装水泥500t； 选择性指标：每个厂家、每个品种的水泥检验一次	从20个以上的不同部分取等量样品作为一组试样，散装水泥随机抽取样品，样品数量总量至少12kg
粉煤灰	细度、需水量比、烧失量、三氧化硫、含水量、安定性、均匀性、抗压强度比、CaO含量、游离CaO含量	《用于水泥和混凝土中的粉煤灰》（GB/T 1596—2017）	每批次进场检验一次，每检验批代表数量不超过200t	从每批中任抽10袋，分别从每袋不同部位等量取样，样品总量至少3kg
矿粉	比表面积、含水量、烧失量、需水量比、活性指数、三氧化硫	《用于水泥、砂浆和混凝土中的粒化高炉矿渣粉》（GB/T 18046—2017）（比表面积、三氧化硫、烧失量、含水量试验方法参考，S95级矿粉指标）《高强高性能混凝土用矿物外加剂》（GB/T 18736—2017）（需水量比、活性指数试验方法参考）	每批次进场检验一次，每检验批代表数量不超过200t	
道路石油沥青	针入度、15℃延度、软化点、10℃延度、针入度指数、蒸发残留物含量、老化试验	《公路沥青路面施工技术规范》（JTG F 40—2004）	1. 进场时每批次检验一次，每检验批代表数量不超过2000t； 2. 施工期间每2d做一次	流体状沥青、按液面上、中、下位置各取规定数量样品。固体沥青从桶、袋、箱装或散装整块中取样，应在表面以下及容器侧面以内至少5cm处采样
	溶解度、密度、闪点、60℃动力黏度、蜡含量		配合比设计时必做	
乳化沥青	破乳速度、粒子电荷、筛上残留物含量、黏度、蒸发残留物试验（残留分含量、溶解度、25℃针入度、15℃延度）、常温储存稳定性	《公路沥青路面施工技术规范》（JTG F 40—2004）	1. 进场时每批次检验一次，每检验批代表数量不超过2000t； 2. 施工期间每2d做一次	按液面上、中、下位置各取规定数量样品
	与粗集料的黏附性、与粗细粒式集料拌和试验、水泥拌和试验的筛上剩余		配合比设计时必做	

项目	检验内容	采用标准	抽样频率	取样方法
改性沥青	针入度、软化点、延度、针入度指数、离析、老化试验	《公路沥青路面施工技术规范》（JTG F 40—2004）	1. 进场时每批次检验一次，每检验批代表数量不超过2000t； 2. 施工期间每2d做一次	流体状沥青，按液面上、中、下位置各规定数量样品。固体沥青从桶、袋、箱装或散装整块中取样，应在表面以下及容器侧面以内至少5cm处采样
	135℃运动黏度、闪点、溶解度、25℃弹性恢复		配合比设计时必做	
改性乳化沥青	破乳速度、粒子电荷、筛上残留物含量、黏度、蒸发残留物试验（残留分含量、针入度、5℃延度、软化点、溶解度）、储存稳定性	《公路沥青路面施工技术规范》（JTG F 40—2004）	1. 进场时每批次检验一次，每检验批代表数量不超过2000t； 2. 施工期间每2d做一次，其中储存稳定性每5d做一次	
	与粗集料的黏附性、与粗细粒式集料拌和试验		配合比设计时必做	
沥青混凝土面层	压实度、厚度	《公路沥青路面施工技术规范》（JTG F 40—2004）	压实度以3个试件为1组，取芯频率分为四个等级（以标准四车道的单幅延长米计）：A级每3000m取一组，B级每1000m取一组，C级每500m取一组，D级每200m取一组	
	渗水系数		每1km检测不少于5点，每点3处取平均值	
	抗滑性能		每200m检测1处	
沥青混合料	矿料级配	《公路沥青路面施工技术规范》（JTG F 40—2004）	每台拌和机每天1～2次，以2个试样的平均值评定	
	沥青用量（油石比）			
	空隙率、稳定度、流值		每台拌和机每天1～2次，以4～6个试样的平均值评定	
	浸水马歇尔、车辙试验		配合比验证阶段必做	
水泥混凝土	坍落度、含气量、凝结时间、抗压强度、路面弯拉强度	《公路桥涵施工技术规范》（JTG/T 3650—2020）《公路水泥混凝土路面施工技术细则》（JTG/T F30—2014）《公路隧道施工技术规范》（JTG/T 3660—2020）《岩土锚杆与喷射混凝土支护工程技术规范》（GB 50086—2015）	1. 浇筑一般大体积的结构物时，每一单元结构物应制取2组； 2. 连续浇筑大体积结构时，每80～200m³或每一工作班应制2组； 3. 每片梁长16m以下制取1组，16～30m制取2组，31～50m制取3组，50m以上不少于5组； 4. 小型构件每批或每工作班至少应制取2组； 5. 每根钻孔桩至少制取2组，桩长20m以上者不少于3组，桩径大、浇筑时间长时不少于4组； 6. 路面弯拉强度试验每班留2～4组试件，日进度＜500m取2组，≥500m取3组，≥1000m取4组。在浇筑现场取混凝土样品，应从三处以上不同部位抽取大致相同分量的代表性样品	
水泥砂浆	稠度、凝结时间、抗压强度	《建筑砂浆基本性能试验方法标准》（JGJ/T 70—2009）	重要及主体砌筑物，每工作班制取2组；一般及次要砌筑物，每工作班制取1组；拱圈砂浆应同时制取与砌体同条件养护试件	
★沥青混凝土配合比设计	原材料试验； 马歇尔试验：空隙率、稳定度、流值，计算VMA、VCA、VFA、确定矿料级配、沥青用量； 旋转压实、浸水马歇尔、冻融劈裂、车辙试验、渗水试验	公路沥青路面施工技术规范》（JTG F 40—2004）	1. 目标配合比设计：采用马歇尔试验设计方法，初步确定可行的矿料级配和沥青用量，确定冷料仓的上料比例，并对所设计的沥青混合料进行水稳定性检验、热稳定性评价、渗水性能检验以及旋转压实检验； 2. 生产配合比设计：采用目标配合比设计的沥青用量及沥青用量±0.3%对混合料进行试拌，确定适合的拌和温度与拌和时间，并进行马歇尔试验。检验混合料级配组成、沥青含量与马歇尔特性； 3. 生产配合比验证：拌和机采用生产配合比进行试拌、铺筑试验段，由此确定生产用的标准配合比	

项目	检验内容	采用标准	抽样频率	取样方法
★水泥混凝土配合比设计	坍落度、毛体积密度、凝结时间、含气量、泌水率、抗压强度、弯拉强度、抗渗性能、收缩、氯离子总含量、碱总量	《普通混凝土配合比设计规程》（JGJ 55—2011）《公路桥涵施工技术规范》（JTG/T 3650—2020）	每种强度等级混凝土至少做两种水泥的配合比设计，每种水泥的混凝土等级至少做三个水灰比，每个水灰比应拌三批相同的试件，同时应附上混凝土抗压强度与灰水比的线性比例关系图
★水泥砂浆配合比设计	稠度、密度、分层度、抗压强度	《建筑砂浆基本性能试验方法标准》（JGJ/T 70—2009）《砌筑砂浆配合比设计规程》（JGJ/T 98—2010）	每种砂浆等级至少三个不同的配合比，水泥用量按基准配合比分别增减10%，然后选择符合要求的配合比，所选定的砂浆配合比必须测定拌合物的稠度、分层度和强度。
★路面基层配合比设计	颗粒分析、液限和塑限指数、相对密度、压碎值、击实试验、抗压强度	《公路路面基层施工技术细则》	1. 分别按三种水泥剂量配制混合料；2. 做三个不同水泥剂量混合料的击实试验；3. 按最佳含水量和计算的干密度制备试件进行强度试验
路基工程	压实度	《公路路基施工技术规范》（JTG/T 3610—2019）	每一层检验压实度，每1000m²检测2点，不足1000m²时也检测2点
	弯沉值		路基顶层每一双车道评定路段（不超过1km）检测80～100点，多车道按车道数与双车道之比，相应增加测点
路面基层	矿料级配、水泥剂量、含水量、压实度、抗压强度	《公路路面基层施工技术细则》（JTG/T F20—2015）	矿料级配、水泥剂量、含水量每2000m²检测一次，压实度每2000m²检查6处，抗压强度每一作业段做9个试件

注：表中标有（★）的试验项目为标准试验。

参考文献

[1] JTG E42—2005. 公路工程集料试验规程.

[2] GB/T 14684—2022. 建设用砂.

[3] JTG/T 3650—2020. 公路桥涵施工技术规范.

[4] JTG F 40—2004. 公路沥青路面施工技术规范.

[5] GB/T 13693—2017. 道路硅酸盐水泥.

[6] GB 175—2007. 通用硅酸盐水泥.

[7] JTG E 41—2005. 公路工程岩石试验规程.

[8] JTG 3420—2020. 公路工程水泥及水泥混凝土试验规程.

[9] GB/T 50080—2016. 普通混凝土拌合物性能试验方法标准.

[10] JTG/T F30—2014. 公路水泥混凝土路面施工技术细则.

[11] GB/T 1596—2017. 用于水泥和混凝土中的粉煤灰.

[12] JTG D40—2011. 公路水泥混凝土路面设计规范.

[13] JTG D50—2017. 公路沥青路面设计规范.

[14] JTG/T F20—2015. 公路路面基层施工技术细则.

[15] JTG E20—2011. 公路工程沥青及沥青混合料试验规程.

[16] JTG 3430—2020. 公路土工试验规程.

[17] 李宏斌, 任淑霞. 土木工程材料 [M]. 北京: 中国水利水电出版社, 2010.

[18] 李继业, 张峰, 胡琳琳. 绿色建筑节能工程材料 [M]. 北京: 化学工业出版社, 2018.

[19] 柳俊哲. 公路工程材料 [M]. 北京: 人民交通出版社, 2007.

[20] 姜志青. 道路建筑材料 [M]. 北京: 人民交通出版社, 2021.

[21] 李立寒. 道路工程材料 [M]. 北京: 人民交通出版社, 2018.

[22] 殷凡勤, 张瑞红. 建筑材料与检测 [M]. 北京: 机械工业出版社, 2011.

[23] 张海梅, 张广峻. 建筑材料 [M]. 北京: 科学出版社, 2014.

道路工程材料
试验手册

化学工业出版社
·北京·

编制说明

　　本试验手册由六个部分组成：集料的检测、水泥的检测、水泥混凝土的检测及配合比计算书的编制、无机结合料的检测、钢材的检测、沥青及沥青混合料的检测，共录入交通工程专业基础材料试验规程42项，涵盖了路桥工地试验室的大部分原材料常规性试验。同时每项试验都附有试验表格及报验单，重现了工地试验室的日常工作，可作为在校生及新进工地试验人员的学习参考资料。

　　通过走访调研，考虑教材的应用及很多学校的试验设备情况，本手册文字部分列举了24项原材料常规试验，将较少出现在学校试验室的试验规程以二维码的形式呈现在教材相应位置，供需要的读者自行扫描下载学习。

绪论

试验 数值修约规则与极限数值的表示和判定（GB/T 8170—2008）

1. 术语和定义

① 数值修约：通过省略原数值的最后若干位数字，调整所保留的末位数字，使最后所得到的值最接近原数值的过程。

注：经数值修约后的数值称为（原数值的）修约值。

② 修约间隔：修约值的最小数值单位。

注：修约间隔的数值一经确定，修约值即为该数值的整数倍。

例0-1：如指定修约间隔为0.1，修约值应在0.1的整数倍中选取，相当于将数值修约到一位小数。

例0-2：如指定修约间隔为100，修约值应在100的整数倍中选取，相当于将数值修约到"百"数位。

2. 数值修约的规则

（1）确定修约间隔

指定修约间隔为10^{-n}（n为正整数），或指明将数值修约到n位小数；

指定修约间隔为1，或指明将数值修约到"个"数位；

指定修约间隔为10^{n}（n为正整数），或指明将数值修约到10^{n}数位，或指明将数值修约到"十""百""千"……数位。

（2）进舍规则

数值修约的进舍规则为：

四舍六入五考虑，

五后非零则进一，

五后皆零视奇偶，

五前为偶应舍去，

五前为奇则进一，

不论数字多少位，

都要一次修约成。

① 拟舍弃数字的最左一位数字小于5，则舍去，保留其余各位数字不变。

例：将12.1498修约到个数位，得12；将12.1498修约到一位小数，得12.1。

② 拟舍弃数字的最左一位数字大于5，则进一，即保留数字的末位数字加1。

例：将1268修约到"百"数位，得13×10^{2}（特定场合可写为1300）。

③ 拟舍弃数字的最左一位数字是5，且其后有非0数字时进一，即保留数字的末位数字加1。

例0-3：将10.5002修约到个数位，得11。

④ 拟舍弃数字的最左一位数字为5，且其后无数字或皆为0时，若所保留的末位数字为奇数（1，3，5，7，9）则进一，即保留数字的末位数字加1；若所保留的末位数字为偶数（0，2，4，6，8），则舍去。

例0-4：修约间隔为0.1（或10^{-1}）。

拟修约数值	修约值
1.050	10×10^{-1}（特定场合可写成为1.0）
0.35	4×10^{-1}（特定场合可写成为0.4）

例0-5：修约间隔为1000（或10^3）。

拟修约数值	修约值
2500	2×10^3（特定场合可写成为2000）
3500	4×10^3（特定场合可写成为4000）

⑤ 负数修约时，先将它的绝对值按①～④的规定进行修约，然后在所得值前面加上负号。

例0-6：将下列数字修约到"十"数位：

拟修约数值	修约值
−355	-36×10（特定场合可写为−360）
−325	-32×10（特定场合可写为−320）

例0-7：将下列数字修约到三位小数，即修约间隔为10^{-3}：

拟修约数值	修约值
−0.0365	-36×10^{-3}（特定场合可写为−0.036）

（3）不允许连续修约

拟修约数字应在确定修约间隔或指定修约数位后一次修约获得结果，不得多次按规则连续修约。

例0-8：修约15.4546，修约间隔为1。

正确的做法：15.4546→15；

不正确的做法：15.4546→15.455→15.46→15.5→16。

（4）0.5单位修约与0.2单位修约

在对数值进行修约时，若有必要，也可采用0.5单位修约或0.2单位修约。

① 0.5单位修约。

0.5单位修约是指按指定修约间隔对拟修约的数值0.5单位进行的修约。

0.5单位修约方法如下：将拟修约数值X乘以2，按指定修约间隔对$2X$依规定修约，所得数值（$2X$修约值）再除以2。

例0-9：将下列数字修约到"个"数位的0.5单位修约。

拟修约数值X	$2X$	$2X$修约值	X修约值
60.25	120.50	120	60.0
60.38	120.76	121	60.5
60.28	120.56	121	60.5
−60.75	−121.50	−122	−61.0

② 0.2单位修约。

0.2单位修约是指按指定修约间隔对拟修约的数值0.2单位进行的修约。

0.2单位修约方法如下：将拟修约数值X乘以5，按指定修约间隔对$5X$依规定修约，所得数值（5X修约值）再除以5。

例0-10：将下列数字修约到"百"数位的0.2单位修约。

拟修约数值X	2X	2X修约值	X修约值
830	4150	4200	840
842	4210	4200	840
832	4160	4200	840
-930	-4650	-4600	-920

一、集料的检测

试验1.3　细集料筛分试验（Ｔ0327—2005）

1. 试验目的与适用范围

测定细集料（天然砂、人工砂、石屑）的颗粒级配及粗细程度，以评价细集料的工程性质。

2. 仪器设备

① 标准筛；
② 天平：称量1000g，感量不大于0.5g；
③ 摇筛机；
④ 其他：烘箱、浅盘和硬、软毛刷等。

3. 试验准备

用9.5mm筛（水泥混凝土用砂）或4.75mm筛（沥青路面及基层用天然砂、石屑、机制砂等）筛除试样中的超粒径材料。然后将样品在潮湿状态下充分拌匀，用分料器法或四分法缩分至每份不小于550g，取两份在（105±5）℃的烘箱中烘干至恒量，冷却至室温后备用。

4. 试验步骤

① 准确称取烘干试样约500g（m_1），精确至0.5g，置于套筛的最上一级筛中（即4.75mm筛上），盖上筛盖，将套筛装到摇筛机上，摇筛约10min，然后取下套筛，再按筛孔大小顺序，在清洁的浅盘上逐级进行手筛，直到每分钟的通过量不超过筛余量的0.1%时为止。将筛出的颗粒并入下一级筛中，和下一级筛中的试样一起过筛，按此顺序进行，直到各级筛全部筛完为止。

② 称量各筛的筛余量，精确至0.5g。所有各筛的分计筛余量和底盘中的粉尘总量与筛分前的试样总量相比，其相差不得超过1%，否则重新进行试验。

5. 结果计算与评定

① 计算分计筛余率：
各级筛的分计筛余率等于相应筛上的筛余量除以试样总量（m_1），以百分数表示，精确至0.1%。
② 计算累计筛余率：
各级筛的累计筛余率等于相应筛及大于该级筛的各级筛分计筛余率之和，精确至0.1%。
③ 计算质量通过率：
各级筛的质量通过率等于100减去该级筛的累计筛余率，精确至0.1%。
④ 根据各筛的累计筛余率或质量通过率，绘制级配曲线。
⑤ 天然砂的细度模数按式（1-3）计算，准确至0.01。

$$M_x = \frac{(A_2+A_3+A_4+A_5+A_6)-5A_1}{100-A_1} \tag{1-3}$$

⑥ 进行两次平行试验，以试验结果的算术平均值作为测定值。如两次试验所得的细度模数

之差大于0.2，应重新进行试验。

试验1.4　细集料表观密度试验（容量瓶法）（T 0328—2005）

1. 试验目的与适用范围

测定细集料（天然砂、石屑、机制砂）对水的表观相对密度和表观密度，适用于含有少量大于2.36mm部分的细集料。

2. 仪器设备

① 鼓风干燥箱：能使温度控制在（105±5）℃；

② 天平：称量1000g，感量0.1g；

③ 容量瓶：500mL；

④ 干燥器、搪瓷盘、滴管、毛刷、温度计等。

3. 试验准备

将缩分至650g左右的试样在温度为（105±5）℃的烘箱中烘干至恒重，并在干燥器内冷却至室温，分成两份备用。

4. 试验步骤

① 称取烘干的试样约300g（m_0），装入盛有半瓶洁净水的容量瓶中。

② 摇转容量瓶，使试样在已保温至（23±1.7）℃的水中充分搅动以排除气泡，塞紧瓶塞，在恒温条件下静置24h左右，然后用滴管添水，使水面与瓶颈刻度线平齐，再塞紧瓶塞，擦干瓶外水分，称其总质量（m_2）。

③ 倒出瓶中的水和试样，将瓶的内外表面洗净，再向瓶内注入同样温度的洁净水（温差不超过2℃）至瓶颈刻度线，塞紧瓶塞，擦干瓶外水分，称其总质量（m_1）。

5. 结果计算与评定

细集料的表观相对密度γ_a按式（1-4）计算至小数点后3位。

$$\gamma_a = \frac{m_0}{m_0 + m_1 - m_2} \tag{1-4}$$

式中　γ_a——集料的表观相对密度，无量纲；

$\quad\quad m_0$——集料的烘干质量，g；

$\quad\quad m_1$——水及容量瓶的总质量，g；

$\quad\quad m_2$——试样、水、瓶及容量瓶的总质量，g。

表观密度ρ_a按式（1-5）计算，精确至小数点后3位。

$$\rho_a = \gamma_a \rho_T \text{ 或 } \rho_a = (\gamma_a - \alpha_T)\rho_\omega \tag{1-5}$$

式中　ρ_a——细集料的表观密度，g/cm³；

$\quad\quad \rho_\omega$——水在4℃时的密度，g/cm³；

$\quad\quad \alpha_T$——试验时水温对水密度影响的修正系数；

$\quad\quad \rho_T$——试验温度T时水的密度，g/cm³。

以两次平行试验结果的算术平均值作为测定值，如两次结果之差值大于0.01g/cm³时，应重新取样进行试验。

试验1.5　细集料的堆积密度及紧装密度检测（T 0331—1994）

1. 试验目的与适用范围

测定砂在自然堆积状态下的密度，用于计算细集料的空隙率。

2. 仪器设备

① 台秤：称量5kg，感量5g。

② 容量筒：金属制，圆筒形，内径108mm，净高109mm，筒壁厚2mm，筒底厚5mm，容积约为1L。

③ 标准漏斗，见图1-1。

④ 烘箱：能控温在（105±5）℃。

⑤ 其他：小勺、直尺、浅盘等。

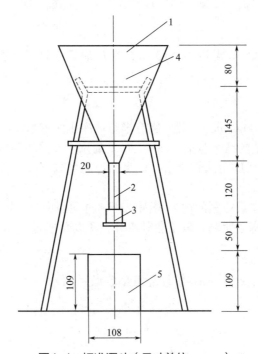

图1-1　标准漏斗（尺寸单位：mm）

1—漏斗；2—ϕ20mm管子；3—活动门；4—筛；5—金属量筒

3. 试验准备

用浅盘取样约5kg，在温度为（105±50）℃的烘箱中烘干至恒量，取出并冷却至室温，分成大致相等的两份备用。

4. 试验步骤

堆积密度：将试样装入漏斗中，打开底部的活动门，使砂流入容量筒中，待试样装满并超出容量筒筒口后，移去漏斗，用直尺将多余的试样沿筒口中心线向两个相反方向刮平，称取质量 m_1。

紧装密度：取试样1份，分两层装入容量筒。装完一层后，在筒底垫放一根直径为10mm的钢筋，将筒按住，左右交替颠击地面各25下，然后再装入第二层。第二层装满后用同样方法颠实（但筒底所垫钢筋的方向应与第一层放置方向垂直）。两层装完并颠实后，添加试样超出容量筒筒口，然后用直尺将多余的试样沿筒口中心线向两个相反方向刮平，称其质量 m_2。

5. 结果计算与评定

堆积密度按式（1-6），紧装密度按式（1-7）计算至小数点后3位。

$$\rho = \frac{m_1 - m_0}{V} \tag{1-6}$$

$$\rho' = \frac{m_2 - m_0}{V} \tag{1-7}$$

式中　ρ——堆积密度，g/cm^3；

　　　ρ'——紧装密度，g/cm^3；

　　　m_0——容量筒质量，g；

　　　m_1——容量筒和堆积砂的总质量，g；

　　　m_2——容量筒和紧装砂的总质量，g；

　　　V——容量筒容积，mL。

按式（1-8）计算砂的空隙率，精确至0.1%。

$$n = \left(1 - \frac{\rho}{\rho_a}\right) \times 100\% \tag{1-8}$$

式中　n——砂的空隙率，%；

　　　ρ——砂的堆积密度，g/cm^3；

　　　ρ_a——砂的表观密度，g/cm^3；

以两次试验结果的算数平均值作为测定值。

试验1.8　粗集料密度及吸水率试验（网篮法）（T 0304—2005）

1. 试验目的与适用范围

本方法适用于测定各种粗集料的表观相对密度、表干相对密度、毛体积相对密度、表观密度、表干密度、毛体积密度，以及粗集料的吸水率。

2. 仪器设备

① 天平或浸水天平：可悬挂吊篮测定集料的水中质量，称量应满足试样数量称量要求，感量不大于最大称量的0.05%。

② 吊篮：耐锈蚀材料制成，直径和高度为150mm左右，四周及底部用1mm ～ 2mm的筛网编制或具有密集的孔眼。

③ 溢流水槽：在称量水中质量时能保持水面高度一定。

④ 烘箱：能控温在（105±5）℃。

⑤ 毛巾：纯棉制，洁净，也可用纯棉的汗衫布代替。

⑥ 温度计。

⑦ 标准筛。

⑧ 盛水容器（如搪瓷盘）。

⑨ 其他：刷子等。

3. 试验准备

将试样用标准筛过筛除去其中的细集料，对较粗的粗集料可用4.75mm筛过筛，对2.36～4.75mm集料，或者混在4.75mm以下石屑中的粗集料，则用2.36mm标准筛过筛，用四分法或分料器法缩分至要求的质量，分两份备用。对沥青路面用粗集料，应对不同规格的集料分别测定，不得混杂，所取的每一份集料试样应基本上保持原有的级配。在测定2.36～4.75mm的粗集料时，试验过程中应特别小心，不得丢失集料。

经缩分后供测定密度和吸水率的粗集料质量应符合表1-3的规定。

表1-3　测定密度所需要的试样最小质量

公称最大粒径/mm	4.75	9.5	16	19	26.5	31.5	37.5	63	75
每一份试样的最小质量/kg	0.8	1	1	1	1.5	1.5	2	3	3

将每一份集料试样浸泡在水中，并适当搅动，仔细洗去附在集料表面的尘土和石粉，经多次漂洗干净至水完全清澈为止。清洗过程中不得散失集料颗粒。

4. 试验步骤

① 取试样一份装入干净的搪瓷盘中，注入洁净的水，水面至少应高出试样20mm，轻轻搅动石料，使附着在石料上的气泡完全逸出。在室温下保持浸水24h。

② 将吊篮挂在天平的吊钩上，浸入溢流水槽中，向溢流水槽中注水，水面高度至水槽的溢流孔，将天平调零。吊篮的筛网应保证集料不会通过筛孔流失，对2.36～4.75mm粗集料应更换小孔筛网，或在网篮中加放入一个浅盘。

③ 调节水温在15～25℃。将试样移入吊篮中。溢流水槽中的水面高度由水槽的溢流孔控制，维持不变。称取集料的水中质量（m_w）。

④ 提起吊篮，稍稍滴水后，较粗的粗集料可以直接倒在拧干的湿毛巾上。将较细的粗集料（2.36～4.75mm）连同浅盘一起取出，稍稍倾斜搪瓷盘，仔细倒出余水，将粗集料倒在拧干的湿毛巾上，用毛巾吸走从集料中漏出的自由水。此步骤需特别注意不得有颗粒丢失，或有小颗粒附在吊篮上。再用拧干的湿毛巾轻轻擦干集料颗粒的表面水，至表面看不到发亮的水迹，即为饱和面干状态。当粗集料尺寸较大时，宜逐颗擦干。注意对较粗的粗集料，拧湿毛巾时不要太用劲，防止拧得太干，对较细的含水较多的粗集料，毛巾可拧得稍干些。擦颗粒的表面水时，既要将表面水擦掉，又千万不能将颗粒内部的水吸出。整个过程中不得有集料丢失，且已擦干的集料不得继续在空气中放置，以防止集料干燥。

⑤ 立即在保持表干状态下，称取集料的表干质量（m_f）。

⑥ 将集料置于浅盘中，放入（105±5）℃的烘箱中烘干至恒重。取出浅盘，放在带盖的容器中冷却至室温，称取集料的烘干质量（m_a）。

⑦ 对同一规格的集料应平行试验两次，取平均值作为试验结果。

5. 结果计算与评定

① 表观相对密度γ_a、表干相对密度γ_s、毛体积相对密度γ_b按式（1-10）、式（1-11）、式（1-12）计算至小数点后3位。

$$\gamma_a = \frac{m_a}{m_a - m_w} \tag{1-10}$$

$$\gamma_s = \frac{m_f}{m_f - m_w} \tag{1-11}$$

$$\gamma_b = \frac{m_a}{m_f - m_w} \tag{1-12}$$

式中 γ_a——集料的表观相对密度；

γ_b——集料的毛体积相对密度；

γ_s——集料的表干相对密度；

m_a——集料的烘干质量，g；

m_f——集料的表干质量，g；

m_w——集料的水中质量，g。

② 集料的吸水率以烘干试样为基准，按式（1-13）计算，精确至0.01%。

$$w_x = \frac{m_f - m_a}{m_a} \tag{1-13}$$

式中 w_x——集料的吸水率。

6. 精密度或允许差

重复试验的精密度，对表观相对密度、表干相对密度、毛体积相对密度，两次结果相差不得超过0.02，对吸水率不得超过0.2%。

试验1.9　粗集料堆积密度及空隙率试验（T 0309—2005）

1. 试验目的与适用范围

测定粗集料的堆积密度，包括自然堆积状态、振实状态、捣实状态下的堆积密度，以及堆积状态下的间隙率。

2. 仪器设备

① 天平或台秤：感量不大于称量的0.1%。

② 容量筒：适用于粗集料堆积密度测定的容量筒应符合表1-4的要求。

③ 平头铁锹。

④ 烘箱：能控温在（105±5）℃。

⑤ 振动台：频率为3000次/min±200次/min，负荷下的振幅为0.35mm，空载时的振幅为0.5mm。

⑥ 捣棒：直径16mm、长600mm、一端为圆头的钢棒。

表1-4　容量筒的规格要求

粗集料公称最大粒径/mm	容量筒容积/L
≤4.75	3
9.5～26.5	10
31.5～37.5	15
≥53	20

3. 试验准备

按标准方法取样、缩分，质量应满足试验要求，在（105±5）℃的烘箱中烘干，也可以摊在清洁的地面上风干，拌匀后分成两份备用。

4. 试验步骤

（1）自然堆积密度

取试样1份，置于平整干净的水泥地（或铁板）上，用平头铁锹铲起试样，使石子自由落入容量筒内。此时，从铁锹的齐口至容量筒上口的距离应保持为50mm左右，装满容量筒并除去凸出筒口表面的颗粒，并以合适的颗粒填入凹陷空隙，使表面稍凸起部分和凹陷部分的体积大致相等，称取试样和容量筒总质量（m_2）。

（2）振实密度

按堆积密度试验步骤，将装满试样的容量筒放在振动台上，振动3min，或者将试样分三层装入容量筒：装完一层后，在筒底垫放一根直径为25mm的圆钢筋，将筒按住，左右交替颠击地面各25下；然后装入第二层，用同样的方法颠实（但筒底所垫钢筋的方向应与第一层放置方向垂直）；然后再装入第三层，如法颠实。待三层试样装填完毕后，加料填到试样超出容量筒口，用钢筋沿筒口边缘滚转，刮下高出筒口的颗粒，用合适的颗粒填平凹处，使表面稍凸起部分和凹陷部分的体积大致相等，称取试样和容量筒总质量（m_2）。

（3）捣实密度

根据沥青混合料的类型和公称最大粒径，确定起骨架作用的关键性筛孔（通常为4.75mm或2.36mm等）。将矿料混合料中此筛孔以上颗粒筛出，作为试样装入符合要求规格的容器中达1/3的高度，由边至中用捣棒均匀捣实25次。再向容器中装入1/3高度的试样，用捣棒均匀地捣实25次，捣实深度约至下层的表面。然后重复上一步骤，加最后一层，捣实25次，使集料与容器口齐平。用合适的集料填充表面的大空隙，用直尺大体刮平，目测估计表面凸起部分与凹陷部分的容积大致相等，称取容量筒与试样的总质量（m_2）。

（4）容量筒容积的标定

用水装满容量筒，测量水温，擦干筒外壁的水分，称取容量筒与水的总质量（m_w），并按水的密度对容量筒的容积作校正。

5. 结果计算与评定

① 容量筒的体积按式（1-14）计算。

$$V = \frac{m_w - m_1}{\rho_T} \tag{1-14}$$

式中　V——容量筒的体积，L；

　　　m_1——容量筒的质量，kg；

　　　ρ_T——试验温度T时水的密度，g/cm³；

　　　m_w——容量筒与水的总质量，kg。

② 堆积密度（包括自然堆积状态、振实状态、捣实状态下的堆积密度）按式（1-15）计算至小数点后2位。

$$\rho = \frac{m_2 - m_1}{V} \tag{1-15}$$

式中　V——容量筒的体积，L；

　　　m_1——容量筒的质量，kg；

　　　ρ——各种状态对应的堆积密度，kg/m³；

m_2——容量筒与试样的总质量，kg。

③ 水泥混凝土用粗集料振实状态下的空隙率按式（1-16）计算。

$$V_c = (1 - \frac{\rho}{\rho_a}) \times 100\% \qquad (1-16)$$

式中　V_c——水泥混凝土用粗集料的空隙率，%；

ρ_a——粗集料的表观密度，kg/m³；

ρ——按振实法测定的粗集料的堆积密度，kg/m³。

④ 沥青混合料用粗集料骨架捣实状态下的间隙率按式（1-17）计算。

$$VCA_{DRC} = (1 - \frac{\rho}{\rho_b}) \times 100\% \qquad (1-17)$$

式中　VCA_{DRC}——捣实状态下粗集料骨架间隙率，%；

ρ_b——粗集料的毛体积密度，kg/m³；

ρ——按捣实法测定的粗集料的自然堆积密度，kg/m³。

⑤ 以两次平行试验结果的平均值作为测定值。

试验1.10　粗集料及集料混合料的筛分试验（T 0302—2005）

1. 试验目的与适用范围

测定粗集料（碎石、砾石、矿渣等）的颗粒组成。对水泥混凝土用粗集料可采用干筛法筛分，对沥青混合料及基层用粗集料必须采用水洗法试验。

本方法也适用于同时含有粗集料、细集料、矿粉的集料混合料筛分试验，如未筛碎石、级配碎石、天然砂砾、级配砂砾、无机结合料稳定基层材料、沥青拌和楼的冷料混合料、热料仓材料、沥青混合料经溶剂抽提后的矿料等。

2. 仪器设备

① 试验筛：根据需要选用规定的标准筛。

② 摇筛机。

③ 天平或台秤：感量不大于试样质量的0.1%

④ 其他：盘子、铲子、毛刷等。

3. 试验准备

按规定将来料用分料器或四分法缩分至表1-5要求的试样所需量，风干后备用。根据需要可按要求的集料最大粒径的筛孔尺寸过筛，除去超粒径部分颗粒后，再进行筛分。

表1-5　筛分用的试样质量

公称最大粒径/mm	75	63	37.5	31.5	26.5	19	16	9.5	4.75
试样质量不少于/kg	10	8	5	4	2.5	2	1	1	0.5

4. 水泥混凝土用粗集料干筛法试验步骤

① 取试样一份置（105±5）℃烘箱中烘干至恒重，称取干燥集料试样的总质量（m_0），准确至0.1%。

② 用搪瓷盘作筛分容器，按筛孔大小排列顺序逐个将集料过筛。人工筛分时，需使集料在

筛面上同时有水平方向及上下方向的不停顿的运动，使小于筛孔的集料通过筛孔，直至1min内通过筛孔的质量小于筛上残余量的0.1%为止；当采用摇筛机筛分时，应在摇筛机筛分后再逐个由人工补筛。将筛出通过的颗粒并入下一号筛，和下一号筛中的试样一起过筛，顺序进行，直至各号筛全部筛完为止。应确认1min内通过筛孔的质量确实小于筛上残余量的0.1%。

③ 如果某个筛上的集料过多，影响筛分作业时，可以分两次筛分。当筛余颗粒的粒径大于19mm时，筛分过程中允许用手指轻轻拨动颗粒，但不得逐颗塞过筛孔。

④ 称取每个筛上的筛余量，准确至总质量的0.1%。各筛分计筛余量及筛底存量的总和与筛分前试样的干燥总质量 m_0 相比，相差不得超过 m_0 的0.5%。

5. 沥青混合料及基层用粗集料水洗法试验步骤

① 取一份试样，将试样置（105±5）℃烘箱中烘干至恒重，称取干燥集料试样的总质量（m_3），准确至0.1%。

② 将试样置一洁净容器中，加入足够数量的洁净水，将集料全部淹没，但不得使用任何洗涤剂、分散剂或表面活性剂。

③ 用搅棒充分搅动集料，使集料表面洗涤干净，使细粉悬浮在水中，但不得破碎集料或有集料从水中溅出。

④ 根据集料粒径大小选择组成一组套筛，其底部为0.075mm标准筛，上部为2.36mm或4.75mm筛。仔细将容器中混有细粉的悬浮液倒出，经过套筛流入另一容器中，尽量不将粗集料倒出，以免损坏标准筛筛面。

⑤ 重复②～④步骤，直至倒出的水洁净为止，必要时可采用水流缓慢冲洗。

⑥ 将套筛每个筛子上的集料及容器中的集料全部回收在一个搪瓷盘中，容器上不得有沾附的集料颗粒。

⑦ 在确保细粉不散失的前提下，小心泌去搪瓷盘中的积水，将搪瓷盘连同集料一起置于（105±5）℃烘箱中烘干至恒重，称取干燥集料试样的总质量（m_4），准确至0.1%。以 m_3 与 m_4 之差作为0.075mm的筛下部分。

⑧ 将回收的干燥集料按干筛方法筛分出0.075mm筛以上各筛的筛余量，此时0.075mm筛下部分应为0，如果尚能筛出，则应将其并入水洗得到的0.075mm的筛下部分，且表示水洗得不干净。

6. 结果计算与评定

（1）干筛法计算结果

计算各筛分计筛余量及筛底存量的总和与筛分前试样的干燥总质量 m_0 之差，作为筛分时的损耗，并计算损耗率，记入试验用表，若损耗率大于0.3%，应重新进行试验。

$$m_5 = m_0 - (\sum m_i + m_{底})$$ （1-18）

式中　m_5——筛分造成的损耗，g；

　　　m_0——干筛的干燥集料总质量，g；

　　　m_i——各号筛的分计筛余，g；

　　　$m_{底}$——筛底集料总质量，g；

　　　i——依次为各号筛最大粒径的排序。

分别计算各号筛上的分计筛余率、累计筛余率及质量通过率，并进行记录。

（2）水筛法筛分结果的计算

同样方法计算各号筛上的分计筛余率、累计筛余率及质量通过率，并进行记录。

试验1.11　水泥混凝土用粗集料针片状颗粒含量试验（规准仪法）（T 0311—2005）

1. 试验目的与适用范围

① 本方法适用于测定水泥混凝土使用的4.75mm以上的粗集料的针状及片状颗粒含量，以百分率计。

② 本方法测定的针片状颗粒，是指使用专用规准仪测定的粗集料颗粒的最小厚度（或直径）方向与最大长度（或宽度）方向的尺寸之比小于一定比例的颗粒。

③ 本方法测定的粗集料中针片状颗粒的含量，可用于评价集料的形状及其在工程中的适用性。

图1-2　针、片状规准仪

2. 仪器设备

① 水泥混凝土集料针状规准仪和片状规准仪见图1-2，片状规准仪的钢板基板厚度3mm，尺寸应符合表1-6的要求。

表1-6　水泥混凝土集料针、片状颗粒试验的粒级划分及其相应的规准仪孔宽或间距

粒级（方孔筛）/mm	4.75～9.5	9.5～16	16～19	19～26.5	26.5～31.5	31.5～37.5
针状规准仪上相对应的立柱之间的间距宽/mm	17.1	30.6	42.0	54.6	69.6	82.8
片状规准仪上相对应的孔宽/mm	2.8	5.1	7.0	9.1	11.6	13.8

② 天平或台秤：感量不大于称量值的0.1%。

③ 标准筛：孔径分别：4.75mm、9.5mm、16mm、19mm、26.5mm、31.5mm、37.5mm，试验时根据需要选用。

3. 试验准备

将试样在室内风干至表面干燥，并用四分法或分料器法缩分至满足表1-7规定的质量，称量（m_0），然后筛分成表1-7所规定的粒级备用。

表1-7　针、片状颗粒试验所需的试样最小质量

公称最大粒径/mm	9.5	16	19	26.5	31.5	37.5
试样最小质量/kg	0.3	1	2	3	5	10

4. 试验步骤

① 目测挑出接近立方体形状的规则颗粒，将目测有可能属于针、片状颗粒的集料按表1-7所规定的粒级用规准仪逐粒对试样进行针状颗粒鉴定，挑出颗粒长度大于针状规准仪上相应间距而不能通过者，为针状颗粒。

② 将通过针状规准仪上相应间距的非针状颗粒逐粒对试样进行片状颗粒鉴定，挑出厚度小于片状规准仪上相应孔宽能通过者，为片状颗粒。

③ 称量由各粒级挑出的针状颗粒和片状颗粒的质量，其总质量为（m_1）。

5. 结果计算与评定

碎石或砾石中针、片状颗粒含量按式（1-19）计算，精确至0.1%。

$$Q_e = \frac{m_1}{m_0} \times 100\% \qquad (1-19)$$

式中　Q_e——试样的针片状颗粒含量，%；

m_1——试样中针片状颗粒总质量，g；

m_0——试样总质量，g。

试验1.12　粗集料压碎值试验（T 0316—2005）

1. 试验目的与适用范围

集料压碎值用于衡量石料在逐渐增加的荷载下抵抗压碎的能力，是衡量石料力学性质的指标，以评定其在公路工程中的适用性。

2. 仪器设备

① 石料压碎值试验仪：由内径150mm、两端开口的钢制圆形试筒、压柱和底板组成。试筒内壁、压柱的底面及底板的上表面等与石料接触的表面都应进行热处理，使表面硬化，达到维氏硬度65°并保持光滑状态。

② 金属棒：直径10mm，长450～600mm，一端加工成半球形。

③ 天平：称量2～3kg，感量不大于1g。

④ 标准筛：筛孔尺寸13.2mm、9.5mm、2.36mm方孔筛各一个。

⑤ 压力机：500kN，应能在10min内达到400kN。

⑥ 金属筒：圆柱形，内径112.0mm，高179.4mm，容积1767cm³。

3. 试验准备

① 采用风干石料用13.2mm和9.5mm标准筛过筛，取9.5mm～13.2mm的试样3组各3000g，供试验用。如过于潮湿需加热烘干时，烘箱温度不得超过100℃，烘干时间不超过4h。试验前，石料应冷却至室温。

② 每次试验的石料数量应满足按下述方法夯击后石料在试筒内的深度为100mm。在金属筒中确定石料数量的方法如下：

将试样分3次（每次数量大体相同）均匀装入试模中，每次均将试样表面整平，用金属棒的半球面端从石料表面上均匀捣实25次。最后用金属棒作为直刮刀将表面仔细整平。称取量筒中试样质量（m_0）。以相同质量的试样进行压碎值的平行试验。

4. 试验步骤

① 将试筒安放在底板上。

② 将要求质量的试样分3次（每次数量大体相同）均匀装入试模中，每次均将试样表面整平，用金属棒的半球面端从石料表面上均匀捣实25次。最后用金属棒作为直刮刀将表面仔细整平。

③ 将装有试样的试模放到压力机上，同时加压头放入试筒内石料面上，注意使压头摆平，勿楔挤试模侧壁。

④ 开动压力机，均匀地施加荷载，在10min左右的时间内达到总荷载400kN，稳压5s，然后卸荷。

⑤ 将试模从压力机上取下，取出试样。

⑥ 用2.36mm标准筛筛分经压碎的全部试样，可分几次筛分，均需筛到在1min内无明显的筛出物为止。

⑦ 称取通过2.36mm筛孔的全部细料质量（m_1），准确至1g。

5. 结果计算与评定

石料压碎值按式（1-20）计算，精确至0.1%。

$$Q'_a = \frac{m_1}{m_0} \times 100\%$$ （1-20）

式中　Q'_a——石料压碎值，%；

m_0——试验前试样质量，g；

m_1——试验通过2.36mm筛孔的细料质量，g。

以3个试样平行试验结果的算术平均值作为压碎值的测定值。

附表1.1　细集料含泥量、泥块含量、含水率、有机质、云母及轻物质含量试验检测记录表

试验室名称：　　　　　　　　　　　　　　　　　　　　　记录编号：

工程部位/用途		委托/任务编号	
试验依据		样品编号	
样品描述		样品名称	
试验条件		试验日期	
主要仪器设备及编号			

含泥量			
试验次数	试验前烘干试样质量 G_0/g	试验后烘干试样质量 G_1/g	试样含泥量测值 Q_a/%	试样含泥量测定值 /%

泥块含量			
试验次数	试验前存留1.18mm筛上烘干试验质量 G_1/g	试验后烘干试样质量 G_2/g	试样中 > 1.18mm 的泥块含量测值 Q_b/%	试样中大于1.18mm 的泥块含量测定值 /%

含水率			
试验次数	烘干前试样与容器总质量 m_s/g	烘干后试样与容器总质量 m_g/g	容量质量 m_3/g	含水率测试值 W_b/%	含水率测定值 /%

砂当量			

有机质含量			
标准溶液静置24h后显示颜色	试样溶液静置24h后显示颜色	颜色比较	含量判定

云母含量			
试验次数	烘干试样质量 m/g	挑出云母质量 m/g	云母含量测试值 Q_c/%	云母含量测定值 Q_c/%

轻物质			
试验次数	试验前烘干试样质量 m_0/g	烘干的轻物质与烧杯的总质量 m_1/g	烧杯质量 m_2/g	轻物质含量测试值 Q_g/%	轻物质含量测定值 /%

备注	

试验：　　　　　　　复核：　　　　　　　　日期：　　　　　　年　　月　　日

附表1.2 细集料筛分试验检测记录表（干筛法）

试验室名称：   记录编号：

工程部位/用途		委托/任务编号	
试验依据		样品编号	
样品描述		样品名称	
试验条件		试验日期	
主要仪器设备及编号			

烘干试样质量 m_1/g		第一组		第二组			

筛孔尺寸 /mm	试样1				试样2				平均通过率/%	通过率允许范围/%	
	分计筛余质量/g	分计筛余率/%	累计筛余率/%	通过率/%	分计筛余质量/g	分计筛余率/%	累计筛余率/%	通过率/%		上限	下限
9.5											
4.75											
2.36											
1.18											
0.6											
0.3											
0.15											
0.075											
筛底 /g											
筛分后总量 /g	—	—	—		—	—	—		—	—	—
损耗 /g	—	—	—		—	—	—		—	—	—
损耗率 /%	—	—	—		—	—	—		—	—	—
细度模数测试值 M_{x1}		细度模数测试值 M_{x2}			细度模数测定值 M_x						
备注											

附表1.3 细集料表观密度试验检测记录表（容量瓶法）

试验室名称：　　　　　　　　　　　　　　　　　　　　记录编号：

工程部位/用途		委托/任务编号	
试验依据		样品编号	
样品描述		样品名称	
试验条件		试验日期	
主要仪器设备及编号			
试验水温 T/℃		试验温度时的水密度 ρ_T/（g/cm³）	
试验次数			
烘干试样质量 m_0/g			
水+容量瓶质量 m_1/g			
水+容量瓶+试样质量 m_2/g			
表观相对密度测值 γ_a			
表观相对密度测定值			
表观密度测值 ρ_a/（g/cm³）			
表观密度测定值/（g/cm³）			
备注			

试验：　　　　　　　复核：　　　　　　　日期：　　　　　　　年　　月　　日

附表1.4 细集料堆积密度、紧装密度、空隙率试验检测记录表

试验室名称：　　　　　　　　　　　　　　　　　　记录编号：

工程部位/用途		委托/任务编号		
试验依据		样品编号		
样品描述		样品名称		
试验条件		试验日期		
主要仪器设备及编号				
试验次数		1		2
砂的表观密度 ρ_a/（g/cm³)				
容量筒的质量 m_0/g				
容量筒的容积 V/mL				
容量筒和堆积砂总质量 m_1/g				
容量筒和紧装砂总质量 m_2/g				
堆积密度	砂的堆积密度测值 ρ/（g/cm³)			
堆积密度	砂的堆积密度测定值 ρ/（g/cm³)			
紧装密度	砂的紧装密度测值 ρ'/（g/cm³)			
紧装密度	砂的紧装密度测定值 ρ'（g/cm³)			
空隙率	砂的空隙率 n/%			
备注				

试验：　　　　　　复核：　　　　　　　日期：　　　　　年　月　日

附表1.5 细集料试验检测报告

实验室名称　　　　　　　　　　　　　　　　　　记录编号

委托单位		委托/任务编号	
工程名称		样品编号	
工程部位/用途		样品名称	
样品型号规格		样品描述	
试验依据		判断依据	
主要仪器设备及编号			
产地		代表数量	

检测结果

序号	检测项目	技术指标	检测结果	结果判定	备注
1	含泥量/%				—
2	泥块含量/%				—
3	轻物质含量/%				—
4	含水率/%				—
5	砂当量	—	—	—	—
6	云母含量/%				—
7	有机质判定				—
8	表观密度				—
9	表干密度				—
10	毛体积密度	—	—	—	—
11	吸水率测定值	—	—	—	—
12	筛分（干筛法）				

筛孔尺寸/mm	9.5	4.75	2.36	1.18	0.6	0.3	0.15	0.075	筛底
实测通过率/%									

细度模数		粗细程度		级配区	
结论					
备注	—				

附表1.6 ＿＿＿＿省＿＿＿＿公路＿＿＿＿工程项目

承包单位＿＿＿＿＿＿＿＿　　　　　　　　　　　　合同号＿＿＿＿＿＿＿＿
监理单位＿＿＿＿＿＿＿＿　　　　　　　　　　　　编　号＿＿＿＿＿＿＿＿

建筑材料报验单

致（试验监理工程师）＿＿＿＿＿＿＿＿＿＿＿：				
下列建筑材料经自检试验符合技术规范要求，报请验证，并准予进场。 附件：1. 材料出厂质量保证书 　　　2. 材料自检试验报告				
		承包人：　　　　　　　　　年　　月　　日		
材料名称				
材料来源、产地				
材料规格				
用途（用在何工程或部位）				
本批材料数量				
承包人的试验	试样来源			
	取样方式			
	试样数量			
	取样地点、日期			
	试验日期、操作人			
	试验结果			
材料预计进场日期				
致（承包人）＿＿＿＿＿＿＿＿＿＿＿： 　　我证明上述材料的取样、试验等是符合／不符合合同要求的，经抽验复查，试验的结果表明，这些材料符合／不符合合同技术规范要求，可以／不可以进场，在指定工程部位上使用。 　　　　　　　　　　　　　　　试验监理工程师：　　　　　　　　　　年　　月　　日				

附表1.7 粗集料堆积密度试验记录

试验室名称： 记录编号：

试验单位		合同段	
试样名称		试验规程	
试样来源		试验日期	
拟使用部位			

堆积密度（自然堆积状态）						
试样编号	容积升体积/mL	容积升质量/g	石子+容积升质量/g	石子质量/g	石子堆积密度/(g/cm³)	石子堆积密度平均值/(g/cm³)
1#						
2#						

堆积密度（振实状态）						
试样编号	容积升体积/mL	容积升质量/g	石子+容积升质量/g	石子质量/g	石子堆积密度/(g/cm³)	石子堆积密度平均值/(g/cm³)
1#						
2#						

堆积密度（捣实状态）						
试样编号	容积升体积/mL	容积升质量/g	石子+容积升质量/g	石子质量/g	石子堆积密度/(g/cm³)	石子堆积密度平均值/(g/cm³)
1#						
2#						

结论	
备注	

试验： 记录： 复核：

附表1.8 粗集料密度及吸水率试验记录（网篮法）

试验单位		合同号	
试样来源		试验规程	
试样名称		试验日期	
试验水温			

试验次数		1	2	3
粗集料水中质量	m_w/g			
粗集料表干质量	m_f/g			
粗集料烘干质量	m_a/g			
表观相对密度	$\gamma_a=m_a/(m_a-m_w)$			
表观相对密度平均值	γ_a			
表观密度（视密度）	$\rho_a=\gamma_a\rho_T/(g/cm^3)$			
毛体积相对密度	$\gamma_b=m_a/(m_f-m_w)$			
毛体积相对密度平均值	γ_b			
毛体积密度	$\rho_b=\gamma_b\rho_T/(g/cm^3)$			
表干相对密度	$\gamma_S=m_f/(m_f-m_w)$			
表干相对密度平均值	γ_S			
表干密度	$\rho_S=\gamma_S\rho_T/(g/cm^3)$			
粗集料吸水率	$W_x=(m_f-m_a)/m_a/\%$			
粗集料吸水率平均值	$W_x/\%$			

结论：

试验：　　　　　　　　　　记录：　　　　　　　　　　复核：

附表1.9 粗集料筛分试验记录

试验室名称：　　　　　　　　　　　　　　　　　　　　记录编号：

试验单位		合 同 号	
试样名称		试验规程	
试样来源		试验日期	
拟使用部位			

干燥试样总量 m_0/g	第1组				第2组				平均
									通过率/%
筛孔尺寸/mm	筛上重 m_i/g	分计筛余/%	累计筛余/%	通过率/%	筛上重 m_i/g	分计筛余/%	累计筛余/%	通过率/%	
37.5									
31.5									
26.5									
19									
16									
9.5									
4.75									
2.36									
筛底 m									
筛分后总量 Σm_i/g									
损耗 m_s/g									
损耗率/%									
结论									
备注									

试验：　　　　　　　　　　　　记录：　　　　　　　　　　　　复核：

附表1.10 水泥混凝土用粗集料针片状颗粒含量试验

试验室名称：   记录编号：

试验单位		合 同 段	
试样名称		试验规程	
试样来源		试验日期	
拟使用部位			
试样粒级/mm	试样质量/g	针状颗粒质量/g	针片状占比/%
4.75～9.5			
9.5～16			
16～19			
19～26.5			
26.5～31.5			
31.5～37.5			
总计			
结论			
备注			

试验：   记录：   复核：

附表1.11 水泥混凝土用粗集料压碎值指标试验记录

试验室名称： 记录编号：

试验单位		合 同 段	
试样名称		试验规程	
试样来源		试验日期	
拟使用部位			

试样编号	9.5～13.2mm筛取干试样质量/g	2.36mm筛筛余质量/g	压碎值/%	平均值/%
1#				
2#				
3#				
结论				
备注				

试验： 记录： 复核：

附表1.12　粗集料试验检测报告

试验室名称：　　　　　　　　　　　　　　　　　　　记录编号：

委托单位/委托人		委托编号	
工程名称		样品编号	
工程部位/用途		样品名称	
样品型号规格		样品描述	
试验依据		判断依据	
主要仪器设备及编号			
产地		代表数量	

检测结果					
掺配比例/%					
序号	检测项目	技术指标	检测结果	结果判定	备注
1	含泥量/%				—
2	泥块含量/%				—
3	针片状颗粒含量/%				—
4	压碎值/%				—
5	坚固性/%				—
6	软弱颗粒含量/%	—	—	—	—
7	表观密度/(kg/m³)				—
8	(松散)堆积密度/(kg/m³)				—
9	振实密度/(kg/m³)				—
10	空隙率/%				—

符合粒级/mm														
12	筛分（水洗法）													
筛孔尺寸/mm	63	37.5	31.5	26.5	19	16	9.5	4.75	2.36	1.18	0.6	0.3	0.15	0.075 筛底
实测通过率/%														
符合粒级/mm														
结论														
备注	—													

试验：　　　　　　　　审核：　　　　　　　　签发：　　　　　　　　日期：

附表1.13 ＿＿＿＿＿省＿＿＿＿＿公路＿＿＿＿＿工程项目

承包单位＿＿＿＿＿＿   合同号＿＿＿＿＿＿

监理单位＿＿＿＿＿＿   编　号＿＿＿＿＿＿

建筑材料报验单

致（试验监理工程师）＿＿＿＿＿＿＿＿＿：

　　下列建筑材料经自检试验符合技术规范要求，报请验证，并准予进场。

　　附件：1. 材料出厂质量保证书

　　　　　2. 材料自检试验报告

承包人：　　　　　　年　　月　　日

材料名称				
材料来源、产地				
材料规格				
用途（用在何工程或部位）				
本批材料数量				
承包人的试验	试样来源			
	取样方式			
	试样数量			
	取样地点、日期			
	试验日期、操作人			
	试验结果			
材料预计进场日期				

致（承包人）＿＿＿＿＿＿＿＿：

　　我证明上述材料的取样、试验等是符合／不符合合同要求的，经抽验复查，试验的结果表明，这些材料符合／不符合合同技术规范要求，可以／不可以进场，在指定工程部位上使用。

试验监理工程师：　　　　　　　年　　月　　日

二、水泥的检测

试验2.2　水泥标准稠度用水量、凝结时间、安定性检测（GB/T 1346—2011）

1. 试验原理及目的

（1）水泥标准稠度用水量

原理：水泥标准稠度净浆对标准试杆的沉入具有一定的阻力，通过试验不同含水量的水泥净浆对试杆阻力的不同，可确定水泥净浆达到标准稠度时所需要的水量。

目的：测定水泥净浆达到标准稠度的需水量，为水泥凝结时间、安定性试验提供标准稠度净浆。

（2）凝结时间

原理：试针沉入水泥标准稠度净浆至一定深度所需的时间。

（3）安定性

雷氏法是通过测定水泥标准稠度净浆在雷氏夹中沸煮后试针的相对位移表征其体积膨胀的程度。试饼法是通过测定水泥标准稠度净浆试饼煮沸后的外形变化情况表征其体积安定性。

2. 设备和仪器

① 水泥净浆搅拌机：符合JC/T 729的要求。

② 标准稠度及凝结时间用维卡仪及配件，包含：

a. 维卡仪。

b. 试模：用于盛装水泥净浆，由耐腐蚀的、有足够硬度的金属制成。试模为深40mm±0.2mm、顶内径ϕ65mm±0.5mm、底内径ϕ75mm±0.5mm的截顶圆锥体。每个试模应配备一个边长或直径约100mm、厚度4～5mm的平板玻璃底板或金属底板。

c. 标准稠度试杆：由有效长度为50mm±1mm，直径为ϕ10mm±0.05mm的圆柱形耐腐蚀金属制成。

d. 试针：由钢制成，其有效长度初凝针为50mm±1mm、终凝针为30mm±1mm，直径为ϕ1.13±0.05mm的圆柱体。

e. 滑动部分：总质量为300g±1g。与试杆、试针联结的滑动杆表面应光滑，能靠重力自由下落，不得有紧涩和旷动现象。

③ 雷氏夹：由铜质材料制成。当一根指针的根部先悬挂在一根金属丝或尼龙丝上，另一根指针的根部再挂上300g质量的砝码时，两根指针针尖的距离增加应在17.5mm±2.5mm范围内，当去掉砝码后针尖的距离能恢复至挂砝码前的状态。

④ 量筒或滴定管：精度±0.5mL。

⑤ 天平：最大称量不小于1000g；分度值不大于1g。

⑥ 恒温恒湿养护箱：应能使温度控制在20℃±1℃，相对湿度大于90%。

⑦ 雷氏夹膨胀测定仪：标尺最小刻度0.5mm。

⑧ 秒表：分度值1s。

⑨ 沸煮箱：符合JC/T 955的要求。

3. 试验条件

① 试验室温度为20℃±2℃，相对湿度应不低于50%；水泥试样、拌和水、仪器和用具的温度应与试验室一致；

② 湿气养护箱的温度为20℃ ±1℃，相对湿度不低于90%。

4. 标准稠度用水量测定方法（标准法）

（1）试验前准备工作

① 维卡仪的滑动杆能自由滑动。试模和玻璃底板用湿布擦拭，将试模放在底板上；

② 调整至试杆接触玻璃板时指针对准零点；

③ 搅拌机运行正常。

（2）水泥净浆的拌制

用水泥净浆搅拌机搅拌，搅拌锅和搅拌叶片先用湿布擦过，将拌和水倒入搅拌钢锅内，然后在5～10s内小心将称好的500g水泥加入水中，防止水和水泥溅出；拌和时，先将锅放在搅拌机的锅座上，升至搅拌位置，启动搅拌机，低速搅拌120s，停15s，同时将叶片和锅壁上的水泥浆刮入锅中间，接着高速搅拌120s停机。

（3）标准稠度用水量测定步骤

① 拌和结束后，立即取适量水泥净浆一次性将其装入已置于玻璃底板上的试模中，用小刀沿试模插捣一周，浆体超过试模上端，用宽约25mm的直边刀轻轻拍打超出试模部分的浆体5次，以排除浆体中的孔隙，然后在试模上表面约1/3处，略倾斜于试模分别向外轻轻锯掉多余净浆，再从试模边沿轻抹顶部一次，使净浆表面光滑。在锯掉多余净浆和抹平的操作过程中，注意不要压实净浆。

② 抹平后迅速将试模和底板移到维卡仪上，并将其中心定在试杆下，降低试杆直至与水泥净浆表面接触，拧紧螺丝1～2s后，突然放松，使试杆垂直自由地沉入水泥净浆中。在试杆停止沉入或释放试杆30s时记录试杆距底板之间的距离，升起试杆后，立即擦净。

③ 整个操作应在搅拌后1.5min内完成。以试杆沉入净浆并距底板6mm±1mm的水泥净浆为标准稠度净浆。其拌和水量为该水泥的标准稠度用水量（P），按水泥质量的百分比计。

④ 当试杆距底板小于5mm时，应适当减水，重复水泥浆的拌制和上述过程；若距离大于7mm时，则应适当加水，并重复水泥浆的拌制和上述过程。

5. 凝结时间测定方法

（1）试验前准备工作

调整凝结时间测定仪的试针接触玻璃板时指针对准零点。

（2）试件的制备

以标准稠度用水量制成标准稠度净浆，装模和刮平后，立即放入湿气养护箱中。记录水泥全部加入水中的时间作为凝结时间的起始时间。

（3）初凝时间的测定

① 试件在湿气养护箱中养护至加水后30min时进行第一次测定。测定时，从湿气养护箱中取出试模放到试针下，降低试针与水泥净浆表面接触。拧紧螺丝1～2s后，突然放松，试针垂直自由地沉入水泥净浆。观察试针停止下沉或释放试针30s时指针的读数。

② 临近初凝时间时每隔5min（或更短时间）测定一次，当试针沉至距底板4mm±1mm时，为水泥达到初凝状态；由水泥全部加入水中至初凝状态的时间为水泥的初凝时间，用min来表示。

③ 到达初凝时应立即重复测一次，当两次结论相同时才能确定到达初凝状态。

（4）终凝时间的测定

① 为了准确观测试针沉入的状况，在终凝针上安装了一个环形附件。在完成初凝时间测定

后，立即将试模连同浆体以平移的方式从玻璃板取下，翻转180°，直径大端向上，小端向下放在玻璃板上，再放入湿气养护箱中继续养护。

② 临近终凝时间时每隔15min（或更短时间）测定一次，当试针沉入试体0.5mm时，即环形附件开始不能在试体上留下痕迹时，为水泥达到终凝状态。由水泥全部加入水中至终凝状态的时间为水泥的终凝时间，用min来表示。

③ 到达终凝时，需要在试体另外两个不同点测试，确认结论相同才能确定到达终凝状态。

（注：在最初测定的操作时应轻轻扶持金属柱，使其徐徐下降，以防止试针撞弯，但结果以自由下落为准；在整个测试过程中试针沉入的位置至少要距试模内壁10mm。每次测定不能让试针落入原针孔，每次测试完毕应将试针擦净并将试模放回湿气养护箱内，整个测试过程要防止试模振动。）

6.安定性测定方法（标准法）

（1）试验前准备工作

每个试样需成型两个试件，每个雷氏夹需配备两个边长或直径约80mm、厚度4～5mm的玻璃板，凡与水泥净浆接触的玻璃板和雷氏夹内表面都要稍稍涂上一层油。

（注：有些油会影响凝结时间，矿物油比较合适。）

（2）雷氏夹试件的成型

① 雷氏夹试件的成型。将预先准备好的雷氏夹放在已稍擦油的玻璃板上，并立即将已制好的标准稠度净浆一次装满雷氏夹，装浆时一只手轻轻扶持雷氏夹，另一只手用宽约25mm的直边刀在浆体表面轻轻插捣3次，然后抹平，盖上稍涂油的玻璃板，接着立即将试件移至湿气养护箱内养护24h±2h。

② 沸煮。

a. 调整好沸煮箱内的水位，使能保证在整个沸煮过程中都超过试件，不需中途添补试验用水，同时又能保证在30min±5min内升至沸腾。

b. 脱去玻璃板取下试件，先测量雷氏夹指针尖端间的距离（A），精确到0.5mm，接着将试件放入沸煮箱水中的试件架上，指针朝上，然后在30min±5min内加热至沸并恒沸180min±5min。

（3）结果判别

沸煮结束后，立即放掉沸煮箱中的热水，打开箱盖，待箱体冷却至室温，取出试件进行判别。测量雷氏夹指针尖端的距离（C），准确至0.5mm，当两个试件煮后增加距离（C-A）的平均值不大于5.0mm时，即认为该水泥安定性合格，当两个试件煮后增加距离（C-A）的平均值大于5.0mm时，应用同一样品立即重做一次试验。以复检结果为准。

试验2.3　水泥胶砂强度检测（GB/T 17671—2021）

1.试验目的与适用范围

测试水泥的胶砂强度，用于确定水泥的强度等级或判定水泥的质量。本试验适用于硅酸盐水泥、普通硅酸盐水泥、矿渣硅酸盐水泥、粉煤灰硅酸盐水泥、复合硅酸盐水泥、石灰石硅酸盐水泥的抗折与抗压强度检验。其他水泥采用本方法时必须研究其适用性。

2.方法概要

本方法为40mm×40mm×160mm棱柱试体的水泥胶砂抗压强度和抗折强度测定。

试体是由按质量计的一份水泥、三份中国ISO标准砂，用0.5的水灰比拌制的一组塑性胶砂制成。使用中国ISO标准砂的水泥胶砂抗压强度结果必须与ISO基准砂的相一致。

胶砂用行星式搅拌机搅拌，在振实台上成型。也可使用频率为2800～3000次/min，振幅

0.75mm的振动台成型。

　　试体连模一起在湿气中养护24h，然后脱模在水中养护至强度试验。

　　到试验龄期时将试体从水中取出，先进行抗折强度试验，折断后每截再进行抗压强度试验。

3. 仪器设备

（1）水泥胶砂搅拌机

由胶砂搅拌锅和搅拌叶片及相应的机构组成，属行星式搅拌机，应符合JC/T 681要求。用多台搅拌机工作时，搅拌锅和搅拌叶片应保持配对使用。叶片与锅之间的间隙，是指叶片与锅壁最近的距离，应每月检查一次。

（2）振实台

振实台应符合JC/T 682要求。胶砂试体成型振实台由可以跳动的台盘和使其跳动的轮等组成。台盘上有固定试模用的卡具，并连有两根起稳定作用的臂，轮由电机带动，通过控制器控制按一定的要求转动并保证使台盘平衡上升至一定高度后自由下落，其中心恰好与止动器撞击。振实台应安装在高度约400mm的混凝土基座上。混凝土体积约为0.25m³，重约600kg。

（3）试模

试模由三个水平的模槽组成，可同时成型三条截面为40mm×40mm，长为160mm的棱形试体，其材质和制造尺寸应符合JC/T 726要求。

当试模的任何一个公差超过规定的要求时，就应更换。在组装备用的干净模型时，应用黄干油等密封材料涂覆模型的外接缝。试模的内表面应涂上一薄层模型油或机油。

成型操作时，应在试模上面加有一个壁高20mm的金属模套，当从上往下看时，模套壁与模型内壁应该重叠，超出内壁不应大于1mm。

为了控制料层厚度和刮平胶砂，应备两个播料器和一金属刮平直尺。将仪器用地脚螺栓固定在基座上，安装后设备呈水平状态，仪器底座与基座之间要铺一层砂浆以保证它们的完全接触。

（4）抗折试验机

抗折强度试验机应符合JC/T 724的要求。

通过三根圆柱轴的三个竖向平面应该平行，并在试验时继续保持平行和等距离垂直试体的方向，其中一根支撑圆柱和加荷圆柱能轻微地倾斜使圆柱与试体完全接触，以便荷载沿试体宽度方向均匀分布，同时不产生任何扭转应力。

抗折强度也可用抗压强度试验机来测定，此时应使用符合JC/T 724规定的夹具。

（5）抗压试验机

抗压强度试验机，在较大的五分之四量程范围内使用时记录的荷载应有±1%精度，并具有按2400N/s±200N/s速率的加荷能力，应有一个能指示试件破坏时荷载并把它保持到试验机卸荷以后的指示器，可以用表盘里的峰值指针或显示器来达到。人工操纵的试验机应配有一个速度动态装置以便于控制荷载增加。

（6）恒温恒湿标准养护箱

应能使温度控制在20℃±1℃，相对湿度大于90%。

（7）刮平直尺和拨料器

控制料层厚度和刮平胶砂的专用工具。

（8）天平、ISO标准砂、加水器

天平量程不小于2000g，感量不大于1g，加水器感量不大于±1mL，ISO标准砂1350g±5g。

（9）抗压强度试验机用夹具

当需要使用夹具时，应把它放在压力机的上下压板之间并与压力机处于同一轴线，以便将压力机的荷载传递至胶砂试件表面。夹具应符合 JC/T 683 的要求，受压面积为 40mm × 40mm。夹具要保持清洁，球座应能转动以使其上压板能从一开始就适应试体的形状并在试验中保持不变。

（10）水泥试体水养护箱

应能使温度控制在 20℃ ±1℃。

4. 试件成型

（1）按水泥试样、ISO 标准砂和水，以质量计的配合比为 1 ∶ 3 ∶ 0.5 配制砂浆，一锅胶砂成型三条试体，需要水泥试样（450 ± 2）g，ISO 标准砂（1350 ± 5）g，水（225 ± 1）mL。

试验室温度为 20℃ ±2℃，相对湿度大于 50%。

（2）搅拌

每锅胶砂用搅拌机进行机械搅拌。先使搅拌机处于待工作状态，然后按以下的程序进行操作：把水加入锅里，再加入水泥，把锅放在固定架上，上升至固定位置。然后立即开动机器，低速搅拌 30s 后，在第二个 30s 开始的同时均匀地将砂子加入。当各级砂是分装时，从最粗粒级开始，依次将所需的每级砂量加完。把机器转至高速再拌 30s。停拌 90s，在第 1 个 15s 内用一胶皮刮具将叶片和锅壁上的胶砂刮入锅中间。在高速下继续搅拌 60s。各个搅拌阶段，时间误差应在 ±1s 以内。

（3）成型

胶砂制备后立即进行成型。将空试模和模套固定在振实台上，用一个料勺直接从搅拌锅里将胶砂分两层装入试模。装第一层时，每个槽里约放 300g 胶砂，用大播料器垂直架在模套顶部沿每个模槽来回一次将料层播平，接着振实 60 次。再装入第二层胶砂，用小播料器播平，再振实 60 次。移走模套，从振实台上取下试模，用一金属直尺以近似 90° 的角度架在试模模顶的一端，然后沿试模长度方向以横向锯割动作慢慢向另一端移动，一次将超过试模部分的胶砂刮去，并用同一直尺以近乎水平的角度将试体表面抹平。

5. 试件的养护

（1）脱模前的养护

去掉留在模子四周的胶砂。立即将做好标记的试模放入雾室或湿箱（温度 20℃ ±1℃，相对湿度大于 90%）的水平架子上养护，湿空气应能与试模各边接触。养护时不应将试模放在其他试模上。一直养护到规定的脱模时间时取出脱模。脱模前，用防水墨汁或颜料笔对试体进行编号和做其他标记。两个龄期以上的试体，在编号时应将同一试模中的三条试体分在两个以上龄期内。

（2）脱模

① 龄期 24h 的，在破型试验前 20min 内脱模。

② 对 24h 以上的，在成型后 20 ~ 24h 内脱模。

（注：脱模时应非常小心，防止试件损伤。如经 24h 养护，会因脱模对强度造成损害时，可以延迟至 24h 以后脱模，但在试验报告中应予说明。）

已确定作为 24h 龄期试验（或其他不下水直接做试验）的已脱模试体，应用湿布覆盖至做试验时为止。

（3）水中养护

将做好标记的试件立即水平或竖直放在 20℃ ±1℃ 水中养护，水平放置时刮平面应朝上。

试件放在不易腐烂的篦子上，并彼此间保持一定间距，以让水与试件的六个面接触。养护期间试件之间间隔或试体上表面的水深不得小于 5mm。

每个养护池只养护同类型的水泥试件。

最初用自来水装满养护池（或容器），随后随时加水保持适当的恒定水位，不允许在养护期间全部换水。

6. 强度试验试体的龄期

除24h龄期或延迟至48h脱模的试体外，任何到龄期的试体应在试验（破型）前15min从水中取出。揩去试体表面沉积物，并用湿布覆盖至试验为止。

各龄期（试件龄期从水泥加水搅拌开始算起）的试件应在下列时间内（表2-1）进行强度试验：

表2-1　各龄期试件试验时间

龄期	试验时间
24h	24h ± 15min
48h	48h ± 30min
72h	72h ± 45min
7d	7d ± 2h
28d	28d ± 8h

7. 强度测定

以中心加荷法测定抗折强度。在折断后的棱柱体上进行抗压试验，受压面是试体成型时的两个侧面，面积为40mm×40mm。当不需要抗折强度数值时，抗折强度试验可以省去。但抗压强度试验应在不使试件受有害应力情况下折断的两截棱柱体上进行。

（1）抗折强度测定

将试体一个侧面放在试验机支撑圆柱上，试体长轴垂直于支撑圆柱，通过加荷圆柱以50N/s ± 10N/s的速率均匀地将荷载垂直地加在棱柱体相对侧面上，直至折断。

保持两个半截棱柱体处于潮湿状态直至抗压试验。

抗折强度 R_f 按式（2-1）进行计算：

$$R_f = \frac{1.5 F_f L}{b^3} \tag{2-1}$$

式中　　F_f——折断时施加于棱柱体中部的荷载，N；

L——支撑圆柱之间的距离，mm；

b——棱柱体正方形截面的边长，mm。

（2）抗压强度测定

抗折强度试验完成后，取出两个半截试体，进行抗压强度试验。抗压强度试验在半截棱柱体的侧面上进行。半截棱柱体中心与压力机压板受压中心差应在 ± 0.5mm内，棱柱体露在压板外的部分约有10mm。

在整个加荷过程中以2400N/s ± 200N/s的速率均匀地加荷直至破坏。抗压强度按公式（2-2）进行计算，受压面积计为1600mm²：

$$R_c = \frac{F_c}{A} \tag{2-2}$$

式中　　R_c——抗压强度，MPa；

F_c——破坏时的最大荷载，N；

A——受压面积，mm^2。

8. 试验结果

（1）抗折强度

以一组三个棱柱体抗折结果的平均值作为试验结果。当三个强度值中有一个超出平均值的 ±10% 时，应剔除后再取平均值作为抗折强度试验结果；当三个强度值中有两个超出平均值 ±10% 时，则以剩余一个作为抗折强度结果。

单个抗折强度结果精确至 0.1MPa，算术平均值精确至 0.1MPa。

（2）抗压强度

以一组三个棱柱体上得到的六个抗压强度测定值的平均值为试验结果。当六个测定值中有一个超出六个平均值的 ±10% 时，剔除这个结果，再以剩下五个的平均值为结果。当五个测定值中再有超过它们平均值的 ±10% 时，则此组结果作废。当六个测定值中同时有两个或两个以上超出平均值的 ±10% 时，则此组结果作废。

单个抗压强度结果精确至 0.1MPa，算术平均值精确至 0.1MPa。

附表2.1 水泥性能试验检测报告

试验室名称： 记录编号：

委托单位/委托人			委托/任务编号	
工程名称			样品编号	
工程部位/用途		样品名称		
样品型号规格			样品描述	
试验依据			判断依据	
主要仪器设备及编号				
生产厂家			生产批号	
代表数量			生产日期	
检测结果				
序号	检测项目	技术指标	检测结果	结果判定
1	密度/(kg/m³)			
2	细度/%			
3	比表面积/(m²/kg)			
4	标准稠度用水量/%			
5	凝结时间/min	初凝	≥45	
		终凝	≤390	
6	安定性（雷氏法)/mm			
7	胶砂流动度/mm			
8	抗折强度/MPa	3d		
		28d		
	抗压强度/MPa	3d		
		28d		
结论	经检测，该水泥样品28d胶砂强度不/符合GB 175—2007《通用硅酸盐水泥》中的技术要求			
备注				

试验： 审核： 签发： 日期：

附表2.2 水泥胶砂流动度、强度试验检测记录表

试验室名称： 记录编号：

工程部位/用途		委托/任务编号	
试验依据		样品编号	
样品描述		试样名称	
试验条件		试验日期	
主要仪器设备及编号			

水泥胶砂流动度

水泥质量/g	水质量/g	砂质量/g	摊开后最大扩散直径/mm	垂直方向直径/mm	胶砂流动度测定值/mm

龄期/d	试件编号	抗折强度				抗压强度			
		支点间距 L/mm	正方形截面边长 b/mm	破坏荷载 F_f/kN	抗折强度测定值 R_f/MPa	抗折强度测定值 R_f'/MPa	受压面积 A/mm^2	破坏荷载 F_c/kN	抗压强度测定值 R_c/MPa

补充列：抗压度测定值 R_c'/MPa

	1								
	2								
	3								

备注

试验： 复核： 日期：

附表2.3　水泥物理性能试验检测记录表

试验室名称：　　　　　　　　　　　　　　　　　　　　　　　记录编号

工程部位		任务编号	
试验依据		样品编号	
样品描述		样品名称	
试验条件		试验日期	
主要仪器设备			

密度					
试样用量 m/g	装样前密度瓶读数 V_1/mL	装样后密度瓶读数 V_2/mL	水泥密度测值 ρ/(kg/m³)	水泥密度测定值 ρ'/(kg/m³)	备注

细度					
试样用量 m/g	筛余物质量 R_s/g	筛余率测值/%	修正系数 C	修正后筛余率 F_c/%	筛余率测定值/%	备注

比表面积（相对湿度）/%						
未装水泥充满水银质量 P_1/g	装水泥充满水银质量 P_2/g	水银密度 ρ/(g/cm³)	试料层体积测值 V/10⁻⁹m³	试料层体积测定值 V'/10⁻⁹m³	空隙率 ε	试样密度 ρ/(kg/m³)	试样质量 W/kg

标准试样液面降落时间 T_s/s	被测试样液面降落时间 T/s	标准试样密度 ρ_s/(kg/m³)	标准试样空隙率 ε_s	标准试样比表面积 S_g/(m²/kg)	被测试样比表面积 S_c/(m²/kg)	平均值 S_c/(m²/kg)

标准稠度用水量	
拌和用水量/mL	标准稠度用水量/%

凝结时间					
起始时间	试针距底板距离/mm	初凝状态时间	初凝时间/min	终凝状态时间	终凝时间/min

安定性			
沸煮前针尖间距 A/mm	沸煮后针尖间距 C/mm	C-A 测值/mm	C-A 测定值/mm
备注			

试验：　　　　　　　　　复核：　　　　　　　　　日期：　　年　　月　　日

附表2.4 ＿＿＿＿省＿＿＿＿公路＿＿＿＿工程项目

承包单位＿＿＿＿＿＿＿　　　　　　　　　　　　　合同号＿＿＿＿＿＿＿
监理单位＿＿＿＿＿＿　　　　　　　　　　　　　　编　号＿＿＿＿＿＿

建筑材料报验单

致（试验监理工程师）＿＿＿＿＿＿＿＿＿＿＿＿：

　　下列建筑材料经自检试验符合技术规范要求，报请验证，并准予进场。

　　附件：1. 材料出厂质量保证书

　　　　　2. 材料自检试验报告

<table>
<tr><td colspan="2"></td><td colspan="3">承包人：　　　　　　　　　　年　　月　　日</td></tr>
<tr><td colspan="2">材料名称</td><td></td><td></td><td></td></tr>
<tr><td colspan="2">材料来源、产地</td><td></td><td></td><td></td></tr>
<tr><td colspan="2">材料规格</td><td></td><td></td><td></td></tr>
<tr><td colspan="2">用途（用在何工程或部位）</td><td></td><td></td><td></td></tr>
<tr><td colspan="2">本批材料数量</td><td></td><td></td><td></td></tr>
<tr><td rowspan="6">承包人的试验</td><td>试样来源</td><td></td><td></td><td></td></tr>
<tr><td>取样方式</td><td></td><td></td><td></td></tr>
<tr><td>试样数量</td><td></td><td></td><td></td></tr>
<tr><td>取样地点、日期</td><td></td><td></td><td></td></tr>
<tr><td>试验日期、操作人</td><td></td><td></td><td></td></tr>
<tr><td>试验结果</td><td></td><td></td><td></td></tr>
<tr><td colspan="2">材料预计进场日期</td><td></td><td></td><td></td></tr>
</table>

致（承包人）＿＿＿＿＿＿＿＿＿＿＿：

　　我证明上述材料的取样、试验等是符合／不符合合同要求的，经抽验复查，试验的结果表明，这些材料符合／不符合合同技术规范要求，可以／不可以进场，在指定工程部位上使用。

　　　　　　　　　　　　　　　　　　试验监理工程师：　　　　　　　年　　月　　日

三、水泥混凝土的检测及配合比计算书的编制

试验3.1　混凝土和易性的检测（GB/T 50080—2016）

1. 试验目的

通过测定集料最大粒径不大于37.5mm、坍落度值不小于10mm的塑性混凝土拌合物坍落度，同时评定混凝土拌合物的黏聚性和保水性，为混凝土配合比设计、混凝土拌合物质量评定提供依据；掌握《普通混凝土拌合物性能试验方法标准》（GB/T 50080—2016）的测试方法，正确使用所用仪器与设备，并熟悉其性能。

2. 试验仪器与设备

坍落度筒、捣棒、直尺、小铲、漏斗等。

3. 试验步骤

① 每次测定前，用湿布湿润坍落度筒、拌和钢板及其他用具，并把筒放在不吸水的刚性水平底板上，然后用脚踩两脚踏板，使坍落度筒在装料时保持位置固定。

② 取拌好的混凝土拌合物15L用小铲分三层均匀地装入筒内，使捣实后每层高度为筒高的1/3左右。每层用捣棒沿螺旋方向在截面上由外向中心均匀插捣25次。插捣筒边混凝土时，捣棒可以稍稍倾斜。插捣底层时，捣棒应贯穿整个深度，插捣第二层和顶层时，捣棒应插透本层至下一层的表面。浇灌顶层时，混凝土应灌到高出筒口，插捣过程中，如混凝土沉落到低于筒口，则应随时加料，顶层插捣完毕后，刮去多余的混凝土，并用镘刀抹平。

③ 清除筒边底板上的混凝土后，垂直平稳地提起坍落度筒.坍落度筒的提离过程应在5～10s内完成。从开始装料到提起坍落度筒的整个过程应不间断地进行，并应在150s内完成。

4. 试验结果整理

① 提起坍落度筒后，立即测量筒高与坍落后混凝土试体最高点之间的高度差，即为该混凝土拌合物的坍落度值。混凝土拌合物坍落度以mm为单位，结果精确至1mm，如图3-1所示。

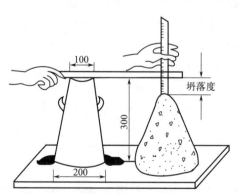

图3-1　混凝土拌合物坍落度的测定

② 坍落度筒提离后，如混凝土发生崩坍或一边剪坏现象，则应重新取样再测定。如第二次试验仍出现上述现象，则表示该混凝土拌合物和易性不好，应予以记录备查。

③ 观察坍落后的混凝土试体的黏聚性和保水性。黏聚性的检查方法是用捣棒在已坍落的混凝土锥体侧面轻轻敲打，此时，如果锥体逐渐下沉，则表示黏聚性良好，如果锥体倒塌、部分崩

裂或出现离析现象，则表示黏聚性不好。保水性以混凝土拌合物中稀浆析出的程度来评定。如坍落度筒提起后无稀浆或仅有少量稀浆自底部析出，则表示此混凝土拌合物保水性良好；坍落度筒提起后如有较多的稀浆从底部析出且锥体部分的混凝土也因失浆而集料外露，则表明此混凝土拌合物的保水性能不好。如坍落度筒提起后无稀浆或仅有少量稀浆自底部析出，则表示此混凝土拌合物保水性良好。混凝土拌合物的砂率、黏聚性和保水性观察方法分别见表3-1～表3-3。

表3-1 混凝土砂率的观察方法

用抹刀抹混凝土面次数	抹面状态	判断
1～2	砂浆饱满，表面平整，不见石子	砂率过大
5～6	砂浆尚满，表面平整，微见石子	砂率适中
＞6	石子裸露，有空隙，不易抹平	砂率过小

表3-2 混凝土黏聚性的观察方法

测定坍落度后，用捣棒轻轻敲击锥体侧面	判断
锥体渐渐向下沉落，侧面看到砂浆饱满，不见蜂窝	黏聚性良好
锥体突然崩坍或溃散，侧面看到石子裸露，浆体流淌	黏聚性不好

表3-3 混凝土保水性的观察方法

做坍落度试验在插捣时和提起圆锥筒后	判断
有较多水泥浆体从底部流出	保水性差
有少量水泥浆体从底部流出	保水性稍差
无水泥浆体从底部流出	保水性良好

④ 当混凝土拌合物的坍落度大于220mm时，用钢尺测量混凝土扩展后最终的最大直径和最小直径，在两个直径之差小于50mm的条件下，用其算术平均值作为坍落扩展度值；否则，此次试验无效。

⑤ 如果发现粗集料在中央集堆或边缘有水泥浆析出，表示此混凝土拌合物抗离析性不好，应予以记录。

⑥ 混凝土拌合物坍落度和坍落扩展度值以mm为单位，测量精确至1mm，结果表达修约至5mm。

⑦ 和易性的调整：

a. 当坍落度低于设计要求时，可在保持水灰比不变的前提下，适当增加水泥浆量。

b. 当坍落度高于设计要求时，可在保持砂率不变的条件下，增加集料的用量。

c. 当出现含砂量不足，黏聚性、保水性不良时，可适当增加砂率，反之减小砂率。

5. 注意事项

往坍落度桶内装混凝土时，每层用捣棒插捣25次左右即可，不可长时间多次插捣。

6. 试验结果记录

（1）新拌混凝土原材料数据

试验温度：＿＿＿＿＿＿℃；

试验相对湿度：＿＿＿＿＿％；

试验日期：＿＿＿年＿＿月＿＿日＿＿时。

表3-4　新拌混凝土原材料数据

配合比	1m³混凝土的材料用量						设计坍落度	（　）石 最大粒径/mm
	水泥	砂	石	水	外加剂	矿物掺和料		
品牌等级								
用量/kg								
质量比	1							

配合比	拌和_____L混凝土的材料用量/kg					
	水泥	砂	石	水	外加剂	矿物掺和料
初步配合比						
第一次调整增加量						
第二次调整增加量						
合计						

（2）测定新拌混凝土稠度试验

表3-5　新拌混凝土稠度试验数据记录表

检测内容	实测坍落度/mm		实测坍落扩展度/mm		黏聚性		保水性	
检测频率	1	2	1	2	1	2	1	2
初步配合比								
第一次调整增加量时								
第二次调整增加量时								

（3）混凝土试拌后的材料用量

① 试拌调整后的1m³混凝土各项材料用量（取整数）：

水泥：_____kg；

砂：_____kg；

石：_____kg；

水：_____kg。

② 混凝土基准配合比（质量比）：

水泥：砂：石=1：_____：_____；

水灰比：$W/C=$_____；

外加剂=_____g（%）；

矿物掺和料=____kg（%）。

试验3.2　水泥混凝土抗压强度试验（T 0553—2005）

1. 目的、使用范围

本方法规定了水泥混凝土抗压强度的试验方法。

本方法适用于各类水泥混凝土立方体试件的抗压强度试验，也适用于高径比1：1的钻芯试件。

2. 仪具与材料

压力机或万能试验机：压力机应符合现行《液压式万能试验机》（GB/T 3159）及《试验机通用技术要求》（GB/T 2611）的规定，其测量精度为 ±1%，试件破坏荷载应大于压力机全程的20%且小于压力机全程的80%。压力机同时应具有加荷速度指示装置或加荷速度控制装置，上下压板平整并有足够刚度，可均匀地连续加荷卸荷，可保持固定荷载，开机停机均灵活自如，能够满足试件破型吨位要求。

球座：钢质坚硬，面部平整度要求在100mm距离内的高低差值不超过0.05mm，球面及球窝粗糙度为0.32μm，研磨、转动灵活。不应在大球座上做小试件破型，球座宜放置在试件顶面（特别是棱柱试件），并凸面朝上，当试件均匀受力后，不宜再敲动球座。

混凝土强度等级大于或等于C50时，试件周围应设置防崩裂网罩。

3. 试件制作

① 制作试件前应检查试模，拧紧螺栓并清刷干净，在其内壁涂上一薄层矿物油脂。一般以三个试件为一组。

② 试件的成型方法应根据混凝土拌合物的稠度来确定。

a. 坍落度大于70mm的混凝土拌合物采用人工捣实成型。将搅拌好的混凝土拌合物分两层装入试模，每层装料的厚度大约相同。插捣时用钢制捣棒按螺旋方向从边缘向中心均匀进行。插捣底层时，捣棒应达到试模底面；插捣上层时，捣棒应贯穿下层深度20 ～ 30mm，并用镘刀沿试模内侧插捣数次。每层的插捣次数应根据试件的截面而定，一般为每100cm² 截面积不应少于12次。捣实后，刮去多余的混凝土，并用镘刀抹平。

b. 坍落度小于70mm的混凝土拌合物采用振动台成型。将搅拌好的混凝土拌合物一次装入试模，装料时用镘刀沿试模内壁略加插捣，并使混凝土拌合物稍有富余，然后将试模放到振动台上，振动时应防止试模在振动台上自由跳动，直至混凝土表面出浆为止，刮去多余的混凝土，并用镘刀抹平。

4. 试件养护

① 采用标准养护的试件成型后应覆盖表面，以防止水分蒸发，并在温度（20±5）℃下静置一昼夜至两昼夜，然后拆模编号。再将拆模后的试件立即放在温度为（20±3）℃、相对湿度为90%以上的标准养护室的架子上养护，彼此相隔10 ～ 20mm。

② 无标准养护室时，混凝土试件可放在温度为（20±3）℃的不流动水中养护，水的pH不应小于7。

③ 与构件同条件养护的试件成型后，应覆盖表面，试件的拆模时间可与实际构件的拆模时间相同，拆模后试件仍需保持同条件养护。

5. 试验步骤

① 试件从养护地点取出后，应尽快进行试验，以免试件内部的温湿度发生显著变化。

② 先将试件擦拭干净，测量尺寸，并检查外观，试件尺寸测量精确至1mm，并据此计算试件的承压面积。

③ 将试件安放在试验机的下压板上，试件的承压面应与成型时的顶面垂直。试件的中心应与试验机下压板中心对准。开动试验机，当上板与试件接近时，调整球座，使接触均衡。

④ 混凝土试件的试验应连续而均匀地加荷，混凝土强度等级低于C30时，其加荷速度为0.3 ～ 0.5MPa/s；若混凝土强度等级高于或等于C30时，则为0.5 ～ 0.8MPa/s。当试件接近破坏而

开始迅速变形时，停止调整试验机油门，直到试件破坏，并记录破坏荷载。

⑤ 试件受压完毕，应清除上下压板上黏附的杂物，继续进行下一次试验。

6. 试验结果整理

① 混凝土立方体试件抗压强度按式（3-1）计算，精确值0.1MPa。

$$f_{cu} = \frac{F}{A} \qquad (3-1)$$

式中　f_{cu}——混凝土立方体试件的抗压强度值，MPa；

F——试件破坏荷载，N；

A——试件承压面积，mm^2。

② 以三个试件测值的算术平均值作为该组试件的抗压强度值。如三个测值中最大值或最小值中有一个与中间值的差值超过中间值的15%时，则把最大值或最小值舍去，取中间值作为该组试件的抗压强度值。如最大值和最小值与中间值的差均超过中间值的15%，则该组试件的试验结果作废。

③ 混凝土立方体抗压强度以150mm × 150mm × 150mm的立方体试件作为抗压强度的标准值，其他尺寸试件的测定结果应乘以尺寸换算系数。200mm × 200mm × 200mm试件，其换算系数为1.05；100mm × 100mm × 100mm试件，其换算系数为0.95。

7. 注意事项

试件从养护地点取出后，应马上进行试验。

8. 试验结果记录

试件养护条件：养护温度____℃；养护相对湿度____%；龄期____d；加载速度____kN/s。

表3-6　混凝土立方体抗压强度试验数据记录表

编号	试件受压面尺寸/mm		受压面积 A/mm^2	破坏荷重 P/N	换算系数	3d抗压强度 f_{cu}/MPa		28d抗压强度 f_{cu}/MPa	
	a	b				测定值	平均值	测定值	平均值

试件成型日期：_____年____月____日____时

抗压强度试验日期：_____年____月____日____时

试验3.3　C30水下混凝土配合比计算书

一、设计要求

① 强度等级为：C30。

② 设计坍落度为：180 ～ 220mm。

③ 使用部位：桥梁桩基。

二、设计依据

①《公路桥涵施工技术规范》（JTG/T 3650—2020）

② 《普通混凝土配合比设计规程》（JGJ 55—2011）

③ 设计文件

三、原材料的选择（或根据已有条件进行）

① 水泥：某公司生产的P·O42.5级水泥，水泥密度取ρ_{c0}=3100kg/m³。

② 粗集料：某矿业有限公司生产的碎石，ρ_g=2747kg/m³，5～31.5mm连续级配，其中5～16mm碎石占40%，16～31.5mm碎石占60%。

③ 细集料：江西赣江砂，Ⅱ区中砂，ρ_s=2650kg/m³。细度模数2.5。

④ 水：饮用水；水的密度取ρ_w=1000kg/m³。

⑤ 外加剂：某水泥混凝土外加剂有限公司YD-PCA1型缓凝高效减水剂，掺量为水泥用量的1.0%，减水率为18.5%。

四、混凝土配合比设计

表3-7 试拌为1m³各种材料用量（按照水胶比浮动0.03，砂率浮动0.01）

水胶比	砂率/%	水/（kg/m³）	水泥/（kg/m³）	砂/（kg/m³）	碎石/（kg/m³）		外加剂/（kg/m³）
					5～16m（40%）	16～31.5mm（60%）	

表3-8 试拌为25L各种材料用量

水胶比	砂率/%	水/kg³	水泥/kg	砂/kg	碎石/kg		外加剂/（g/m³）
					5～16m（40%）	16～31.5mm（60%）	

表3-9 试配所测表观密度及坍落度

水胶比	计算表观密度/（kg/m³）	实测表观密度/（kg/m³）	设计坍落度/mm	实测初始坍落度/mm

实测值与计算值之差大于/小于计算值2%，材料用量需要/不需要调整。

表3-10 试配强度

水胶比	7d		28d	
	抗压强度/Mpa	达到配制强度/%	抗压强度/Mpa	达到配制强度/%

根据耐久性等施工情况综合因素考虑最终确定以W/C=　　　　　　　，

水泥：砂：碎石：水：外加剂=

即：　　　　　为试验室配合比。

附表3.1 混凝土拌合物试验检测报告

试验室名称   记录编号

委托/施工单位		委托/任务编号	
工程名称		样品编号	
工程部位/用途		样品名称	
样品型号规格		样品描述	
试验依据		判断依据	

主要仪器设备及编号			
拌和方式		强度等级/MPa	

名称	规格	生产厂家/产地	配合比/(kg/m³)
水泥			
粗集料			
细集料			
水			
粉煤灰			
矿渣粉			
外加剂			

检测结果						
序号	检测项目		技术指标	检测结果	结果判定	备注
1	工作性	坍落度仪法 — 坍落度/mm				
		坍落度仪法 — 黏聚性				
		坍落度仪法 — 保水性				
		坍落度仪法 — 棍度				
		坍落度仪法 — 含砂情况				
		维勃仪法 — 维勃时间/s				
2	表观密度/(kg/m³)					
3	含气量/%					
4	凝结时间 — 初凝/min					
	凝结时间 — 终凝/min					
5	泌水量/(mL/mm²)					
6	泌水率/%					
结论						
备注						

试验: 审核: 签发: 日期: 年   月   日（专用章）

附表3.2 水泥混凝土立方体抗压强度试验检测报告

试验室名称：　　　　　　　　　　　　　　　　　　　　　　　记录编号：

委托/施工单位		委托/任务编号	
工程名称		样品编号	
工程部位/用途		样品名称	
样品型号规格		样品描述	
试验依据		判断依据	
主要仪器设备及编号			

			检测结果			

样品编号	龄期/d	养护方式	技术指标/MPa	检测结果/MPa	结果判定	备注
结论						
备注						

试验：　　　　　审核：　　　　　签发：　　　　　日期：　　年　　月　　日（专用章）

附表3.3 水泥混凝土配合比设计试验检测记录表

试验室名称：　　　　　　　　　　　　　　　　　　　记录编号：

工程部位/用途			委托/任务编号		
试验依据			样品编号		
样品描述			样品名称		
试验条件			试验日期		
主要仪器设备及编号					

设计条件	设计强度/MPa	用途	施工方法	坍落度/mm	备注

水泥	规格：			品牌：	
细集料	规格：			产地：	
粗集料	规格：			产地：	
粉煤灰	规格：			产地：	
矿渣粉	规格：			产地：	
外加剂	规格：			品牌：	
	状态：			掺量：	
水	产地：				

配合比设计（一）（质量比），材料用量表/（kg/m³）									
试配强度/MPa	水胶比	砂率/%	水泥	细集料	粗集料	粉煤灰	矿渣粉	水	外加剂

试拌记录				
试拌日期		拌和方式		
实测坍落度/mm		成型方式		
工作性	棍度＿＿＿，含砂情况＿＿＿，黏聚性＿＿＿，流动性＿＿＿。			
混凝土理论密度/（kg/m³）		实际密度/（kg/m³）		

试件抗压强度/MPa	龄期/d	破坏荷载F/kN	抗压强度测值f_cu/MPa	抗压强度测定值f_cu'/MPa	龄期/d	破坏荷载F/kN	抗压强度测值f_cu/MPa	抗压强度测定值f_cu'/MPa

配合比设计（二）（质量比），材料用量表/（kg/m³）									
试配强度/MPa	水胶比	砂率/%	水泥	细集料	粗集料	粉煤灰	矿渣粉	水	外加剂

试拌记录				
试拌日期		拌和方式		
实测坍落度/mm		成型方式		
工作性	棍度＿＿＿，含砂情况＿＿＿，黏聚性＿＿＿，流动性＿＿＿。			

续表

混凝土理论密度/（kg/m³）		实际密度/（kg/m³）						
试件抗压强度/MPa	龄期/d	破坏荷载 F/kN	抗压强度测值 f_{cu}/MPa	抗压强度测定值 f_{cu}'/MPa	龄期/d	破坏荷载 F/kN	抗压强度测值 f_{cu}/MPa	抗压强度测定值 f_{cu}'/MPa

配合比设计（三）（质量比），材料用量表/（kg/m³）									
试配强度/MPa	水胶比	砂率/%	水泥	细集料	粗集料	粉煤灰	矿渣粉	水	外加剂

试拌记录	
试拌日期	拌和方式
实测坍落度/mm	成型方式
工作性	棍度＿＿＿，含砂情况＿＿＿，黏聚性＿＿＿，流动性＿＿＿。

混凝土理论密度/（kg/m³）		实际密度/（kg/m³）						
试件抗压强度/MPa	龄期/d	破坏荷载 F/kN	抗压强度测值 f_{cu}/MPa	抗压强度测定值 f_{cu}'/MPa	龄期/d	破坏荷载 F/kN	抗压强度测值 f_{cu}/MPa	抗压强度测定值 f_{cu}'/MPa

推荐理论配合比（质量比），材料用量表/（kg/m³）									
试配强度/MPa	水胶比	砂率/%	水泥	细集料	粗集料	粉煤灰	矿渣粉	水	外加剂

试拌记录	
试拌日期	拌和方式
实测坍落度/mm	成型方式
工作性	棍度＿＿＿，含砂情况＿＿＿，黏聚性＿＿＿，流动性＿＿＿。

混凝土理论密度/（kg/m³）		实际密度/（kg/m³）						
试件抗压强度/MPa	龄期/d	破坏荷载 F/kN	抗压强度测值 f_{cu}/MPa	抗压强度测定值 f_{cu}'/MPa	龄期/d	破坏荷载 F/kN	抗压强度测值 f_{cu}/MPa	抗压强度测定值 f_{cu}'/MPa

备注	

试验：　　　　　　　　复核：　　　　　　　　日期：　　年　月　日

附表 3.4 _____ 公路工程项目

承包单位_____   合同号_____
监理单位_____   编　号_____

承包人申报表（通用）

致总监理工程师：_____：

　事　　由：关于我标段 C30 水下水泥混凝土配合比的申报。

　申报内容：我标段已经完成 C30 灌注桩水泥混凝土配合比设计，选用的配合比：$W/C=$ 　　　、$\beta_s=$ 　　　，水泥∶黄砂∶碎石∶水∶外加剂 = 　　∶　　∶　　∶　　∶　　，28d 抗压强度为 　　　MPa，达到配制强度 　　　%。

　敬请批复

　附件：1. C30 水下混凝土配合比设计计算书

　　　　2. 7d 强度报告

　　　　3. 材料自检试验报告

　　　　4. 外加剂检测报告

承包人：　　　　　　　　　　　　年　　月　　日

总监办审查意见：

总监理工程师：　　　　　　　　　　年　　月　　日

建指意见：

建指：　　　　　　　　　　　　　　年　　月　　日

四、无机结合料的检测

试验4.1 无机结合料稳定材料的击实试验方法（T 0804—94）

1. 目的和适用范围

① 本试验法适用于在规定的试筒内，对水泥稳定土（在水泥水化前）、石灰稳定土及石灰（或水泥）粉煤灰稳定土进行击实试验，以绘制稳定土的含水量-干密度关系曲线，从而确定其最佳含水量和最大干密度。

② 试验集料的最大粒径宜控制在25mm以内，最大不得超过40mm（圆孔筛）。

③ 试验方法类别。本试验方法分甲乙丙三类。

2. 仪器设备

① 击实筒：金属圆筒，分小型中型大型。

② 击锤和导管：击锤底面直径50mm，总质量4.5kg。

③ 天平：感量0.01g。

④ 台秤：称量15kg，感量5g。

⑤ 圆孔筛：孔径40mm、25mm或20mm以及5mm的筛各1个。

⑥ 量筒：50mL、100mL和500mL的量筒各1个。

⑦ 直刮刀：长200～250mm、宽30mm和厚3mm，一侧开口的直刮刀，用以刮平和修饰粒料大试件的表面。

⑧ 刮土刀：长150～200mm、宽约20mm的刮刀。用以刮平和修饰小试件的表面。

⑨ 工字型刮平尺：30mm×50mm×310mm，上下两面和侧面均刨平。

⑩ 拌和工具：约400mm×600mm×70mm的长方形金属盘，拌和用平头小铲等。

⑪ 脱模器。

⑫ 测定含水量用的铝盒、烘箱等其他用具。

3. 试料准备

将具有代表性的风干试料（必要时，也可以在50℃烘箱内烘干）用木锤或木碾捣碎。土团均应捣碎到能通过5mm的筛孔。但应注意不使粒料的单个颗粒破碎或不使其破碎程度超过施工中拌和机械的破碎率。

如试料是细粒土，将已捣碎的具有代表性的土过5mm筛备用（用甲法或乙法做试验）。

如试料中含有粒径大于5mm的颗粒，则先将试料过25mm的筛，如存留在筛孔25mm筛的颗粒的含量不超过20%，则过筛料留作备用（用甲法或乙法做试验）

如试料中粒径大于25mm的颗粒含量过多，则将试料过40mm的筛备用（用丙法试验）。

每次筛分后，均应记录超尺寸颗粒的百分率。

在预定做击实试验的前一天，取有代表性的试料测定其风干含水量。对于细粒土，试样应不少于100g；对于中粒土（粒径小于25mm的各种集料），试样应不少于1000g；对于粗粒土的各种集料，试样应不少于2000g。

4. 试验步骤

（1）甲法

① 将已筛分的试样用四分法逐次分小，至最后取出约10～15kg试料。再用四分法将已取出

的试料分成 5 ～ 6 份，每份试料的干质量为 2.0kg（对于细粒土）或 2.5kg（对于各种中粒土）。

② 预定 5 ～ 6 个不同含水量，依次相差 1% ～ 2%，且其中至少有两个大于和两个小于最佳含水量对于细粒土，可参照其塑限估计素土的最佳含水量。一般其最佳含水量较塑限小 3% ～ 10%，对于砂性土接近 3%，对于黏性土为 6% ～ 10%。天然砂砾土级配集料等的最佳含水量与集料中细土的含量和塑性指数有关，一般变化在 5% ～ 12%。对于细土少的、塑性指数为 0 的未筛分碎石，其最佳含水量接近 5%。对于细土偏多的、塑性指数较大的砂砾土，其最佳含水量在 10% 左右。水泥稳定土的最佳含水量与素土的接近，石灰稳定土的最佳含水量可能较素土大 1% ～ 3%。

③ 按预定含水量制备试样。将 1 份试料平铺于金属盘内，将事先计算得的该份试料中应加的水量均匀地喷洒在试料上，用小铲将试料充分拌和到均匀状态（如为石灰稳定土和水泥、石灰综合稳定土，可将石灰和试料一起拌匀），然后装入密闭容器或塑料口袋内浸润备用。

浸润时间：黏性土 12 ～ 24h，粉性土 6 ～ 8h，砂性土、砂砾土、红土砂砾、级配砂砾等可以缩短到 4h 左右，含土很少的未筛分碎石、砂砾和砂可缩短到 2h。

加水量按下式计算：

$$Q_\omega = (\frac{Q_n}{1+0.01\omega_n} + \frac{Q_c}{1+0.01\omega_c}) \times 0.01\omega - \frac{Q_n}{1+0.01\omega_n} \times 0.01\omega_n - \frac{Q_c}{1+0.01\omega_c} \times 0.01\omega_c \qquad (4-1)$$

式中　Q_ω——混合料中应加的水量，g；

　　　Q_m——混合料中素土的质量，g，其原始含水量为 ω_n，即风干含水量，%；

　　　Q_c——混合料中水泥或石灰的质量，g，其原始含水量为 ω_c，%；

　　　ω——要求达到的混合料的含水量，%。

④ 将所需要的稳定剂水泥加到浸润后的试料中，并用小铲、泥刀或其他工具充分拌和到均匀状态。加有水泥的试样拌和后，应在 1h 内完成下述击实试验，拌和后超过 1h 的试样，应予作废（石灰稳定土和石灰粉煤灰除外）。

⑤ 试筒套环与击实底板应紧密联结。将击实筒放在坚实地面上，取制备好的试样（仍用四分法）400 ～ 500g（其量应使击实后的试样等于或略高于筒高的 1/5）倒入筒内，整平其表面并稍加压紧，然后按所需击数进行第一层试样的击实。击实时，击锤应自由铅直落下，落高应为 45cm，锤迹必须均匀分布于试样面。第一层击实完后，检查该层高度是否合适，以便调整以后几层的试样用量。用刮土刀或改锥将已击实层的表面"拉毛"，然后重复上述做法，进行其余四层试样的击实。最后一层试样击实后，试样超出试筒顶的高度不得大于 6mm，超出高度过大的试件应该作废。

⑥ 用刮土刀沿套环内壁削挖（使试样与套环脱离）后，扭动并取下套环。齐筒顶细心刮平试样，并拆除底板。如试样底面略突出筒外或有孔洞，则应细心刮平或修补。最后用工字型刮平尺齐筒顶和筒底将试样刮平。擦净试筒的外壁，称其质量并准确至 5g。

⑦ 用脱模器推出筒内试样。从试样内部从上到下取两个有代表性的样品（可将脱出试件用锤打碎后，用四分法采取），测定其含水量，计算至 0.1%。两个试样的含水量的差值不得大于 1%。所取样品的数量见表 4-1（如只取一个样品测定含水量，则样品的质量应为表列数值的两倍）。

表 4-1　测稳定土含水量的样品数量

最大粒径/mm	样品质量/g
2	约 50
5	约 100
25	约 500

烘箱的温度应事先调整到110℃左右，以使放入的试样能立即在105～110℃的温度下烘干。

⑧ 按之前步骤③～⑦进行其余含水量下稳定土的击实和测定工作。

（2）乙法

在缺乏内径10cm的试筒时，以及在需要与承载比等试验结合起来进行时，采用乙法进行击实试验。本法更适宜于粒径达25mm的集料。

① 将已过筛的试料用四分法逐次分小，至最后取出约30kg试料。再用四分法将取出的试料分成5～6份，每份试料的干重为4.4kg（细粒土）或5.5kg（中粒土）。

② 以下各步的做法与甲法第②～第⑧项相同，但应该先将垫块放入筒内底板上，然后加料并击实。所不同的是，每层需取制备好的试样约900g（对于水泥或石灰稳定细粒土）或1100g（对于稳定中粒土），每层的锤击次数为59次。

（3）丙法

① 将已过筛的试料用四分法逐次分小，至最后取出约33kg试料。再用四分法将取出的试料分成6份（至少要5份），每份重约5.5kg（风干质量）。

② 预定5～6个不同含水量，依次相差1%～2%。在估计的最佳含水量左右可只差1%，其余差2%。

③ 同甲法步骤③。

④ 同甲法步骤④。

⑤ 将试筒、套环与夯击底板紧密地联结在一起，并将垫块放在筒内底板上。击实筒应放在坚实（最好是水泥混凝土）地面上，取制备好的试样1.8kg左右[其量应使击实后的试样略高于（高出1～2mm）筒高的1/3]倒入筒内，整平其表面，并稍加压紧。然后按所需击数进行第一层试样的击实（共击98次）。击实时，击锤应自由铅直落下，落高应为45cm，锤迹必须均匀分布于试样面。第1层击实完后检查该层的高度是否合适，以便调整以后两层的试样用量。用刮土刀或改锥将已击实的表面"拉毛"，然后重复上述做法，进行其余两层试样的击实。最后一层试样击实后，试样超出试筒顶的高度不得大于6mm。超出高度过大的试件应该作废。

⑥ 用刮土刀沿套环内壁削挖（使试样与套环脱离）后，扭动并取下套环。齐筒顶细心刮平试样，并拆除底板，取走垫块。擦净试筒的外壁，称重，准确至5g。

⑦ 用脱模器推出筒内试样。从试样内部从上到下取两个有代表性的样品（可将脱出试件用锤打碎后，用四分法采取），测定其含水量，计算至0.1%。两个试样的含水量的差值不得大于1%。所取样品的数量应不少于700g，如只取一个样品测定含水量，则样品的数量应不少于1400g。烘箱的温度应事先调整到110℃左右，以使放入的试样能立即在105～110℃下烘干。

⑧ 按本步骤第③～第⑦项进行其余含水量下稳定土的击实和测定。

5. 计算及制图

① 按式（4-2）计算每次击实后稳定土的湿密度：

$$\rho_\omega = \frac{Q_1 - Q_2}{V} \qquad (4\text{-}2)$$

式中 ρ_ω——稳定土的湿密度，g/cm^3；

$\quad$ Q_1——试筒与湿试样的总质量，g；

$\quad$ Q_2——试筒的质量，g；

$\quad$ V——试筒的容积，cm^3。

② 按式（4-3）计算每次击实后稳定土的干密度：

$$\rho_d = \frac{\rho_\omega}{1+0.01\omega} \tag{4-3}$$

式中　ρ_d——试样的干密度，g/cm^3；

　　　ω——试样的含水量，%。

③ 以干密度为纵坐标，以含水量为横坐标，在普通直角坐标纸上绘制干密度与含水量的关系曲线，驼峰形曲线顶点的纵横坐标分别为稳定土的最大干密度和最佳含水量。最大干密度用两位小数表示。如最佳含水量的值在12%以上，则用整数表示（即精确到1%）；如最佳含水量的值在6%～12%，则用一位小数"0"或"5"表示（即精确到0.5%）；如最佳含水量的值小于6%，则取一位小数，并用偶数表示（即精确到0.2%）。

如试验点不足以连成完整的驼峰形曲线，则应该进行补充试验。

④ 超尺寸颗粒的校正。当试样中大于规定最大粒径的超尺寸颗粒的含量为5%～30%时，按下式对试验所得最大干密度和最佳含水量进行校正（超尺寸颗粒的含量小于5%时，可以不进行校正）。

最大干密度按下式矫正，精确值0.01g/cm³：

$$\rho'_{dm} = \rho_{dm}(1-0.01\rho)+0.9\times0.01\rho G \tag{4-4}$$

式中　ρ'_{dm}——矫正后最大干密度，g/cm^3；

　　　ρ_{dm}——试验所得的最大干密度，g/cm^3；

　　　ρ——试样中超尺寸颗粒的含量，%；

　　　G——超尺寸颗粒的毛体积相对密度，g/cm^3。

最佳含水量按下式进行矫正：

$$\omega'_0 = \omega_0(1-0.01\rho)+0.01\rho\omega_\alpha \tag{4-5}$$

式中　ω'_0——矫正后最佳含水量，%；

　　　ω_0——试验所得的最佳含水量，%；

　　　ρ——试样中超尺寸颗粒的含量，%；

　　　ω_α——超尺寸颗粒的吸水量，%。

6. 精密度或允许误差

应做两次平行试验，两次试验最大干密度的差不应超过0.05g/cm³（稳定细粒土）和0.08g/cm³（稳定中粒土和粗粒土），最佳含水量的差不应超过0.5%（最佳含水量小于10%）和1.0%（最佳含水量大于10%）。

试验4.2　无机结合料稳定材料的无侧限抗压强度试验方法（T 0805—94）

1. 试验目的和适用范围

本试验适用于测定无机结合料稳定土（包括稳定细粒土、中粒土、粗粒土）试件的无侧限抗压强度。它包括：按照预定干密度用静力压实法制备试件以及用锤击法制备试件。试件都是高：直径=1：1的圆柱体。应尽可能用压实法制备等干密度的试件。也可以适用于其他稳定材料或综合稳定土的无侧限抗压强度试验。

2. 仪器设备

① 圆孔筛：孔径40mm、25mm（或20mm）及5mm的筛各一个。

② 试模：

      细粒土（最大粒径不超过10mm）：试模的直径 × 高=50mm × 50mm；

      中粒土（最大粒径不超过25mm）：试模的直径 × 高=100mm × 100mm；

      粗粒土（最大粒径不超过40mm）：试模的直径 × 高=150mm × 150mm。

③ 脱模器。

④ 反力框架：规格为400kN。

⑤ 液压千斤顶（200 ～ 1000kN）。

⑥ 夯锤和导管。

⑦ 养生室（能恒温恒湿）。

⑧ 水槽：深度大于试件高度50mm。

⑨ 路面材料强度试验仪或其他的压力机，但后者的规格应不大于200kN。

⑩ 天平：感量0.01g。

⑪ 台秤：称量10kg，感量5g。

⑫ 量筒、拌和工具、漏斗、大小铝盒、烘箱等。

3. 试料准备

将具有代表性的风干试料（必要时也可以在50℃烘箱内烘干），用木锤和木碾捣碎，但应避免破碎改变粒料的原粒径。将土过筛并进行分类。如试料为粗粒土，则除去大于40mm的颗粒备用；如试料为中粒土则除去大于25mm或20mm的颗粒备用；如试料为细粒土，则除去大于10mm的颗粒备用。

在预定做试验的前一天，取有代表性的试料测定其风干含水量。对于细粒土，试样应不少于100g；对于中粒土（粒径小于25mm），试样应不小于1000g；对于粗粒土（粒径小于40mm），试样应不小于2000g。

4. 确定最佳含水量和最大干密度

按无机结合料稳定土的击实试验方法确定无机料混合料的最佳含水量和最大干密度。

5. 试件制作

① 对于同一无机结合料混合料，需要制备相同状态的试件数量（即平行试验的数量）与土类及操作的仔细程度有关。对于无机结合料稳定细粒土，至少应制 6 个试件；对于无机料稳定中粒土和粗粒土，至少应分别制9个和13个试件。

② 称取一定数量的风干土并计算干土的质量，其数量随试件大小而变。对于50mm × 50mm的试件，1个试件约需干土180 ～ 210g；100mm×100mm的试件，1个试件约需干土1700 ～ 1900g；对于150mm × 150mm的试件，1个试件约需干土5700 ～ 6000g。对于细粒土，可以一次称取6个试件的土；对于粗粒土，一次只称取一个试件的土。

③ 将称好的土放在长方盘（约400mm × 600mm × 70mm）内。向土中加水，对于细粒土（特别是黏性土）使其含水量较最佳含水量小3%，对于中粒土和粗粒土可按最佳含水量加水。将土和水拌和均匀后放在密闭容器内浸润备用。如为石灰稳定土和水泥、石灰综合稳定土，可将石灰和土一起拌匀后进行浸润。

浸润时间：黏性土12 ～ 24h，粉性土6 ～ 8h，砂性土、砂砾土、红土砂砾、级配砂砾等可以缩短到4h左右；含土很少的未筛分碎石、砂砾及砂可以缩短到2h。

④ 在浸润过的试料中，加入预定数量的水泥或石灰并拌和均匀。在拌和过程中，应将预留的3%的水（对于细粒土）加入土中，使混合料的含水量达到最佳含水量。拌和均匀的加有水泥

的混合料应在1h内按下述方法制成试件，超过1h的混合料应该作废。其他结合料稳定土，混合料虽不受此限，但也应尽快制成试件。

6. 按预定的干密度制件

用反力框架和液压千斤顶制件。制备一个预定干密度的试件，需要的稳定土混合料数量 m_1 随试模的尺寸而变。

$$m_1 = \rho_d V(1+\omega) \tag{4-6}$$

式中　　V——试模的体积，mL；

ω——稳定土混合料的含水量，%；

ρ_d——稳定土试件的干密度，g/cm³；

将试模的下压柱放入试模的下部，并外露2cm左右。将称量的规定数量 m_2 的稳定土混合料分 2～3 次灌入试模中（用漏斗），每次灌入后用插刀轻轻插实。如制50mm×50mm的小试件，则可以将混合料一次倒入试模中，然后将上压柱放入试模内，应使其也外露2cm左右（即上下压柱露出试模外的部分应该相等）。

将整个试模（连同上下压柱）放到反力框架内的千斤顶上（千斤顶下应放一扁球座），加压直到上下压柱都压入试模内为止，维持压力1min。解除压力后，放到脱模器上将试件顶出（利用千斤顶和下压柱）。称试件的质量 m_2，小试件准确到1g；中试件准确到2g；大试件准确到5g。然后用游标卡尺量试件的高度 h，准确到0.1mm。

用击锤制件，步骤同前。只是用击锤（可以利用做击实试验的锤，但压柱顶面需要垫一块牛皮或胶皮，以保护锤面和压柱顶面不受损伤）将上下压柱打入试模内。

7. 养生

试件从试模内脱出并称量后，应立即放到密封湿气箱和恒温室内进行保温保湿养生。但中试件和大试件应先用塑料薄膜包覆。有条件时，可采用蜡封保湿养生。养生时间视需要而定，作为工地控制，通常都只取7d。整个养生期间的温度，在北方地区应保持（20±2）℃，在南方地区应保持（25±2）℃。

养生期的最后一天，应该将试件浸泡在水中，水的深度应使水面在试件顶上约2.5cm。在浸泡水中之前，应再次称试件的质量 m_3。在养生期间，试件质量的损失应该符合下列规定：小试件不超过1g；中试件不超过4g；大试件不超过10g。质量损失超过此规定的试件，应该作废。

8. 试验步骤

① 将已浸水一昼夜的试件从水中取出，用软的旧布吸去试件表面的可见自由水，并称试件的质量 m_4。

② 用游标卡尺量试件的高度 h_1，准确到0.1mm。

③ 将试件放到路面材料强度试验仪的升降台上（台上先放一扁球座），进行抗压试验。试验过程中，应使试件的形变等速增加，并保持速率约为1mm/min。记录试件破坏时的最大压力 P（N）。

④ 从试件内部取有代表性的样品（经过打破）测定其含水量 ω_1。

9. 计算

试件的无侧限抗压强度 R_c 用下列相应的公式计算：

对于小试件：
$$R_c = \frac{P}{A} = 0.00051P \text{(MPa)} \tag{4-7}$$

对于中试件：
$$R_c = \frac{P}{A} = 0.000127P\text{(MPa)}$$
（4-8）

对于大试件：
$$R_c = \frac{P}{A} = 0.000057P\text{(MPa)}$$
（4-9）

式中　P——试件破坏时的最大压力，N；

　　　A——试件的截面积。

10. 允许误差

对于小试件：不大于10%；

对于中试件：不大于15%；

对于大试件：不大于20%。

试验4.3　石灰的化学分析（有效氧化钙氧化镁含量的简易测定法）

1. 适用范围

本方法适用于氧化镁含量在5%以下的低镁石灰。

2. 仪器设备

① 方孔筛：0.15mm，1个。

② 烘箱：50～250℃，1台。

③ 干燥器：ϕ25cm，1个。

④ 称量瓶：ϕ30mm×50mm，10个。

⑤ 瓷研钵：ϕ12～13cm，1个。

⑥ 分析天平：量程不小于50g，感量0.0001g，1台。

⑦ 电子天平：量程不小于500g，感量0.01g，1台。

⑧ 电炉：1500W，1个。

⑨ 石棉网：20cm×20cm，1块。

⑩ 玻璃珠：ϕ3mm，1袋（0.25kg）。

⑪ 漏斗：短颈，3个。

⑫ 塑料洗瓶：1个。

⑬ 塑料桶：20L，1个。

⑭ 下口蒸馏水瓶：5000mL，1个。

⑮ 具塞三角瓶：250mL，20个。

⑯ 三角瓶：300mL，10个。

⑰ 容量瓶：250mL、1000mL，各1个。

⑱ 量筒：200mL、100mL、50mL、5mL，各1个。

⑲ 试剂瓶：250mL、1000mL，各5个。

⑳ 塑料试剂瓶：1L，1个。

㉑ 烧杯：50mL，5个；250mL（或300mL），10个。

㉒ 棕色广口瓶：60mL，4个；250mL，5个。

㉓ 滴瓶：60mL，3个。

㉔ 酸滴定管：50mL，2支。

㉕ 滴定台及滴定管夹：各1套。

㉖ 大肚移液管：25mL、50mL，各1支。

㉗ 表面皿：7cm，10块。

㉘ 玻璃棒：8mm×250mm及4mm×180mm，各10支。

㉙ 试剂勺：5个。

㉚ 吸水管：8mm×150mm，5支。

㉛ 洗耳球：大、小各1个。

3. 试剂

① 1mol/L盐酸标准溶液：取83mL（相对密度1.19）浓盐酸以蒸馏水稀释至1000mL，按下述方法标定其摩尔浓度后备用。

称取已在180℃烘箱内烘干2h的碳酸钠（优级纯或基准级纯）1.5～2.0g（精确至0.0001g），记录为m_0，置于250mL三角瓶中，加100mL水使其完全溶解；然后加入2～3滴0.1%甲基橙指示剂，记录滴定管中待标定的盐酸标准溶液初始体积V_1，用待标定的盐酸标准溶液滴定，至碳酸钠溶液由黄色变为橙红色；将溶液加热至微沸，并保持微沸3min，然后放在冷水中冷却至室温，如此时橙红色变为黄色，再用盐酸标准溶液滴定，至溶液出现稳定橙红色时为止，记录滴定管中盐酸标准溶液体积V_2。V_1、V_2的差值即为盐酸标准溶液的消耗量V。

盐酸标准溶液的摩尔浓度按式（4-10）计算：

$$N = m_0/0.053V \tag{4-10}$$

式中　　N——盐酸标准溶液的摩尔浓度，mol/L；

$\quad\quad m_0$——称取碳酸钠质量，g；

$\quad\quad V$——滴定时消耗盐酸标准溶液的体积，mL。

② 1%酚酞指示剂。

4. 准备试样

① 生石灰试样：将生石灰样品打碎，使颗粒不大于1.18mm。拌和均匀后用四分法缩减至200g左右，放入瓷研钵中研细。再经四分法缩减至20g左右。研磨所得石灰样品，应通过0.15mm（方孔筛）的筛。从此细样中均匀挑取10余克，置于称量瓶中在105℃烘箱烘至恒量，储于干燥器中，供试验用。

② 消石灰试样：将消石灰样品用四分法缩减至10余克左右。如有大颗粒存在，须在瓷研钵中磨细至无不均匀颗粒存在为止。置于称量瓶中在105℃烘箱烘至恒量，储于干燥器中，供试验用。

5. 试验步骤

① 迅速称取石灰试样0.8～1.0g（精确至0.0001g）放入300mL三角瓶中，记录试样质量m_0。加入150mL新煮沸并已冷却的蒸馏水和10颗玻璃珠。瓶口上插一短颈漏斗，使用带电阻的电炉加热5min（调到最高档），但勿使液体沸腾，放入冷水中迅速冷却。

② 向三角瓶中滴入酚酞指示剂2滴，记录滴定管中盐酸标准溶液体积V_3，在不断摇动下以盐酸标准溶液滴定，控制速度为2～3滴/s，至粉红色完全消失，稍停，又出现红色，继续滴入盐酸，如此重复几次，直至5min内不出现红色为止，记录滴定管中盐酸标准溶液体积V_4。V_3、V_4的差值即为盐酸标准溶液的消耗量V_5。如滴定过程持续半小时以上，则结果只能作参考。

6. 计算

有效氧化钙和氧化镁含量按下式计算。

$$X=\frac{0.028V_5N}{m}\times100\%$$

(4-11)

式中　X——有效氧化钙和氧化镁的含量，%；

　　　V_5——滴定消耗盐酸标准溶液的体积，mL。

　　　N——盐酸标准溶液的摩尔浓度，mol/L。

　　　m——样品质量，g。

7. 结果整理

① 读数精确至0.1mL。

② 对同一石灰样品至少应做两个试样和进行两次测定，并取两次测定结果的平均值代表最终结果。

试验4.4　土的击实试验（T 0131—2007）

1. 目的和适用范围

本试验方法适用于细粒土。

本试验分轻型击实和重型击实。轻型击实试验适用于粒径不大于20mm的土。重型击实试验适用于粒径不大于40mm的土。

当土中最大颗粒粒径大于或等于40mm，并且大于或等于40mm颗粒粒径的质量含量大于5%时，则应使用大尺寸试筒进行击实试验。大尺寸试筒要求其最小尺寸大于土样中最大颗粒粒径的5倍以上，并且击实试验的分层厚度应大于土样中最大颗粒粒径的3倍以上。单位体积击实功能控制在2677.2～2687.0kJ/m³范围内。

当细粒土中的粗粒土总含量大于40%或粒径大于0.005mm颗粒的含量大于土总质量的70%（即$d_{30}\leqslant0.005mm$）时，还应做粗粒土最大干密度试验，其结果与重型击实试验结果比较，最大干密度取两种试验结果的最大值。

2. 仪器设备

① 标准击实仪。

② 烘箱及干燥器。

③ 天平：感量0.01g。

④ 台秤：称量10kg，感量5g。

⑤ 圆孔筛：孔径40mm、20mm和5mm各1个。

⑥ 拌和工具：400mm×600mm、深70mm的金属盘，土铲。

⑦ 其他：喷水设备、碾土器、盛土盘、量筒、推土器、铝盒、修土刀、平直尺等。

3. 试样

① 本实验可分别采用不同的方法准备试样。按表4-2准备试料。

表4-2　试料用量

使用方法	类别	桶内直径/cm	最大粒径/mm	试料用量
干土法	b	10 15.2	20 40	至少5个试样，每个3kg 至少5个试样，每个3kg
湿土法	c	10 15.2	20 40	至少5个试样，每个3kg 至少5个试样，每个3kg

② 干土法（土不重复使用）。按四分法至少准备5个试样，分别加入不同水分（按2%～3%含水率递增），拌匀后闷料一夜备用。

③ 湿土法（土不重复使用）。对于高含水率土，可省略过筛步骤，用手拣除大于40mm的粗石子即可。保持天然含水率的第一个土样，可立即用于击实试验。其余几个试样，将土分成小土块，分别风干，使含水率按2%～3%递减。

4. 试验步骤

① 根据工程要求，选择轻型或重型试验方法。根据土的性质（含易击碎风化石数量多少、含水率高低），按表4-2规定选用干土法（土不重复使用）或湿土法。

② 将击实筒放在坚硬的地面上，在筒壁上抹一层薄凡士林，并在筒底（小试筒）或垫块（大试筒）上放置蜡纸或塑料薄膜。取制备好的土样分3～5次倒入筒内。小筒按三层法时，每次约800～900g（其量应使击实后的试样等于或略高于筒高的1/3）；按五层法时，每次约400～500g（其量应使击实后的土样等于或略高于筒高的1/5）。对于大试筒，先将垫块放入筒内底板上，按三层法，每层需试样1700g左右。整平表面，并稍加压紧，然后按规定的击数进行第一层土的击实，击实时击锤应自由垂直落下，锤迹必须均匀分布于土样面，第一层击实完后，将试样层面"拉毛"然后再装入套筒，重复上述方法进行其余各层土的击实。小试筒击实后，试样不应高出筒顶面5mm；大试筒击实后，试样不应高出筒顶面6mm。

③ 用修土刀沿套筒内壁削刮，使试样与套筒脱离后，扭动并取下套筒，齐筒顶细心削平试样，拆除底板，擦净筒外壁，称量，准确至1g。

④ 用推土器推出筒内试样，从试样中心处取样测其含水率，计算至0.1%。测定含水率用试样的数量按表4-3规定取样（取出有代表性的土样）。两个试样含水率的精度应符合规定。

表4-3　测定含水率用试样的数量

最大粒径/mm	试样质量/g	个数
＜5	15～20	2
约5	约50	1
约20	约250	1
约40	约500	1

⑤ 对于干土法（土不重复使用）和湿土法（土不重复使用），将试样搓散，然后按本试验第3条方法进行洒水、拌和，每次约增加2%～3%的含水率，其中有两个大于和两个小于最佳含水率，所需加水量按式（4-12）计算：

$$m_{w} = 0.01(\omega - \omega_{i}) \frac{m_{i}}{1 + 0.01\omega_{i}} \tag{4-12}$$

式中　m_{w}——所需加水量，g；

$\quad\quad m_{i}$——含水率ω_{i}时土样的质量，g；

$\quad\quad \omega_{i}$——土样原有含水率，%；

$\quad\quad \omega$——要求达到的含水率，%。

按上述步骤进行其他含水率试样的击实试验。

5. 结果整理

① 按式（4-13）计算击实后各点的干密度：

$$\rho_{d} = \frac{\rho}{1+0.01\omega} \qquad (4\text{-}13)$$

式中　ρ_{d}——干密度，g/cm³，计算至0.01；

　　　ρ——湿密度，g/cm³；

　　　ω——含水率，%；

② 以干密度为纵坐标，含水率为横坐标，绘制含水率与干密度的关系曲线（图4-1），曲线上峰值点的纵、横坐标分别为最大干密度和最佳含水率。如曲线不能绘出明显的峰值点，应进行补点或重做。

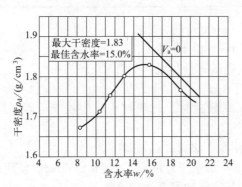

图4-1　含水率与干密度的关系曲线

③ 按式（4-14）计算饱和曲线的饱和含水率ω_{max}，并绘制饱和含水率与干密度的关系曲线图。

$$\omega_{max} = \left(\frac{\rho_{w}}{\rho_{d}} - \frac{1}{G_{s}} \right) \times 100\% \qquad (4\text{-}14)$$

式中　ω_{max}——饱和含水率，%，计算至0.01；

　　　ρ——试样的湿密度，g/cm³；

　　　ρ_{w}——水在4℃时的密度，g/cm³；

　　　ρ_{d}——试样的干密度，g/cm³；

　　　G_{s}——试样的土粒相对密度，对于粗粒土，为土中粗细粒的混合相对密度；

　　　ω——试样的含水率，%；

6. 精密度或允许差

本试验含水率须进行两次平行测定，取其算术平均值。允许平行差值要求为，当含水率在5%以下，平行允许差值不超过0.3%；含水率在40%以下，平行允许差值不超过1%；含水率在40%以上，平行允许差值不超过2%。

试验4.5　挖坑灌砂测试压实度方法（T 0921—2019）

1. 目的与适用范围

本方法适用于现场测试基层或底基层、砂石路面及路基结构的压实度，以评价结构层的压实质量。本方法不适用于填石路堤等有大孔洞或大空隙的结构压实度测试。

2. 仪具与材料技术要求

① 灌砂设备：灌砂设备包括灌砂筒、标定罐和基板。

灌砂筒的选择：在测试前，应根据填料粒径及测试层厚度选择不同尺寸的灌砂筒，并符合表4-4的规定。

表4-4　灌砂筒类型　　　　　　　　　　　　　　　　单位：mm

灌砂筒类型	填料最大粒径	适宜的测试层厚度
$\phi 100$	＜13.2	≤150
$\phi 150$	＜31.5	≤200
$\phi 200$	＜63	≤300
$\phi 250$及以上	≤63	≤400

② 玻璃板：边长约500～600mm的方形板。

③ 试样盘和铝盒：小筒挖出的试样可用铝盒存放，大筒挖出的试样可用300mm×500mm×40mm的搪瓷试样盘存放。

④ 电子秤：分度值不大于1g。

⑤ 电子天平：用于含水率测试时，对细粒土、中粒土、粗粒土的分度值宜分别为0.01g、0.1g、1.0g。

⑥ 含水率测试设备：如铝盒、烘箱、微波炉等。

⑦ 量砂：粒径0.3～0.6mm清洁干燥的砂，约20～40kg。使用前须洗净、烘干、筛分至符合要求并放置24h以上，使其与空气的湿度达到平衡。

⑧ 盛砂的容器：塑料桶等。

⑨ 温度计：分度值不大于1℃。

⑩ 其他：凿子、改锥、铁锤、长把勺、长把小簸箕、毛刷等。

3. 方法与步骤

（1）准备工作

① 按照有关标准和规程对结构层填料进行击实试验，得到最大干密度ρ_c。

② 正确选用灌砂设备。

③ 标定灌砂设备下部圆锥体内砂的质量。

a. 在储砂筒的筒口高度上，向储砂筒内装砂至距筒顶距离为15mm±5mm。称取装入筒内砂的质量m_1，准确至1g。以后每次标定及试验都应该维持装砂高度与质量不变。

b. 将开关打开，让砂自由流出，并使流出砂的体积与标定罐的容积相当（或等于工地所挖试坑的体积），然后关上开关。

c. 不晃动储砂筒，轻轻地将灌砂筒移至玻璃板上，将开关打开，让砂流出，直到筒内的砂不再下流时，将开关关上，取走灌砂筒。

d. 称量留在玻璃板上的砂或称量储砂筒内砂的质量，准确至1g。玻璃板上的砂质量就是圆锥体内砂的质量（m_2）。

e. 重复上述测量三次，取其平均值。

④ 标定量砂的松方密度

a. 用15～25℃水确定标定罐的容积V，准确至1mL。

b. 在储砂筒中装入质量为m_1的砂，并将灌砂筒放在标定罐上，将开关打开，让砂流出。在整个流砂过程中，不要碰灌砂筒，直到储砂筒内的砂不再下流时，将开关关闭。取下灌砂筒，称取筒内剩余砂的质量（m_3），准确至1g。

c. 按下式计算填满标定罐所需砂的质量。

$$m_a = m_1 - m_2 - m_3 \tag{4-15}$$

式中　m_a——标定罐中砂的质量，g；

　　　m_1——装入储砂筒内砂的质量，g；

　　　m_2——灌砂筒下部圆锥体内砂的质量，g；

　　　m_3——灌砂入标定罐后，筒内剩余砂的质量，g。

　　d. 重复上述测量三次，取其平均值。

　　e. 按下式计算量砂的松方密度。

$$\rho_s = \frac{m_a}{V} \tag{4-16}$$

式中　ρ_s——量砂的松方密度，g/cm^3；

　　　V——标定罐的体积，cm^3。

（2）测试步骤

① 在试验地点，选一块平坦表面，将其清扫干净，面积不得小于基板面积。

② 将基板放在平坦表面上。当表面的粗糙度较大时，将盛有量砂（m_1）的灌砂筒放在基板中孔上，做好基板位置标识。将灌砂筒的开关打开，让砂流入基板中孔内，直到储砂筒内的砂不再下流时关闭开关。取下灌砂筒，并称量储砂筒内砂的质量（m_5），准确至1g。

③ 取走基板，收回留在试验地点未混入杂质的量砂，重新将表面清扫干净。

④ 将基板放回原处并固定，沿基板中孔凿洞（洞的直径与灌砂筒直径一致）。在凿洞过程中，不应使凿出的材料丢失，并随时将凿松的材料取出装入塑料袋中或大铝盒内密封，防止水分蒸发。试洞的深度应等于测试层厚度，但不得有下层材料混入。称取洞内材料质量m_w准确至1g。当需要测试厚度时，应先测量厚度后再称量材料总质量。

⑤ 从挖出的全部材料中取有代表性的试样，放在铝盒或洁净的搪瓷盘中，按照《公路土工试验规程》（JTG 3430—2020）的有关规定测试其含水率（ω）。单组取样数量如下：用小灌砂筒测试时，对于细粒土，不少于100g；对于各种中粒土，不少于500g。用中灌砂筒测试时，对于细粒土，不少于200g；对于各种中粒土，不少于1000g；对于粗粒土或水泥、石灰、粉煤灰等无机结合料稳定材料，宜将取出的材料全部烘干，且不少于2000g，称其质量（m_d）。用大型灌砂筒测试时，宜将取出的材料全部烘干，称其质量（m_d）。

⑥ 储砂筒内放满砂到要求质量m_1，将基板安放在试坑原位上。灌砂筒安放在基板中间，下口对准基板中孔，打开灌砂筒开关，让砂流入试坑内。在此期间，不应碰灌砂筒，直到储砂筒内的砂不再下流时，关闭开关。取走灌砂筒，并称量筒内剩余砂的质量（m_4），准确至1g。

⑦ 如清扫干净的平坦表面粗糙度不大，也可省去②和③的操作。在试洞挖好后，将灌砂筒直接对准试坑，中间不需要放基板。打开灌砂筒开关，让砂流入试坑内。在此期间，不应碰灌砂筒，直到储砂筒内的砂不再下流时，关闭开关。取走灌砂筒，并称量剩余砂的质量（m'_4），准确至1g。

⑧ 取出储砂筒内的量砂，以备下次试验时再用。

⑨ 取走基板，将留在试坑内未混入杂质的量砂收回；将坑内剩余量砂清理干净后，回填与被测结构同材质的填料，并用铁锤分3～4层夯实。

⑩ 回收的量砂烘干、过筛，并放置24h以上，使其与空气的湿度达到平衡后可以继续使用。若量砂中混有杂质，则应废弃。

4. 数据处理

（1）按式（4-17）计算填满试坑所用砂的质量

灌砂时，试坑上放有基板时：

$$m_b = m_1 - m_4 - (m_1 - m_5) \tag{4-17}$$

灌砂时，试坑上不放基板时：

$$m_b = m_1 - m_4' - m_2 \tag{4-18}$$

式中 m_b——填满试坑砂的质量，g；

        m_1——灌砂前灌砂筒内砂的质量，g；

        m_2——灌砂筒下部圆锥体内砂的质量，g；

   m_4、m_4'——灌砂后，储砂筒内剩余砂的质量，g。

   $(m_1 - m_5)$——灌砂筒下部圆锥体内及基板和粗糙表面间砂的合计质量，g。

（2）按式（4-19）计算试坑材料的湿密度

$$\rho_w = \frac{m_w}{m_b} \rho_s \tag{4-19}$$

式中 ρ_w——试坑材料的湿密度，g/cm³；

    m_w——试坑中取出的全部材料的质量，g；

    ρ_s——量砂的松方密度，g/cm³。

（3）按式（4-20）计算试坑材料的干密度

$$\rho_d = \frac{\rho_w}{1 + 0.01\omega} \tag{4-20}$$

式中 ρ_d——试坑材料的干密度，g/cm³；

    ω——试坑材料的含水率，%。

（4）当为水泥、石灰、粉煤灰等无机结合料稳定土时，可按式（4-21）计算密度

$$\rho_d = \frac{m_d}{m_b} \rho_s \tag{4-21}$$

式中 ρ_d——当为水泥、石灰、粉煤灰等无机结合料稳定土时的密度，g/cm³；

    m_d——试坑中取出的稳定土的烘干质量，g。

（5）按式（4-22）计算压实度

$$K = \frac{\rho_d}{\rho_c} \times 100\% \tag{4-22}$$

式中 ρ_d——试样的干密度，g/cm³；

    ρ_c——由击实等试验得到的最大干密度，g/cm³。

注：当试坑材料组成与击实试验的材料有较大差异时，可以试坑材料作标准击实，求取最大干密度。

各种材料的干密度均应准确至0.01g/cm³。

5. 文字描述

（筒+砂质量）−（剩余筒中砂质量−椎体砂重）=试坑里的砂质量；

试坑里的砂质量÷量砂密度=试坑体积；

湿土质量÷试坑体积=湿密度；

湿密度÷（1+含水率）=干密度；

干密度÷最大干密度=压实度。

最大干密度由前面试验得到。

试验4.6　水泥或石灰稳定土中水泥或石灰剂量的测定方法（EDTA滴定法）（T 0809—2009）

1.适用范围

本方法适用于在工地快速测定水泥和石灰稳定材料中水泥和石灰的剂量，并可用于检查现场拌和和摊铺的均匀性。

本办法适用于在水泥终凝之前的水泥含量测定，现场土样的石灰剂量应在路拌后尽快测试，否则需要用相应龄期的EDTA二钠标准溶液消耗量的标准曲线确定。

本方法也可以用来测定水泥和石灰综合稳定材料中结合料的剂量。

2.仪器设备

① 滴定管（酸式）：50mL，1支。

② 滴定台：1个。

③ 滴定管夹：1个。

④ 大肚移液管：10mL、50mL，10支。

⑤ 锥形瓶（即三角瓶）：200mL，20个。

⑥ 烧杯：2000mL（或1000mL），1只；300mL，10只。

⑦ 容量瓶：1000mL，1个。

⑧ 搪瓷杯：容量大于1200mL，10只。

⑨ 不锈钢棒（或粗玻璃棒）：10根。

⑩ 量筒：100mL和5mL，各1只；50mL，2只。

⑪ 棕色广口瓶：60mL，1只（装钙红指示剂）。

⑫ 电子天平：量程不小于1500g，感量0.01g。

⑬ 秒表：1只。

⑭ 表面皿：ϕ9cm，10个。

⑮ 研钵：ϕ12～13cm，1个。

⑯ 洗耳球：1个。

⑰ 精密试纸：pH12～14。

⑱ 聚乙烯桶：20L（装蒸馏水和氯化铵及EDTA二钠标准溶液），3个；5L（装氢氧化钠），1个；5L（大口桶），10个。

⑲ 毛刷、去污粉、吸水管、塑料勺、特种铅笔、厘米纸。

⑳ 洗瓶（塑料）：500mL，1只。

3.试剂

① 0.1mol/m³时乙二胺四乙酸二钠（EDTA二钠）标准溶液（简称EDTA二钠标准溶液）：准确称取EDTA二钠（分析纯）37.23g，用40～50℃的无二氧化碳蒸馏水溶解，待全部溶解并冷却至室温后，定容至1000mL。

② 10%氯化铵（NH₄Cl）溶液：将500g氯化铵（分析纯或化学纯）放在10L的聚乙烯桶内，

加蒸馏水4500mL，充分振荡，使氯化铵完全溶解。也可以分批在1000mL的烧杯内配制，然后倒入塑料桶内摇匀。

③ 1.8%氢氧化钠（内含三乙醇胺）溶液：用电子天平称18g氢氧化钠（NaOH）（分析纯），放入洁净干燥的1000mL烧杯中，加1000mL蒸馏水使其全部溶解，待溶液冷却至室温后，加入2mL三乙醇胺（分析纯），搅拌均匀后储于塑料桶中。

④ 钙红指示剂：将0.2g钙试剂羧酸钠与20g预先在105℃烘箱中烘1h的硫酸钾混合。一起放入研钵中，研成极细粉末，储于棕色广口瓶中，以防吸潮。

4. 准备标准曲线

① 取样：取工地用石灰和土，风干后用烘干法测其含水量（如为水泥，可假定含水量为0）。

② 混合料组成的计算：

a. 公式：干料质量＝湿料质量／（1+含水量）

b. 计算步骤：

（a）干混合料质量＝湿混合料质量／（1+最佳含水量）

（b）干土质量＝干混合料质量／（1+石灰或水泥剂量）

（c）干石灰或水泥质量＝干混合料质量－干土质量

（d）湿土质量＝干土质量×（1+土的风干含水量）

（e）湿石灰质量＝干石灰质量×（1+石灰的风干含水量）

（f）石灰土中应加入的水＝湿混合料质量－湿土质量－湿石灰质量

③ 准备5种试样，每种两个样品（以水泥稳定材料为例），如为水泥稳定中、粗粒土，每个样品取1000g左右（如为细粒土，则可称取300g左右）准备试验。为了减少中、粗粒土的离散，宜按设计级配单份掺配的方式备料。

5种混合料的水泥剂量应为：水泥剂量为0，最佳水泥剂量、最佳水泥剂量±2%和+4%，每种剂量取两个（为湿质量）试样，共10个试样，并分别放在10个大口聚乙烯桶（如为稳定细粒土，可用搪瓷杯或1000mL具塞三角瓶；如为粗粒土，可用5L的大口聚乙烯桶）内。土的含水量应等于工地预期达到的最佳含水量，土中所加的水应与工地所用的水相同。

④ 取一个盛有试样的盛样器，在盛样器内加入两倍试样质量（湿料质量）体积的10%氯化铵溶液（如湿料质量为300g，则氯化铵溶液为600mL；如湿料质量为1000g，则氯化铵溶液为2000mL）。料为300g，则搅拌3min（每分钟搅拌110～120次）；料为1000g，则搅拌5min。如用1000mL具塞三角瓶，则手握三角瓶（瓶口向上）用力振荡3min（每分钟120次±15次），以代替搅拌棒搅拌。放置沉淀10min，然后将上部清液转移到300mL烧杯内，搅匀，加盖表面皿待测。

⑤ 用移液管吸取上层（液面上1～2cm）悬浮液10.0mL放入200mL的三角瓶内，用量管量取1.8%氢氧化钠（内含三乙醇胺）溶液50mL倒入三角瓶中，此时溶液pH值为12.5～13.0（可用pH12～14精密试纸检验），然后加入钙红指示剂（质量约为0.2g），摇匀，溶液呈玫瑰红色。记录滴定管中EDTA二钠标准溶液的体积V_1，然后用EDTA二钠标准溶液滴定，边滴定边摇匀，并仔细观察溶液的颜色；在溶液颜色变为紫色时，放慢滴定速度，并摇匀；直到纯蓝色为终点，记录滴定管中EDTA二钠标准溶液体积V_2（以mL计，读至0.1mL）。计算V_1-V_2，即为EDTA二钠标准溶液的消耗量。

⑥ 对其他几个盛样器中的试样，用同样的方法进行试验，并记录各自的EDTA二钠标准溶液的消耗量。

⑦ 以同一水泥或石灰剂量稳定材料EDTA二钠标准溶液消耗量（mL）的平均值为纵坐标，

以水泥或石灰剂量（%）为横坐标制图。两者的关系应是一根顺滑的曲线，如图4-2所示。如素土、水泥或石灰改变，必须重做标准曲线。

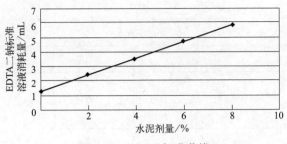

图4-2 EDTA标准曲线

5. 试验步骤

选取有代表性的无机结合料稳定材料，对稳定中、粗粒土取试样约3000g，对稳定细粒土取试样约1000g。

对水泥或石灰稳定细粒土，称300g放在搪瓷杯中，用搅拌棒将结块搅散，加10%氯化铵溶液600mL；对水泥或石灰稳定中、粗粒土，可直接称取1000g左右，放入10%氯化铵溶液2000mL，然后如前述步骤进行试验。

利用所绘制的标准曲线，根据EDTA二钠标准溶液消耗量，确定混合料中的水泥或石灰剂量。

6. 结果整理

本试验应进行两次平行测定，取算术平均值，精确至0.1mL。允许重复性误差不得大于均值的5%，否则，重新进行试验。

附表4.1 水泥稳定土击实试验报告

试验室名称：　　　　　　　　　　　　　　　　　　　　　　　　记录编号：

工程名称						
委托单位						
起讫桩号				试验日期		
试样描述				主要仪器		
试验地点						

筒号	/		筒容积/cm³		击实方法	轻型	击锤质量/kg	
落距		击实层数和次数			3层×25击	$>d_{max}$ 颗粒含量/%		

	试验次数	1	2	3	4	5
干密度	预计含水量/%					
	筒+湿试样质量/g					
	筒质量/g					
	湿试样质量/g					
	湿密度/(g/cm³)					
	干密度/(g/cm³)					

	盒+湿试样质量/g										
含水量	盒+干试样质量/g										
	盒质量/g										
	水质量/g										
	干试样质量/g										
	含水量/%										
	平均含水量/%										

最佳含水量：
最大干密度：

干密度与含水量关系曲线

（干密度/(g/cm³)：1.450、1.430、1.410；含水量/%：17、19、21、23、25、27）

备注

试验：　　　　　　　　校核：　　　　　　　　批准：

附表4.2 无侧限抗压强度试验原始记录表

试验室名称： 记录编号：

样品编号		混合料名称									
样品名称		样品的颗粒组成									
样品描述		石灰的等级									
水泥的种类和标号		最佳含水率									
最大干密度		试件压实度									
工程部位/用途		试件尺寸									
代表路段		掺配比例									
结合料剂量		试验依据									
主要仪器设备											
加载速度		委托日期									
设计强度		养生龄期									
试件号											
养生前试件质量 m_2											
浸水前试件质量 m_3											
浸水后试件质量											
养生期间的质量损失 m_2-m_3											
吸水量 m_1-m_3											
养生后试件高度 h											
试验的最大形变 g											
试件的最大压力 P											
无侧限抗压强度											
抗压强度平均值				标准差			变异系数			代表值	
备注											

试验： 审核： 签发： 日期： 年 月 日

附表4.3 石灰土的击实试验检测记录表

试验室名称 记录编号

工程部位/用途		委托/任务编号	
试验依据		样品编号	
样品描述		样品名称	
试验条件		试验日期	
主要仪器设备及编号			
粒径>40mm颗粒的含量/%		粒径>40mm颗粒毛体积比值	
粒径>40mm颗粒的吸水率/%		试验方法	

简容积/cm³			击锤质量/g		每层击数		落距/mm	
干密度	试验次数							
	筒+湿土质量/g							
	筒质量/g							
	湿土质量/g							
	湿密度/(g/cm³)							
	干密度/(g/cm³)							
含水率	盒号							
	盒+湿土质量/g							
	盒+干土质量/g							
	盒质量/g							
	水质量/g							
	干土质量/g							
	含水率/%							
	平均含水率/%							
最佳含水率 =								
最大干密度 =								

附表4.4 灌砂法测定基层压实度试验记录表

试验室名称：   记录编号：

任务单号		试验环境	
试验日期		试验设备	
试验规程		试验人员	
评定标准		复核人员	
施工单位		工程部位	
现场桩号		试样描述	

设计灰剂量： %		最大干密度： g/cm³		最佳含水量： %	
压实度标准： %		极值要求： %		结构层次：	

取样桩号						
量砂的单位重	g					
灌入试洞前桶内砂质量	g					
灌砂入试洞后桶内剩余砂质量	g					
灌砂桶下部圆锥体内及基板和地面粗糙表面间砂的合计质量	g					
填满试洞所需砂质量	g					
混合料湿质量	g					
混合料湿密度	g/cm³					
混合料含水量	%					
混合料干密度	g/cm³					
取用最大干密度	g/cm³					
压实度	%					

	盒号						
	盒+湿料重/g						
	盒+干料重/g						
含水量测定	盒重/g						
	水重/g						
	干料重/g						
	含水量/%						
	平均含水量/%						

检测点数	合格点数	小于极值点数	合格率/%	标准差	代表值/%	变异系数/%

结论：	

附表4.5 水泥（石灰、粉煤灰）稳定土灰剂量－最大干密度标准曲线试验检测报告

试验室名称 记录编号

委托单位/委托人		委托/任务编号	
工程名称		样品编号	
工程部位/用途		样品名称	
样品型号规格		样品描述	
试验依据		判断依据	
主要仪器设备及编号			
产地		代表数量	

检测结果

标准曲线

石灰剂量设计值/%								
最大干密度/（g/cm³）								

备注	
报告说明	

试验： 审核： 签发： 日期：

附表4.6 水泥（石灰）稳定土中水泥（石灰）剂量-EDTA标准曲线图

试验室名称　　　　　　　　　　　　　　　　　　　　　记录编号

工程部位/用途		委托/任务编号	
试验依据		样品编号	
样品描述		样品名称	
试验条件		试验日期	

主要仪器设备及编号

水泥（石灰）剂量设计值（%）	瓶号	试样质量/g	V_1/mL	V_2/mL	EDTA二钠标准溶液消耗量	EDTA二钠标准溶液消耗量平均值/mL	备注

石灰剂量-EDTA消耗关系曲线

备注	/

五、钢材的检测

试验5.1　钢筋拉伸试验

执行标准：GB/T 228.1—2021

试验室温度：10 ～ 35℃

1. 目的和适用范围

本试验方法适用于热轧直条光圆和带肋钢筋的级别、代号、尺寸、外形、重量、技术要求。

2. 仪器设备

① 万能材料试验机；

② 游标卡尺（0 ～ 150mm），精度0.015mm；

③ 钢筋打点标距仪或手锉刀。

3. 试验操作

① 测定钢筋的直径、钢筋截面积和重量，见表5-1，钢筋力学及工艺性能要求见表5-2。

表5-1　混凝土用钢筋直径、截面积和重量

公称直径/mm	公称截面积/mm²	公称重量/（kg/m）	公称直径/mm	公称截面积/mm²	公称重量/（kg/m）
8	50.27	0.395	20	314.2	2.47
10	78.54	0.617	22	380.1	2.98
12	113.1	0.888	25	490.9	3.85
14	153.9	1.21	28	615.8	483
16	201.1	1.58	32	804.2	6.31
18	254.5	2.00	—	—	—

表5-2　钢筋力学及工艺性能要求

表面形状	钢筋级别	强度等级代号	公称直径/mm	屈服点 Q_s/Mpa	抗拉强度 Q_b/Mpa	伸长率 g/%	冷弯
光面	I	R235	8 ～ 20	≥235	≥370	≥25	180° $d=a$
月牙肋	II	RL335	8 ～ 25	≥335	≥510	≥16	180° $d=3a$
月牙肋	II	RL335	28 ～ 40	≥335	≥490	≥16	180° $d=4a$
月牙肋	III	RL400	8 ～ 25	≥400	≥570	≥14	90° $d=3a$
月牙肋	III	RL400	28 ～ 40	≥400	≥570	≥14	90° $d=4a$
等高肋	IV	RL540	10 ～ 25	≥540	≥835	≥10	90° $d=5a$
等高肋	IV	RL540	28 ～ 32	≥540	≥835	≥10	90° $d=6a$

注：d 为弯心直径，a 为钢筋公称直径。

② 试样标距标记和测量：原始标距 L_0 的两端应使用细小的点或线进行标记，但不能使其过早断裂。

③ 按试样尺寸及截面积、强度等级选择万能材料试验机度盘量程。

④ 将试样安装上夹头，上下夹头必须持紧在试验机夹具上方可开始试验。试验速度应根据材料性质和试验目的确定。

⑤ 测定钢筋的屈服强度时，屈服前的应力速率按表5-3保持试验机控制器固定于速率位置，直至该性能测出。

表5-3 金属材料的弹性模量及应力速率

金属材料的弹性模量/MPa	应力速率/（MPa/s）	
	最小	最大
< 150000	1	10
≥ 150000	3	30

⑥ 测定下屈服点时，平行长度内的应变速率应在（0.00025 ～ 0.0025）s⁻¹之间，并应尽可能保持恒定。

⑦ 屈服过后测定抗拉强度，试验机两夹头在力作用下的分离速率应不超过 0.52c/min（c 是拉伸前试验机上下夹头之间的距离），试样拉至断裂，从测力度盘上读取最大力的读数。

⑧ 试样拉断后，将其断裂部分在断裂处紧密对接在一起，尽量使其轴线位于一条直线上，如拉断处形成缝隙，则此缝隙应计入试样拉断后的标距内。

⑨ 测量延伸率：用钢直尺按两点标距进行测量。

4. 结果分析

（1）横截面积按下式计算

$$S_0 = \frac{1}{4}\pi d_0^2 \tag{5-1}$$

式中 S_0——试样的原始横截面积。

（2）上屈服点或下屈服点分别按下式计算

$$Q_S = \frac{F_S}{S_0} \tag{5-2}$$

式中 Q_S——屈服点；
F_S——屈服力。

$$Q_{su} = \frac{F_{su}}{S_0} \tag{5-3}$$

式中 Q_{su}——上屈服点；
F_{su}——上屈服力。

$$Q_{SL} = \frac{F_{SL}}{S_0} \tag{5-4}$$

式中 Q_{SL}——下屈服点；
F_{SL}——下屈服力。

（3）抗拉强度的计算按下式

$$Q_b = \frac{F_b}{S_0} \tag{5-5}$$

式中 Q_b——抗拉强度；
F_b——最大力。

（4）试样断后伸长率按下式计算

$$\delta = \frac{L_1 - L_0}{L_0} \times 100\% \tag{5-6}$$

式中　L_0——试件原标距长度，mm；

　　　L_1——试件拉断后标距间的长度，mm；

　　　δ——伸长率。

5. 试验出现下列情况之一者，试验结果无效

① 试样在标距上或标距外裂隙；

② 试验由于操作不当，如试样夹偏而造成性能不符合规定要求；

③ 试验后试样出现两个或两个以上缩颈；

④ 试验中记录有误或设备仪器发生故障影响结果准确性，遇有试验结果作废时应补做试验；

⑤ 试验后试样上显示出冶金缺陷（如分层、气泡、夹渣及缩孔等），应在试验记录及报告中注明。

6. 数据处理

① 屈服强度、抗拉强度值修约5MPa；伸长率如≤10%修约到0.5%，＞10%修约到1%。

② 修约按四舍六入五成双法（奇数则进一，偶数则舍弃）进行。

③ 修约法为：尾数≤2.5，修约为0，尾数＞2.5且＜7.5者修约为5，尾数≥7.5者修约为10。

试验5.3　钢筋弯曲试验

执行标准：GB/T 232—2010

试验室温度：10～35℃

1. 目的和适用范围

本试验方法适用于混凝土用钢筋承受规定弯曲角度的弯曲变形性能。

2. 仪器设备

① 万能材料试验机。

② 抗弯曲支辊（支辊间的距离可以调节）。

③ 冷弯冲头：$\phi 8$、$\phi 10$、$\phi 12$、$\phi 14$、$\phi 16$、$\phi 18$、$\phi 20$、$\phi 22$、$\phi 25$、$\phi 28$、$\phi 32$。

3. 试验操作

① 弯曲试样长度根据试样直径和弯曲试验装置而定，通常按下式确定试样长度：$L \approx 5a + 150\text{mm}$。

② 试样放置在试验机上，两支辊间距为（$d + 2.5a$）±0.5mm，试验时平稳压力作用下缓慢施加试验力。

③ 弯心直径必须符合有关标准的规定，弯心宽度必须大于试样的宽度或直径，两支辊间距在试验过程中不允许有变化。

4. 结果分析

① 完好：试样弯曲处的外表面金属基体上无肉眼可见因弯曲变形产生缺陷的称为完好。

② 微裂纹：试样弯曲外表面金属基体上出现细小裂纹，其长度不大于2mm，宽度不大于0.2mm时称为微裂纹。

③ 裂纹：试样弯曲外表面金属基体上出现开裂，其长度大于5mm，宽度大于0.5mm时称为裂缝。

④ 裂断：试样弯曲外表面出现沿宽度贯穿的开裂，其深度超过试样厚度的三分之一时称为裂断。

附表5.1 钢筋原材试验检测记录表

试验室名称：　　　　　　　　　　　　　　　　　　　　　　　　记录编号：

工程部位/用途			委托/任务编号		
试验依据			样品编号		
样品描述			样品名称		
试验条件			试验日期		
主要仪器设备及编号					
钢筋牌号					
拉伸	试样编号				
	公称直径 d/mm				
	截面积 S_0/mm^2				
	标距 L_0/mm				
	拉伸荷载/kN	屈服荷载			
		最大力 F_m			
	强度/MPa	屈服强度 R_e			
		抗拉强度 R_m			
	伸长率	断后标距 L_u/mm			
		断后拉伸率 A/%			
	断口形式				
冷弯	试样编号				
	弯曲直径 d/mm				
	弯曲角度 α/(°)				
	结果				
备注					

试验：　　　　　　　　　复核：　　　　　　　　　日期：　　年　　月　　日

附表5.2 钢筋原材试验检测报告

试验室名称：　　　　　　　　　　　　　　　　　　　　　记录编号：

委托单位/委托人		委托/任务编号	
工程名称		样品编号	
工程部位/用途		样品名称	
样品型号规格		样品描述	
试验依据		判断依据	
主要仪器设备及编号			
生产厂家		代表数量	

检测结果											
批号	样品编号	公称直径/mm	质量偏差/%		屈服强度/MPa		抗拉强度/MPa		断后伸长率/%		弯曲结果	结果判定
			技术指标	检测结果	技术指标	检测结果	技术指标	检测结果	技术指标	检测结果		
结论												
备注												

试验：　　　　　审核：　　　　　签发：　　　　　日期：　　年　　月　　日

附表5.3 _____省_____公路_____工程项目

承包单位_____ 合同号_____
监理单位_____ 编 号_____

建筑材料报验单

| 致（试验监理工程师）_____：
下列建筑材料经自检试验符合技术规范要求，报请验证，并准予进场。
附件：1. 材料出厂质量保证书
　　　2. 材料自检试验报告

　　　　　　　　　　　　　　　　　　　　承包人： 　　　　　年　 月　 日 |

材料名称		热轧带肋钢筋	热轧带肋钢筋	热轧带肋钢筋
材料来源、产地				
材料规格				
用途（用在何工程或部位）				
本批材料数量				
承包人的试验	试样来源			
	取样方式			
	试样数量			
	取样地点、日期			
	试验日期、操作人			
	试验结果			
材料预计进场日期				

致（承包人）：_____：

　　我证明上述材料的取样、试验等是符合／不符合合同要求的，经抽验复查，试验的结果表明，这些材料符合／不符合合同技术规范要求，可以／不可以进场，在指定工程部位上使用。

　　　　　　　　　　　　　　　　　　试验监理工程师： 　　　　　年　 月　 日

六、沥青及沥青混合料的检测

试验6.3 沥青针入度试验（T 0604—2011）

1. 目的与适用范围

本方法适用于测定道路石油沥青、聚合物改性沥青针入度以及液体石油沥青蒸馏或乳化沥青蒸发后残留物的针入度，以0.1mm计。其标准试验条件为25℃，荷重100g，贯入时间5s。

针入度指数PI用以描述沥青的温度敏感性，宜在15℃、25℃、30℃等3个或3个以上温度条件下测定针入度后按规定的方法计算得到，若30℃时的针入度值过大，可采用5℃代替。当量软化点T_{800}是相当于沥青针入度为800时的温度，用以评价沥青的高温稳定性。当量脆点$T_{1.2}$是相当于沥青针入度为1.2时的温度，用以评价沥青的低温抗裂性能。

2. 仪具与材料

① 针入度仪：为提高测试精度，针入度试验宜采用能够自动计时的针入度仪进行测定，要求针和针连杆必须在无明显摩擦下垂直运动，针的贯入深度必须准确至0.1mm。针和针连杆组合件总质量为50g±0.05g，另附50g±0.05g砝码一只，试验时总质量为100g±0.05g。仪器应有放置平底玻璃保温皿的平台，并有调节水平的装置，针连杆应与平台相垂直。应有针连杆制动按钮，使针连杆可自由下落。针连杆应易于装拆，以便检查其质量。仪器还设有可自由转动与调节距离的悬臂，其端部有一面小镜或聚光灯泡，借以观察针尖与试样表面接触情况。且应对自动装置的准确性经常校验。当采用其他试验条件时，应在试验结果中注明。

② 标准针：由硬化回火的不锈钢制成，洛氏硬度HRC54～60，表面粗糙度Ra0.2～0.3μm，针及针杆总质量2.5g±0.05g。针杆上应打印有号码标志。针应设有固定用装置盒（筒），以免碰撞针尖，每根针必须附有计量部门的检验单，并定期进行检验。

③ 盛样皿：金属制，圆柱形平底。小盛样皿的内径55mm，深35mm（适用于针入度小于200的试样）；大盛样皿内径70mm，深45mm（适用于针入度为200～350的试样）；对针入度大于350的试样需使用特殊盛样皿，其深度不小于60mm，试样体积不少于125mL。

④ 恒温水槽：容量不少于10L，控温的准确度为0.1℃。水槽中应设有一带孔的搁架，位于水面下不得少于100mm，距水槽底不得少于50mm处。

⑤ 平底玻璃皿：容量不小于1L，深度不小于80mm。内设有一不锈钢三脚支架，能使盛样皿稳定。

⑥ 温度计或温度传感器：精度为0.1℃。

⑦ 计时器：精度为0.1s。

⑧ 位移计或位移传感器：精度为0.1mm。

⑨ 盛样皿盖：平板玻璃，直径不小于盛样皿开口尺寸。

⑩ 溶剂：三氯乙烯等。

⑪ 其他：电炉或砂浴、石棉网、金属锅或瓷把坩埚等。

3. 方法与步骤

（1）准备工作

① 准备试样。

② 按试验要求将恒温水槽调节到要求的试验温度25℃，或15℃、30℃（5℃），保持稳定。

③ 将试样注入盛样皿中，试样高度应超过预计针入度值10mm，并盖上盛样皿，以防落入灰

尘。盛有试样的盛样皿在15～30℃室温中冷却不少于1.5h（小盛样皿）、2h（大盛样皿）或3h（特殊盛样皿）后，应移入保持规定试验温度±0.1℃的恒温水槽中，并应保温不少于1.5h（小盛样皿）、2h（大试样皿）或2.5h（特殊盛样皿）。

④ 调整针入度仪使之水平。检查针连杆和导轨，以确认无水和其他外来物，无明显摩擦。用三氯乙烯或其他溶剂清洗标准针，并擦干。将标准针插入针连杆，用螺钉固紧。按试验条件，加上附加砝码。

（2）试验步骤

① 取出达到恒温的盛样皿，并移入水温控制在试验温度±0.1℃（可用恒温水槽中的水）的平底玻璃皿中的三脚支架上，试样表面以上的水层深度不小于10mm。

② 将盛有试样的平底玻璃皿置于针入度仪的平台上。慢慢放下针连杆，用适当位置的反光镜或灯光反射观察，使针尖恰好与试样表面接触，将位移计或刻度盘指针复位为零。

③ 开始试验，按下释放键，这时计时与标准针落下贯入试样同时开始，至5s时自动停止。

④ 读取位移计或刻度盘指针的读数，准确至0.1mm。

⑤ 同一试样平行试验至少3次，各测试点之间及与盛样皿边缘的距离不应小于10mm。每次试验后应将盛有盛样皿的平底玻璃皿放入恒温水槽，使平底玻璃皿中水温保持试验温度。每次试验应换一根干净标准针或将标准针取下用蘸有三氯乙烯溶剂的棉花或布揩净，再用干棉花或布擦干。

⑥ 测定针入度大于200的沥青试样时，至少用3支标准针，每次试验后将针留在试样中，直至3次平行试验完成后，才能将标准针取出。

⑦ 测定针入度指数PI时，按同样的方法在15℃、25℃、30℃（或5℃）3个或3个以上（必要时增加10℃、20℃等）温度条件下分别测定沥青的针入度，但用于仲裁试验的温度条件应为5个。

4. 计算

根据测试结果可按以下方法计算针入度指数。

① 将3个或3个以上不同温度条件下测试的针入度值取对数，令$y=\lg P$，$x=T$，按式（6-1）的针入度对数与温度的直线关系，进行$y=a+bx$一元一次方程的直线回归，求取针入度温度指数$A_{\lg Pen}$。

$$\lg P = K + A_{\lg Pen} T \tag{6-1}$$

式中　　$\lg P$——不同温度条件下测得的针入度值的对数；

　　　　T——试验温度，℃；

　　　　K——回归方程的常数项a；

　　$A_{\lg Pen}$——回归方程的系数b。

按式（6-1）回归时必须进行相关性检验，直线回归相关系数R不得小于0.997（置信度95%），否则，试验无效。

② 按式（6-2）确定沥青的针入度指数，并记为PI：

$$PI = \frac{20 - 500 A_{\lg Pen}}{1 + 50 A_{\lg Pen}} \tag{6-2}$$

5. 报告

① 应报告标准温度（25℃）时的针入度以及其他试验温度T所对应的针入度，及由此求取针入度指数PI、当量软化点T_{800}、当量脆点$T_{1.2}$的方法和结果。当采用公式计算法时，应报告按式（6-1）回归的直线相关系数R。

② 同一试样3次平行试验结果的最大值和最小值之差在下列允许误差范围内时，计算3次试验结果的平均值，取整数作为针入度试验结果，以0.1mm计。

针入度（0.1mm）	允许误差（0.1mm）
0 ～ 49	2
50 ～ 149	4
150 ～ 249	12
250 ～ 500	20

当试验值不符合此要求时，应重新进行试验。

6. 允许误差

① 当试验结果小于50（0.1mm）时，重复性试验的允许误差为2（0.1mm），再现性试验的允许误差为4（0.1mm）。

② 当试验结果大于或等于50（0.1mm）时，重复性试验的允许误差为平均值的4%，再现性试验的允许误差为平均值的8%。

试验6.4　沥青软化点试验（T 0606—2011）（环球法）

1. 目的和适用范围

本方法适用于测定道路石油沥青、煤沥青、液体石油沥青和乳化沥青蒸发后残留物等材料的软化点。

2. 仪具与材料

本试验需要下列仪具与材料：

① 软化点试验仪，由下列附件组成，见图6-4。

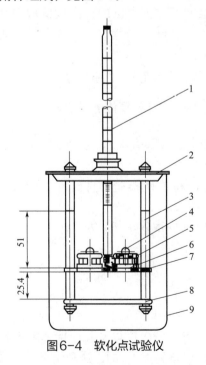

图6-4　软化点试验仪

1—温度计；2—上盖板；3—立杆；4—钢球；5—钢球定位环；6—金属环；7—中层板；8—下底板；9—烧杯

a. 钢球：直径9.53mm，质量（3.5±0.05）g。

b. 试样环：黄铜或不锈钢等制成。

c. 钢球定位环：黄铜或不锈钢制成。

d. 金属支架：由两个主杆和三层平行的金属板组成。上层为一圆盘，直径略大于烧杯直径。中间有一圆孔，用以插放温度计。中层板板上有两个孔，准备放置金属环，中间有一小孔可支持温度计的测温端部。一侧立杆距环上面51mm处刻有水高标记。环下面距下层底板为25.4mm，而下底板距烧杯底不少于12.7mm，也不得大于19mm。三层金属板和两个主杆由两螺母固定在一起。

e. 耐热玻璃烧杯：容量800～1000mL，直径不少于86mm，高不少于120mm。

f. 温度计：0～80℃，分度0.5℃。

② 装有温度调节器的电炉或其他加热炉具（液化石油气、天然气等）。应采用带有振荡搅拌器的加热电炉，振荡子置于烧杯底部。

③ 当采用自动软化点仪时，各项要求应与①及②相同，温度采用温度传感器测定，并能自动显示或记录，且应对自动装置的准确性经常校验。

④ 试样底板：金属板（表面粗糙度应达Ra0.8μm）或玻璃板。

⑤ 恒温水槽：控温的准确度为±0.5℃。

⑥ 平直刮刀。

⑦ 甘油、滑石粉隔离剂（甘油与滑石粉的质量比为2：1）。

⑧ 蒸馏水或纯净水。

⑨ 其他：石棉网。

3. 方法与步骤

（1）准备工作

将试样环置于涂有甘油滑石粉隔离剂的试样底板上，将准备好的沥青试样徐徐注入试样环内至略高出环面为止。如估计试样软化点高于120℃，则试样环和试样底板（不用玻璃板）均应预热至80～100℃。

试样在室温冷却30min后，用环夹夹着试样杯，并用热刮刀刮除环面上的试样，应使与环面齐平。

（2）试验步骤

① 试样软化点在80℃以下者：

将装有试样的试样环连同试样底板置于装有（5±0.5）℃的保温槽冷水中至少15min；同时将金属支架、钢球、钢球定位环等亦置于相同水槽中。

烧杯内注入新煮沸并冷却至5℃的蒸馏水，水面略低于立杆上的深度标记。

从保温槽水中取出盛有试样的试样环放置在支架中层板的圆孔中，套上定位环；然后将整个环架放入烧杯中，调整水面至深度标记，并保持水温为（5±0.5）℃。注意，环架上任何部分不得附有气泡。将0～80℃的温度计由上层板中心孔垂直插入，使端部测温头底部与试样环下面齐平。

将盛有水和环架的烧杯移至放有石棉网的加热炉具上，然后将钢球放在定位环中间的试样中央，立即加热，使杯中水温在3min内调节至维持每分钟上升（5±0.5）℃。注意，在加热过程中，如温度上升速度超出此范围时，则试验应重做。

试样受热软化逐渐下坠，至与下层底板表面接触时，立即读取温度，准确至0.5℃。

② 试样软化点在80℃以上者：

将装有试样的试样环连同试样底板置于装有（32±1）℃甘油的保温槽中至少15min；同时将金属支架、钢球、钢球定位环等亦置于甘油中。

在烧杯内注入预先加热至32℃的甘油，其液面略低于立杆上的深度标记。

从保温槽中取出装有试样的试样环按上述①的方法进行测定，读取温度至1℃。

4. 报告

同一试样平行试验两次，当两次测定值的差值符合重复性试验精度要求时，取其平均值作为软化点试验结果，准确至0.5℃。

5. 精密度或允许差

当试样软化点小于80℃时，重复性试验精度的允许差为1℃，再现性试验精度的允许差为4℃。

当试样软化点等于或大于80℃时，重复性试验精度的允许差为2℃，再现性试验精度的允许差为8℃。

试验6.5 沥青延度试验（T 0605—2011）

1. 目的与适用范围

本方法适用于测定道路石油沥青、液体沥青蒸馏残留物和乳化沥青蒸发残留物等材料的延度。

沥青延度的试验温度与拉伸速率可根据要求采用，通常采用的试验温度为25℃、15℃、10℃或5℃，拉伸速度为5cm/min ± 0.25cm/min。当低温采用1cm/min ± 0.05cm/min拉伸速度时，应在报告中注明。

2. 仪具与材料

① 延度仪：将试件浸没于水中，能保持规定的试验温度及按照规定拉伸试件且试验时无明显振动的延度仪均可使用。

② 试模：黄铜制，由两个端模和两个侧模组成。试模内侧表面粗糙度Ra0.2μm。

③ 试模底板：玻璃板或磨光的铜板、不锈钢板（表面粗糙度Ra0.2μm）。

④ 恒温水槽：容量不少于10L，控制温度的准确度0.1℃，水槽中应设有带孔搁架，搁架距水槽不得少于50mm。试件浸入水中深度不小于100mm。

⑤ 温度计0 ～ 50℃，分度为0.1℃。

⑥ 砂浴或其他加热炉具。

⑦ 甘油滑石粉隔离剂（甘油与滑石粉的质量比2 ∶ 1）。

⑧ 其他：平刮刀、石棉网、酒精、食盐等。

3. 方法与步骤

（1）准备工作

① 将隔离剂拌和均匀，涂于清洁干燥的试模底板和两个侧模的内侧表面，并将试模在试模底板上装妥。

② 按规定方法准备试样，然后将试样仔细自试模的一端至另一端往返数次缓缓注入模中，最后略高出试模，灌模时应注意勿使气泡混入。

③ 试件在室温中冷却30 ～ 40min，然后置于规定试验温度 ± 0.1℃的恒温水槽中，保持30min后取出，用热刮刀刮除高出试模的沥青，使沥青面与试模面齐平。沥青的刮法应自试模的中间刮向两端，且表面应刮得平滑。将试模连同底板再浸入规定试验温度的水槽中1 ～ 1.5h。

④ 检查延度仪延伸速度是否符合规定要求，然后移动滑板使其指针正对标尺的零点。将延度仪注水，并保温达试验温度 ± 0.5℃。

（2）试验步骤

① 将保温后的试件连同底板移入延度仪的水槽中，然后将盛有试样的试模自玻璃板或不锈钢板上取下，将试模两端的孔分别套在滑板及槽端固定板的金属柱上，并取下侧模。水面距试件表面应不小于25mm。

② 开动延度仪，并注意观察试样的延伸情况。此时应注意，在试验过程中，水温应始终保持在试验温度规定范围内，且仪器不得有振动，水面不得有晃动，当水槽采用循环水时，应暂时中断循环，停止水流。

在试验中，如发现沥青细丝浮于水面或沉入槽底时，则应在水中加入酒精或食盐，调整水的密度至与试样相近后，重新试验。

③ 试件拉断时，读取指针所指标尺上的读数，以cm表示，在正常情况下，试件延伸时应呈锥尖状，拉断时实际断面接近于零。如不能得到这种结果，则应在报告中注明。

4. 报告

同一试样，每次平行试验不少于3个，如3个测定结果均大于100cm，试验结果记作"＞100cm"；特殊需要也可分别记录实测值。如3个测定结果中，有一个以上的测定值小于100cm时，若最大值或最小值与平均值之差满足重复性试验精密度要求，则取3个测定结果的平均值的整数作为延度试验结果，若平均值大于100cm，记作"＞100cm"；若最大值或最小值与平均值之差不符合重复性试验精密度要求时，试验应重新进行。

5. 精密度或允许差

当试验结果小于100cm时，重复性试验的允许差为平均值的20%；再现性试验的允许差为平均值的30%。

试验6.8　沥青混合料马歇尔稳定度试验（T 0709—2011）

1. 目的与适用范围

本方法适用于马歇尔稳定度试验和浸水马歇尔稳定度试验，以进行沥青混合料的配合比设计或沥青路面施工质量检验。浸水马歇尔稳定度试验（根据需要，也可进行真空饱水马歇尔试验）供检验沥青混合料受水损害时抵抗剥落的能力时使用，通过测试其水稳定性检验配合比设计的可行性。

本方法适用于按试验6.7成型的标准马歇尔试件圆柱体和大型马歇尔试件圆柱体。

2. 仪具与材料技术要求

① 沥青混合料马歇尔试验仪：分为自动式和手动式。自动马歇尔试验仪应具备控制装置、记录荷载-位移曲线、自动测定荷载与试件的垂直变形，能自动显示和存储或打印试验结果等功能。手动式由人工操作，试验数据通过操作者目测后读取数据。

对用于高速公路和一级公路的沥青混合料宜采用自动马歇尔试验仪。

a. 当集料公称最大粒径小于或等于26.5mm时，宜采用ϕ101.66mm×63.5mm的标准马歇尔试件，试验仪最大荷载不得小于25kN，读数准确至0.1kN，加载速率应能保持50mm/min±5mm/min。钢球直径16mm±0.05mm，上下压头曲率半径为50.8mm±0.08mm。

b. 当集料公称最大粒径大于26.5mm时，宜采用ϕ152.4mm×95.3mm大型马歇尔件，试验仪最大荷载不得小于50kN，读数准确至0.1kN。上下压头的曲率内径为ϕ152.4mm±0.2mm，上下压头间距19.05mm±0.1mm。

② 恒温水槽：控温准确至1℃，深度不小于150mm。

③ 真空饱水容器：包括真空泵及真空干燥器。

④ 烘箱。

⑤ 天平：感量不大于0.1g。

⑥ 温度计：分度值1℃。

⑦ 卡尺。

⑧ 其他：棉纱、黄油。

3. 标准马歇尔试验方法

（1）准备工作

① 按标准击实法成型马歇尔试件，标准马歇尔试件尺寸应符合直径101.6mm±0.2mm、高63.5mm±1.3mm的要求。对大型马歇尔试件，尺寸应符合直径152.4mm±0.2mm、高95.3mm±2.5mm的要求。一组试件的数量不得少于4个，并符合规定。

② 量测试件的直径及高度：用卡尺测量试件中部的直径，用马歇尔试件高度测定器或用卡尺在十字对称的4个方向量测离试件边缘10mm处的高度，准确至0.1mm，并以其平均值作为试件的高度。如试件高度不符合63.5mm±1.3mm或95.3mm±2.5mm要求或两侧高度差大于2mm，此试件应作废。

③ 按规定的方法测定试件的密度，并计算空隙率、沥青体积分数、沥青饱和度、矿料间隙率等体积指标。

④ 将恒温水槽调节至要求的试验温度，对黏稠石油沥青或烘箱养生过的乳化沥青混合料为60℃±1℃，对煤沥青混合料为33.8℃±1℃，对空气养生的乳化沥青或液体沥青混合料为25±1℃。

（2）试验步骤

① 将试件置于已达规定温度的恒温水槽中保温，保温时间对标准马歇尔试件需30～40min，对大型马歇尔试件需45～60min。试件之间应有间隔，底下应垫起，距水槽底部不小于5cm。

② 将马歇尔试验仪的上下压头放入水槽或烘箱中达到同样温度。将上下压头从水槽或烘箱中取出擦拭干净内面。为使上下压头滑动自如，可在下压头的导棒上涂少量黄油。再将试件取出置于下压头上，盖上上压头，然后装在加载设备上。

③ 在上压头的球座上放妥钢球，并对准荷载测定装置的压头。

④ 当采用自动马歇尔试验仪时，将自动马歇尔试验仪的压力传感器、位移传感器与计算机或X-Y记录仪正确连接，调整好适宜的放大比例，压力和位移传感器调零。

⑤ 当采用压力环和流值计时，将流值计安装在导棒上，使导向套管轻轻地压住上压头，同时将流值计读数调零。调整压力环中百分表，对零。

⑥ 启动加载设备，使试件承受荷载，加载速度为50mm/min±5mm/min。计算机或X-Y记录仪自动记录传感器压力和试件变形曲线并将数据自动存入计算机。

⑦ 当试验荷载达到最大值的瞬间，取下流值计，同时读取压力环中百分表读数及流值计的流值读数。

⑧ 从恒温水槽中取出试件至测出最大荷载值的时间，不得超过30s。

4. 浸水马歇尔试验方法

浸水马歇尔试验方法与标准马歇尔试验方法的不同之处在于，试件在已达规定温度恒温水槽中的保温时间为48h，其余步骤均与标准马歇尔试验方法相同。

5. 真空饱水马歇尔试验方法

试件先放人真空干燥器中，关闭进水胶管，开动真空泵，使干燥器的真空度达到97.3kPa（730mmHg）以上，维持15min；然后打开进水胶管，靠负压进入冷水流使试件全部浸入水中，浸水15min后恢复常压，取出试件再放入已达规定温度的恒温水槽中保温48h。其余均与标准马歇尔试验方法相同。

6. 计算

（1）试件的稳定度及流值

① 当采用自动马歇尔试验仪时，将计算机采集的数据绘制成压力和试件变形曲线，或由 X-Y 记录仪自动记录的荷载-变形曲线，以mm计，准确至0.1mm。最大荷载即为稳定度（MS），以 kN计，准确至0.01kN。

② 采用压力环和流值计测定时，根据压力环标定曲线，将压力环中百分表的读数换算为荷载值，或者由荷载测定装置读取的最大值即为试样的稳定度（MS），以kN计，准确至0.01kN。由流值计及位移传感器测定装置读取的试件垂直变形，即为试件的流值（FL），以mm计，准确至0.1mm。

（2）试件的马歇尔模数按式（6-4）计算

$$T = MS/FL \tag{6-4}$$

式中　T——试件的马歇尔模数，kN/mm；

　　MS——试件的稳定度，kN；

　　FL——试件的流值，mm。

（3）试件的浸水残留稳定度按式（6-5）计算

$$MS_0 = MS_1/MS \tag{6-5}$$

式中　MS_0——试件的浸水残留稳定度，%；

　　MS_1——试件浸水48小时后的稳定度，kN。

（4）试件的真空饱水残留稳定度按式（6-6）计算

$$MS_0' = MS_2/MS \tag{6-6}$$

式中　MS_0'——试件的真空饱水残留稳定度，%；

　　MS_2——试件真空饱水后浸水48h后的稳定度，kN。

7. 报告

当一组测定值中某个测定值与平均值之差大于标准差的 k 倍时，该测定值应予舍弃，并以其余测定值的平均值作为试验结果。当试件数目 n 为 3、4、5、6 个时，k 值分别为1.15、1.46、1.67、1.82。

报告中需列出马歇尔稳定度、流值、马歇尔模数，以及试件尺寸、密度、空隙率、沥青用量、沥青体积分数、沥青饱和度、矿料间隙率等各项物理指标。当采用自动马歇尔试验时，试验结果应附上荷载-变形曲线原件或自动打印结果。

试验6.10　SUP13沥青混合料生产配合比设计计算书

1. 设计依据

1.1《公路沥青路面施工技术规范》（JTG F 40—2004）

1.2《公路工程沥青及沥青混合料试验规程》（JTG E 20—2011）

1.3《公路工程集料试验规程》（JTG E 42—2005）

1.4《江苏省高速公路沥青路面施工技术规范》（DB32/T 1087—2008）

1.5《施工设计图纸》

1.6《高性能沥青路面（Superpave）基础参考手册》

2. 级配技术要求

表6-5　Sup-13沥青混合料矿料级配范围

筛孔	31.5	26.5	19.0	16.0	13.2	9.5	4.75	2.36	1.18	0.6	0.3	0.15	0.075
级配上限	—	—	—	—		—		—	—	—			
级配下限	—	—	—		—	—			—				
限制区最小下限	—	—	—	—	—	—						—	—
限制区最大上限	—	—	—	—	—	—						—	—

3. 生产配合比调试

拌和楼配备的热料振动筛网分别为22mm、11mm、6mm、4mm，冷料通过筛分进入四个热料仓分成四种矿料。根据目标配合比设计级配及热料仓筛分结果，进行了生产配合比组合设计，试验室对四个热料仓矿料进行取样四分法水洗法筛分的结果见表6-6，各热料仓料及矿粉质量比为：4#仓∶3#仓∶2#仓∶1#仓∶矿粉=26∶28∶10∶32.5∶3.5（见表6-7），矿料级配图见图6-5，矿料经浸水24h测定其毛体积相对密度和表观相对密度，计算出矿料合成有效相对密度，各试验结果见表6-8（考虑实际情况，按表格中已给出的筛分及密度结果进行编制）。

表6-6　拌和楼各热料仓料筛分结果

矿料筛分析试验													
材料名称	筛孔尺寸/mm												
	31.5	26.5	19	16	13.2	9.5	4.75	2.36	1.18	0.6	0.3	0.15	0.075
	通过率/%												
4#仓	100.0	100.0	100.0	100.0	78.8	8.3	2.6	1.2	1.2	1.2	1.2	1.2	0.4
3#仓	100.0	100.0	100.0	100.0	100.0	86.6	2.1	1.0	1.0	1.0	1.0	1.0	0.6
2#仓	100.0	100.0	100.0	100.0	100.0	100.0	63.8	11.0	3.4	1.0	1.0	1.0	0.9
1#仓	100.0	100.0	100.0	100.0	100.0	100.0	98.5	80.5	53.4	39.2	20.4	13.8	6.5
矿粉	100.0	100.0	100.0	100.0	100.0	100.0	100.0	100.0	100.0	100.0	100.0	98.4	89.9

表6-7　生产配合比矿料级配组合设计

矿料混合料级配组成试验													
矿料	配合比/%	通过下列筛孔（方孔mm）的百分率/%											
		31.5	26.5	19	16	13.2	9.5	4.75	2.36	1.18	0.6	0.3	0.15	0.075
4#仓	26.0	26	26	26	26	20.5	2.2	0.7	0.3	0.3	0.3	0.3	0.3	0.1
3#仓	28.0	28	28	28	28	28	24.2	0.6	0.3	0.3	0.3	0.3	0.3	0.2
2#仓	10.0	10	10	10	10	10	10	6.4	1.1	0.3	0.1	0.1	0.1	0.1
1#仓	32.5	32.5	32.5	32.5	32.5	32.5	32.5	32.0	26.2	17.4	12.7	6.6	4.5	2.1
矿粉	3.5	3.5	3.5	3.5	3.5	3.5	3.5	3.5	3.5	3.5	3.5	3.5	3.4	3.1

矿料混合料级配组成试验													
矿料	配合比/%	通过下列筛孔（方孔mm）的百分率/%												
		31.5	26.5	19	16	13.2	9.5	4.75	2.36	1.18	0.6	0.3	0.15	0.075
生产级配		100	100	100	100	94.5	72.4	43.2	31.4	21.8	16.9	10.8	8.6	5.6
目标级配		100	100	100	100	94.2	74.3	45.1	33.5	23.7	17.3	10.9	8.5	6.1
级配上限		—	—	—	—	100	—	—	58	—	—	—	—	10
级配下限		—	—	—	—	90	—	—	28	—	—	—	—	2
限制区最小下限		—	—	—	—	—	—	—	39.1	25.6	19.1	15.5	—	—
限制区最大上限		—	—	—	—	—	—	—	39.1	31.6	23.1	15.5	—	—

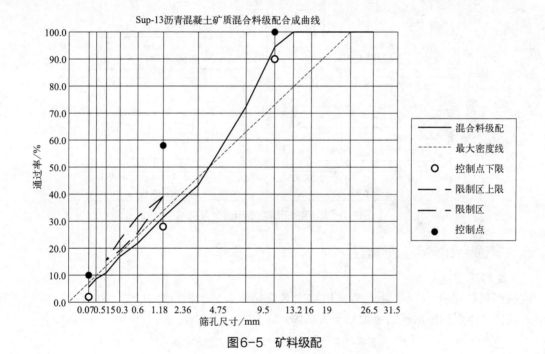

图6-5　矿料级配

表6-8　热料仓的密度结果汇总表

密度	4#仓	3#仓	2#仓	1#仓	矿粉	矿料合成毛体积相对密度	矿料合成表观相对密度
毛体积相对密度	2.807	2.732	2.713	2.638	2.699	2.716	2.766
表观相对密度	2.838	2.776	2.755	2.714	2.699		

4. 生产最佳沥青用量的确定

根据生产配合比的级配多次调试旋转试验结果，结合目标配合比设计沥青用量，本次生产配合比确定5.0%为基准沥青用量。在此基础之上进行±0.3%下的体积性能指标的测试。按设计旋转压实次数成型试件（N=100次），试验结果见表6-9。

表6-9 生产配合比各沥青用量下的各项体积指标

沥青用量/%	VMA/%	VFA/%	粉胶比F/A	设计次数下的压实度/%	初始次数压实度/%	理论最大相对密度
4.7						
5.0						
5.3						
设计指标	≥14	65～75	0.6～1.2[①]	96	≤89	—

①当级配在禁区下方通过时，粉胶比F/A可取0.8～1.6。

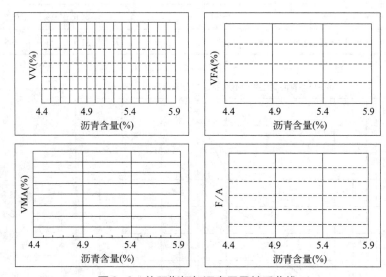

图6-6 体积指标与沥青用量关系曲线

5. 生产配合比体积指标验证

（1）旋转压实试验

依据得到的设计沥青用量5.0%，压实次数设定在N最大时（本次$N_{最大}$=160次）成型试验，对应的混合料体积指标试验结果汇总于表6-10。

表6-10 设计沥青含量验证试验结果表

沥青用量/%	设计压实次数					最大次数压实度/%
	压实度/%	VMA/%	VFA/%	粉胶比F/A	初始压实度/%	
5.0						
Superpave标准	96	≥14	65～75	0.6～1.2	≤89	

试验结果表明在确定沥青用量为5.0%，混合料旋转压实试验各项结果均满足Superave技术要求。

（2）沥青混合料马歇尔试验

为了检验沥青混合料的稳定度、流值及抗水损害性能，进行了设计沥青P_b及P_b±0.3%三个用量下的沥青混合料马歇尔试验，试验结果见表6-11、表6-12。

表6-11　马歇尔试验结果汇总表

级配类型	沥青用量/%	稳定度/kN	流值（0.1mm）	空隙率/%	VMA/%	饱和度/%	毛体积相对密度	最大理论相对密度
SUP-13	4.7							
	5.0							
	5.3							
要求	—	实测	实测	3.5～5.5	≥14	60～75	实测	—

表6-12　设计沥青用量浸水马歇尔稳定度试验结果

混合料类型	非条件（0.5h）			条件（48h）			残留稳定度 MS₀/%	要求/%
	空隙率/%	马歇尔稳定度/kN	流值（0.1mm）	空隙率/%	浸水马歇尔稳定度/kN	流值（0.1mm）		
Sup-13						—		—
						—		
						—		
						—		
						—		
						—		
						—		
平均值						—		

6. 结论

根据试验结果确定：Sup-13型沥青混合料生产配合比见表6-13：

表6-13　矿料配合比及最佳沥青用量

沥青混合料类型	下列各种矿料所占比例/%					油石比/%	沥青用量/%
	4#仓	3#仓	2#仓	1#仓	矿粉		
Sup-13							

通过对Sup-13沥青混合料的各种技术指标和沥青拌和楼相关性能验证试验，本次生产配合比设计各项技术均满足设计要求，可以进行Sup-13沥青混合料的试铺生产。

沥青混合料生产配合比设计检测报告

检测单位名称：　　　　　　　　　　　　　　　　　　　记录编号：

委托单位		工程名称		
工程部位/用途	路面工程	检测地点		
样品信息				
检测依据	JTG E20—2011、《高性能沥青路面（Superpave）基础参考手册》	判定依据	JTG F 40—2004、设计文件	
主要仪器设备及编号				
委托日期		检测日期		公路等级	
委托编号		级配类型		沥青混合料类型	Sup-13
外掺材料名称		外掺用量/%		最佳沥青用量/%	5.00
比例用量/%	4#仓（11～22mm）：3#仓（6～11mm）：2#仓（4～6mm）：1#仓（0～4mm）：矿粉 =26：28：10：32.5：3.5				
委托检测项目	Sup-13沥青混合料生产配合比				

序号	检测项目	技术指标	检测结果	结果判定
1	毛体积相对密度	—		
2	理论最大相对密度	—		
3	饱和度/%	65～80		
4	稳定度/kN	≥8		
5	流值（0.1mm）	20～50		
6	空隙率/%	3～5		
7	矿料间隙率/%	≥15		
8	冻融劈裂抗拉强度比/%	≥80		
9	残留稳定度/%	≥85		
10	动稳定度/（次/mm）	≥2800		
11	弯曲检测	≥2500		
12	渗水系数/（mL/min）	≤50		

检测结论：

附加声明：　　　　　　　　　　　　　见证人：

检测：　　　　审核：　　　　批准：　　　　日期：　　年　月　日（专用章）

附表6.1 沥青针入度（针入度指数）、延度、软化点试验检测记录表

试验室名称：　　　　　　　　　　　　　　　　　　　　记录编号：

工程部位/用途		委托/任务编号	
试验依据		样品编号	
样品描述		样品名称	
试验条件		试验日期	
主要仪器设备及编号			

针入度（针入度指数）							
试样编号	试验温度/℃	针入度（0.1mm）				针入度指数PI	相关系数R
		第一次测值	第二次测值	第三次测值	平均值		
1							
2							
3							

延度						
样品编号	试验温度/℃	延伸速度/（cm/min）	延度/cm			
			试件1测值	试件2测值	试件3测值	延度
1						

软化点																				
样品编号	室内温度/℃	烧杯内液体名称	烧杯中液体温度上升记录/℃															软化点测值/℃	软化点/℃
			起始温度	一分钟末	二分钟末	三分钟末	四分钟末	五分钟末	六分钟末	七分钟末	八分钟末	九分钟末	十分钟末	十一分钟末	十二分钟末	十三分钟末	十四分钟末	十五分钟末		
备注																				

试验：　　　　　　　　　　复核：　　　　　　　　　　日期：　　　年　　月　　日

附表6.2 沥青试验检测报告

试验室名称：   记录编号：

委托单位/委托人		委托/任务编号	
工程名称		样品编号	
工程部位/用途		样品名称	
样品型号规格		样品描述	
试验依据		判断依据	
主要仪器设备及编号			
产地		代表数量	

检测结果					
序号	检测项目	技术指标	检测结果	结果判定	备注
1	针入度 $P_{25℃,100g,5s}$（0.1mm）				
2	针入度指数PI				
3	软化点/℃				
4	延度（5cm/min，10℃）/cm				
5	延度（5cm/min，15℃）/cm				
6	溶解度/%				
7	密度（25℃）/（g/cm³）				
8	密度（15℃）/（g/cm³）				
9	黏度/Pa·s	布氏黏度（60℃）			
		动力黏度（60℃）			
10	运动黏度（135℃）/（mm²/s）				
11	闪点/℃				
12	燃点/℃				
13	液体沥青含水量/%				
14	沥青与集料黏附性/级				
15	沥青黏韧性				
16	相似度/%				
结论					
备注					
单位信息	单位地址： 邮编： 电话（传真）：		试验日期		

试验：   审核：   签发：   日期：   年   月   日（专用章）

附表6.3　沥青混合料车辙试验检测记录表

试验室名称：　　　　　　　　　　　　　　　　　　　记录编号：

工程部位/用途							委托/任务编号				
试验依据							样品编号				
试验条件							样品名称				
样品描述							试验日期				
主要仪器设备及编号											
沥青混合料类型					试验温度/℃						
试件制作方法					试件密度测量方法						
碾压速度			次/min	碾压次数			次	试验轮接地压强			MPa

试件编号	试件尺寸/mm			毛体积相对密度	理论最大相对密度	空隙/%	试件系数 C_2	试验机类型修正系数 C_1	时间 t_1、t_2/min	变形量 d_1、d_2/mm	试件动稳定度测值/（次/min）	动稳定度（次/min）
	长	宽	高									

备注	

试验：　　　　　　　　复核：　　　　　　　　　　　日期：　　年　　月　　日

附表6.4 沥青混合料马歇尔试验检测记录表

试验室名称：　　　　　　　　　　　　　　　　　　　　　记录编号：

工程部位/用途		委托/任务编号	
试验依据		样品编号	
样品描述		样品名称	
试验条件		试验日期	
主要仪器设备及编号			
沥青混合料类型		试验层位	

沥青种类		密度检测方法		拌和温度/℃		击实次数/次		击实温度/℃	

试件编号	油石比/%	试件高度/mm					直径/mm			试件空气中质量/g	试件水中质量/g	试件表干质量/g	试件毛体积相对密度		沥青体积分数VA/%	空隙率VV/%	粒料间隙率VMA/%	饱和度VFA/%	稳定度MS/kN	残留稳定度/%	流值FL（0.1mm）	马氏模数/(kN/mm)	备注
		1	2	3	4	平均	1	2	平均				实际	理论									
1																							
2																							
3																							
4																							
5																							
平均																							
备注																							

试验：　　　　　　　　复核：　　　　　　　　日期：　　年　月　日